내 손 안의 경남 *017*

경남의 산,
그 역사

내 손 안의 경남 **017**

경남의 산, 그 역사

초판 1쇄 발행 2025년 1월 31일

저 자 _ 김광철·안성현·양화영·이선아·김경수·노성미
　　　　남재우·강정화·안순형·정미진·한양하
펴낸이 _ 윤관백
편 집 _ 박애리 ▮ 표 지 _ 박애리 ▮ 영 업 _ 김현주
펴낸곳 _ 도서출판 선인 ▮ 인 쇄 _ 신도문화사 ▮ 제 본 _ 바다제책
등 록 _ 제5-77호(1998.11.4)
주 소 _ 서울시 양천구 남부순환로48길 1, 1층
전 화 _ 02)718-6252/6257 ▮ 팩 스 _ 02)718-6253
E-mail _ suninbook@naver.com
정 가 15,000원

ISBN 979-11-6068-934-1 03900

·저자와의 협의에 의해 인지 생략.
·잘못된 책은 바꿔 드립니다.

내 손 안의 경남 017

경남의 산, 그 역사

| 양화영·이선아·김경수
| 노성미·정미진 외 6인 |

선인

책을 내면서

경남의 정체성을 이해하는데 산을 빼놓을 수 없다. 산은 지역과 지역의 경계이기도 했지만, 산의 이쪽 저쪽 사람들이 함께한 공간이기도 하다. 고대로부터 국가와 지배층의 폭력으로 벗어나기 위해 숨어들었던 도피처이기도 했고, 땅없는 사람들이 기대어 생명을 부지했던 현장이었다. 골이 깊은 산속에는 시대를 앞서가며 진리를 갈구했던 선지자들이 새로운 사회를 꿈꾸었던 공간이기도 했다.

우리국토를 삼천리 금수강산이라 하듯, 경남지역에도 산은 많다. 우리나라 최초의 국립공원이며, 경상도와 전라도가 만나는 민족의 영산 지리산, 해동의 십승지, 조선 팔경의 하나로 이름높은 가야산, 불보사찰 통도사를 껴안은 영축산 등이 있다.

경남의 산은 한국사회 격변기를 비켜나지 못했다. 전쟁터였다. 왜란, 한국전쟁, 분단과정에서 자유롭지 못했다. 지리산은 민족의 아픔을 고스란히 안았던 역사의 현장이었다. 지리산은 산기슭의 사람들에게 애증이 교차하는 장소였다. "대대로 살던 정든 땅 조상의 뼈가 묻혀있는 고향을 떠날 수 없어, 지리산과 덕유산을 바라보며 '원자력의 힘으로 고스란히 저 산들을 동해로 던졌으면 얼마나 좋을까'하고 생각하다가 '무거운 절 떠나라 하지말고 가벼운 소승 물러가오'하는 식으로 뒤도 돌아보지 않고 훌훌 떠난 사람들이 부지기수였다."(『함양군지』1991증보판)

이 책은 한국사회 변화의 중심에서 숨쉬었던 경남의 모습을 보여주고 싶어 발간된다. 이를 통해 현재의 경남은 어떠해야 할지

곱씹는 계기가 되길 원한다. 글쓰기를 허락해 주신 선생님들, 이쁜 책으로 만들어주신 선인 출판사 선생님들께도 고맙다는 말을 전한다.

2025. 1.
국립창원대학교 경남학연구센터
남 재 우

경남의 산, 그 역사

I. 기록으로 본 경남의 산과 고개 _ 김광철   10
1. 조선시대 경남의 산과 고개, 그리고 관련 기록들   10
2. 낙동강 동쪽 낙동정맥 고을의 산과 고개   19
3. 가야산 남쪽, 지리산 동쪽 고을의 산과 고개   27
4. 지리산 동쪽, 황강과 남강 사이 경남 고을의 산과 고개   39
5. 낙동강 서쪽, 지리산과 소백산 줄기의 산과 고개   50
6. 경남 연해 고을의 산과 고개   62

II. 전쟁과 산   76
1. 가야와 신라의 경계, 화왕산 _ 안성현   76
2. 정유재란과 황석산 _ 양화영   95
3. 한국전쟁과 여항산 _ 양화영   108
4. 지리산과 빨치산 _ 이선아   121

III. 산과 사람, 그리고 흔적   154
1. 지리산과 남명 조식 _ 김경수   154
2. 가야산과 최치원 _ 노성미   183
3. 가야산과 가야의 건국신화 _ 남재우   201
4. 지리산에 전하는 사람 이야기, 각자 _ 강정화   211
5. 만어산(萬魚山)과 어산불영(魚山佛影) _ 안순형   227

Ⅳ. 문학 속의 산   244
1. 문학으로 본 지리산 _ 정미진   244
2. 사천 와룡산의 장수 전설 _ 한양하   265

Ⅴ. [부록] 경남의 주요 산과 국가유산 _ 안홍좌   286
1. 지리산 주변의 국가유산   286
2. 가야산 주변의 국가유산   290
3. 영축산과 국가유산   296
4. 화왕산과 국가유산   302

통영 미륵산(통영시청)

기록으로 본 경남의 산과 고개 _ 김광철

Ⅰ. 기록으로 본 경남의 산과 고개 _ 김광철

1. 조선시대 경남의 산과 고개, 그리고 관련 기록들

조선시대 고을 별 산과 고개의 현황은 각종 지리서의 산천(山川)조에 소개되었다. 『경상도지리지』(1425)와 『세종실록지리지』(1454)에서 처음으로 '명산(名山)'조와 '대천(大川)'조를 따로 설정한 이후, 『경상도속찬지리지』(1469)에서는 '유명영현(有名嶺峴)'으로 바뀌었다가, 『동국여지승람』(1486)부터 '명산'과 '대천'을 합하여 '산천'조를 설정하고 고을의 산과 고개, 그리고 강과 내를 많이 수록하기 시작하였다. 이후 편찬되는 『동국여지지』(1656), 『여지도서』(1757~1765) 등 총지(叢誌)나 읍지 등 각종 지리서에서는 산천조가 주요한 위치를 차지하게 되었다. 『대동지지』(1861~1866)에서는 '산수(山水)'조라 하고 해도(海島)조를 따로 설정하기도 했다. 『동국문헌비고』「여지고(輿地考)」(1770)에서는 '역대국계(歷代國界)', '군현연혁(郡縣沿革)'에 이어 '산천'조를 설정하여 산천 1은

| 『경상도지리지』 도내 명산 대천(국립중앙도서관)

총설, 산천2~4는 전국 군현 별 산과 고개를 서술하였다.

『동국여지승람』에서『여지도서』,『대동지지』,『문헌비고』「여지고」등 총지나『읍지』의 산천조는 육지의 '산(山)'류와 강과 내의 '천(川)'류, 바다의 '섬(島)'류 등 세 분야로 구성되었다. 이 가운데 섬류는『경상도속찬지리지』에서 '해도'조가 독립 설정된 이래,『읍지』의 편찬이 확산되면서 산천조에서 분리되었다. 1832년 편찬의『경상도읍지』나 1871년 편찬의『호남읍지』의 각 군현 읍지에서는 산천조와 따로 '도서(島嶼)'조가 설정되었으며, 전국 지리서인『여도비지(輿圖備志)』(1853~1856)와『대동지지』도 산천조 다음에 도서조를 넣어 놓고 있다.

지리서 산천조에서「산」류의 표기는 ① '산(山)'·'악(岳)'·'봉(峯)', ② '영(嶺)'·'현(峴)'·'치(峙)'·'재(岾)', ③ '암(巖)'·'대(臺)'·'천(遷)'·'잔(棧)', ④ '임(林)'·'수(藪)' 등 네 유형으로 분류할 수 있다. 이들은 모두 육지의 형상으로서 지면보다 높게 형성된 모습이다. ①유형은 전형적인 산의 표기이며, ②유형은 산과 산 사이 고개를 표기한 것이다. ③유형의 암과 대·천·잔은 강이나 바다, 계곡과 접하여 지면에서 올라와 있는 곳이고, ④유형은 수풀이 우거진 나지막한 곳이다.

『경상도지리지』에서는 경상도의 명산으로 11곳을 소개했다. 봉화의 태백산, 진주의 지리산, 상주 산양현의 사불산(四佛山), 성주의 가야산, 의흥의 공산(空山), 순흥의 소백산, 현풍의 비슬산, 양산의 원적산(圓寂山), 언양의 통도산(通道山), 청송의 보현산(普賢山), 의령의 좌이산(左耳山)이 그것이다. 『세종실록지리지』는 경상도 명산으로 주흘산(主屹山)·태백산·지리산·사불산·가야산 등 다섯 곳만 꼽았다. 이 가운데 경남지역과 관련이 있는 산은 지리산·가야산·비슬산·원적산·통도산·좌이산 등 6곳이다.

『동국문헌비고』「여지고」산천 총설의 첫머리에서는 전국의 산 가운데 근간(根幹)이 되는 산 12곳을 차례차례 열거하였다. 삼각산·백두산·원산(圓山)·낭림산(狼林山)·두류산·분수산(分水山)·금강산·오대산·태백산·속리산·장안산(長安山)·지리산 등이 그것이다. 이 가운데 경남 지역과 직접 관련이 있는 곳은 지리산 한 곳이지만, 태백산·속리산·장안산도 경남지역 산과 고개의 근원이 되는 곳이다. 이제『동국문헌비고』「여지고」산천 총설의 내용을 중심으로 경남지역 산과 고개의 계통을 살펴보기로 한다.

태백산을 근간으로 하는 산과 고개가 자리잡고 있는 곳은 경남지역에서는 양산·창녕·밀양·영산 지역이다. 태백산 동쪽의 유치(楡峙)에서 동남쪽으로 강원도 삼척의 마읍산(麻邑山)·말흔산(末欣山)·백병산(白屛山)에 이르러 남쪽으로 울진의 고초령(高草嶺)·검마산(劍磨山)·백암산(白巖山), 동남쪽으로 영해의 용두산(龍頭山), 서북쪽으로 진보의 임물현(林勿峴), 서남쪽으로 영덕의 변현(弁峴)과 청송의 주방산(周方山)·어화산(於火山)·보현산으로 이어진다. 남동쪽으로 경주의 마북산(馬北山)·성현(成峴)·무학산(舞鶴山)·사룡산(四龍山)·지화곡산(只火谷山)·단석산(斷石山), 청도의 운문산, 언양의 가지산과 천화현(穿火峴)을 거쳐, 동남쪽으로 양산의 취서산(鷲棲山)과 원적산에 이르고, 그 서남쪽의 성황산에 양산군 치소가 있었다. 원적산에서 남쪽으로 동래의 금정산·화지산(花池山)·엄광산(嚴光山)을 차례로 거쳐, 마지막으로 다대포의 몰운대(沒雲臺)에 이른다. 창녕·밀양·영산 지역의 산과 고개는 경주 사룡산 줄기가 서남쪽으로 전개되면서 형성되었다. 경주 구룡산에서 서쪽으로 팔조치(八助峙)로 이어지고, 여기에서 북서쪽으로 비스듬히 비슬산에 이르러 남쪽으로 유남산(榆南山)과 화왕산으로 이어지는데, 그 서남쪽이 창녕현 치소였다. 화왕산 동쪽의 고로치(古老峙)와 화악산(華嶽山)에서 북쪽으로 오산(鰲山)에 이르면, 그 북쪽에 청도군 치소가 있었고, 화악산 남쪽에 있는 추화산(推火山) 남쪽에 밀양부 치소가 있었다. 또한 화왕산 남쪽에 영취산(靈鷲山)과 태자산(太子山)이 있고, 그 남쪽이 영산현 치소였다.

| 금정산 일출(금정구청)

 속리산을 근간으로 삼은 지역은 경상도·전라도·충청도 등 그 범위가 넓었다. 경남지역에서는 합천·거창·산청·삼

가·의령·진주·초계의 몇몇 산과 고개가 속리산을 근간으로 삼고 있었다. 속리산은 남쪽으로 상주의 구봉산(九峰山)·봉황산(鳳凰山)·웅현(熊峴)·웅이산(熊耳山), 금산의 고산(高山)으로 이어지고, 동쪽으로 흑운산(黑雲山), 서쪽으로 추풍령, 남쪽으로 금산의 괘방령(掛榜嶺)·황악산(黃嶽山)·삼성산(三聖山), 지례현의 우두현(牛頭峴)·삼도봉(三道峯)·대덕산(大德山)에 이른다. 서남쪽으로 덕유산의 삼봉산(三峰山)·백암산(白巖山)·봉황봉(鳳凰峰)을 지나면, 그 남쪽이 안의현의 육십치(六十峙)와 장안산이다.

대덕산 기슭의 동쪽 우두치(牛頭峙)와 수도산(修道山)이 가야산을 이루고, 그 동남쪽이 미숭산(美崇山)인데 고령현의 치소가 있었다. 수도산 북쪽 병현(餠峴)에서 동쪽으로 성주의 전현(箭峴)과 비지산(斐旨山)이 있고, 그 동남쪽 인현산(印縣山) 남쪽에 성주목의 치소가 있었다. 가야산 남쪽의 두모산(豆毛山)과 오두산(烏頭山)에서 남쪽으로 비스듬히 가면 합천군 치소에 이르고, 거창의 삼봉산 기슭에서 동남쪽으로 건흥산(乾興山)에 이르면 남쪽에 거창부의 치소가 있었다. 함양의 백암산 북쪽 향적봉(香積峯)에서 비스듬히 가면 예현(曳峴)에 이르고, 적상산(赤裳山) 기슭에서 그 남쪽이 안의현의 불영봉(佛影峰)·월봉산(月峯山)·금원산(金猿山)·기박산(旗泊山)·조령(鳥嶺)·관술치(官述峙)이다. 남동쪽으로 거창의 조곡령(鳥谷嶺)에 이르면, 그 남쪽 밀재(密岾)의 동쪽에 산청현 치소가 있었다. 밀재에서 동쪽으로 황매산(黃梅山)·갈항(葛項)·마장산(馬莊山)이고, 그곳에 삼가현 치소가 있었다. 갈항에서

| 의령 자굴산 전경(의령군청)

동남쪽에 의령의 화지현(花旨峴)과 자굴산(闍崛山)이 있고, 여기에서 동쪽으로 비스듬히 가면 덕산(德山)에 이르는데, 이곳에 의령현 치소가 있었다. 자굴산에서 남서쪽으로 두현(豆峴)·도현(道峴)·집현산(集賢山)·광제산(廣濟山)에 이르러 남쪽으로 비스듬히 가서 비봉산(飛鳳山)에 이르면 진주목 치소가 있었고, 화지현에서 동북쪽 청계산(淸溪山)에 초계군의 치소가 있었다.

장안산을 근간으로 산과 고개가 형성된 곳은 경남에서는 안의현과 함양군 지역이었다. 장안산은 남쪽으로 전라도 남원의 본월치(本月峙)·백운산·기치(箕峙)·유치(柳峙)·여원치(女院峙)를 지나 지리산으로 이어진다. 백운산 기슭에서 동쪽으로 천왕재(天王岾)와 성산(城山) 동쪽에 안의현 치소가 있고, 천왕재에서 남쪽으로 비스듬히 백암산에 이르면 함양군 치소가 있었다.

경남지역에서 지리산을 근간으로 삼는 산과 고개가 많았던 곳은 단성·하동·곤양·사천·고성·함안·진해·창원·칠원·웅천·김해 등 서쪽에서 동쪽으로 이어지는 연해 지역이었다. 지리산은 나라의 최남단에 가장 높고 크게 자리잡고 있으며, 백두산의 신령스런 기운이 이곳으로 흘러 모여들었기 때문에 두류산이라고도 일컫는다. 남쪽으로 취령(鷲嶺)에서 그 동쪽이 황치(黃峙)이고, 사천의 옥산(玉山)·소곡산(素谷山)·옥녀봉(玉女峯)·망진산(望晉山)·팔음산(八音山)·천금산(千金山)에 이르러 동남쪽으로 고성의 무량산(無量山), 동북쪽으로 함안의 여항산과 창원의 광려산(匡廬山)·두척산(斗尺山)·청룡산(靑龍山)으로 이어지고, 동쪽으로 창원의 구룡산(九龍山)·전단산(旃檀山)·비음산(飛音山)·불모산(佛母山)과 김해 구지봉(龜旨峯)에 이르러 남쪽으로 삼차수(三叉水) 북쪽의 몰운대와 마주한다. 천왕봉은 지리산의 상봉으로 반야봉의 동쪽에 있다. 동쪽으로 안양산(安養山)·계명산(鷄鳴山)·삼장산(三壯山)으로 이어지고 동남쪽으로 단속산(斷俗山)에 이르는데, 그 동쪽에 단성현 치소가 있다. 취령 기슭에서 남쪽으로 하동의 이산(梨山)과 모방산(茅方山)으로 이어지는데, 그 남쪽에 하동부의 치소가 있었다. 황치 기슭에서 남쪽으로 차재(車岾)·이맹재(理盲岾)·봉명산(鳳鳴山)·동곡산(銅谷山)으로 이어지고, 남쪽에 곤양군 치소가 있었다. 이맹재 남쪽으로 금오산(金鰲山)과 노량에 이르러 남쪽으로 남해의 금산과 마주한다. 팔음산 기슭에서 서쪽으로 두음산(豆音山)인데, 그 남쪽에 사천현의 치소가 있었다. 무량산 기슭에서 동쪽으로 비스듬히 가면 고성현 치소에 이르며, 다시 비스듬히 가서 대치(大峙)에 이르면 그 남쪽에 통영(統營)이 있어 남쪽으로 미륵산과 마주하고, 동쪽으로 거제의 가라산(加羅山)이 눈에 들어온다.

| 통영 미륵산(통영시청)

 여항산의 한 기슭에서 북쪽으로 비스듬히 성산(城山)에 이르면 함안군 치소가 있고, 남쪽으로 비스듬히 취산(鷲山)에 이르면 진해현 치소가 있었다. 청룡산 남쪽은 창원부 치소인데, 산기슭에서 북쪽으로 비스듬히 가면 칠원현 치소에 도달한다. 불모산 기슭에서 남쪽으로 용산(龍山)과 병산(屛山)에 이르면 그 남쪽에 웅천현 치소가 있고, 구지봉 남쪽의 분산(盆山)에 김해부의 치소가 있었다.
 지리서 산천조에 함께 실린 산과 강은 밀접한 존재이다.

산은 강의 발원지이자 수원(水源)이면서, 한편으로는 강과 계곡에 의해 산줄기가 나누어진다. 낙동강은 태백산과 소백산·보현산에서 발원하여 상주에서 경상도 한 복판을 흘러내려 가면서 그 좌우에 있는 육지의 산과 고개를 동서로 분리하고 있다. 경남지역의 경우 낙동강 동쪽에는 창녕·영산·밀양·양산의 산과 고개가 위치하게 되었고, 서쪽에는 초계·칠원·창원·김해의 산과 고개가 차례로 자리잡게 되었다.

진주 남강은 지리산 북쪽의 함양과 안의 사이에서 발원하여 남쪽으로 산청·단성을 지나 진주 서쪽에 이르러 방향을 바꾸어 동쪽으로 흘러서 낙동강에 합류한다. 남강이 남쪽으로 흐르면서 산청과 단성의 산과 고개가 그 동쪽과 서쪽으로 나누어진 모습이고, 서남쪽으로 하동과 곤양의 산과 고개가 자리잡고 있다. 남강이 낙동강으로 흘러가면서 그 북쪽에 진주·삼가·의령의 산과 고개가, 그 남쪽에 사천·고성·함안·진해의 산과 고개가 위치했다.

황둔진은 전라도 무주 초현과 안의 황석산에서 발원하여 동남쪽으로 흐르다 삼가현 북쪽의 금성산(金城山) 북쪽에서 동쪽으로 흘러 낙동강과 합류하고 있다. 동남쪽으로 흐르면서 안의와 거창의 산과 고개를 나누었고, 동쪽으로 흘러가면서 합천과 초계의 산과 고개를 구분하였다.

2. 낙동강 동쪽 낙동정맥 고을의 산과 고개

1) 양산군

지리서에서 양산군의 산과 고개는 『세종실록지리지』 단계에서 원적산과 취서산 두 곳이 소개되었다가 『신증동국여지승람』에서는 성황산 등 7곳이 수록되었다. 『대동지지』에서는 위천산과 사배야현 2곳이 추가되었고, 『교남지』에서 이신산과 응암산 2곳이 더해졌다.

『해동지도』 등 조선후기 고지도에서는 양산의 산과 고개가 지리서보다 더 많이 묘사되었다. 가산 등 산 16곳과 구법령 등 고개 8곳을 표시하고 있는 것이다. 이 가운데 금산 등 10곳과 사배령을 제외한 고개 7곳은 지리서에서 확인되지 않는 곳들이다.

〈양산군의 산과 고개〉

산	지리서	〈승람〉성황산(城隍山, 동북5리, 진산), 취서산(북30리), 원적산(북20리, 혹은 千聖山, 小金剛山), 칠점산(七點山, 남44리 바닷가), 금정산(남5리), 이천산(梨川山, 서30리), 증산(甑山, 서남12리) / 〈대동〉위천산(渭川山, 북21리) / 〈교남〉이신산(二神山, 북40리), 응암산(鷹巖山).
	고지도	가산(架山), 금산(琴山), 금정산, 내포산(內浦山), 대둔산(大芚山), 석장산(石藏山), 어곡산(魚谷山), 원적산, 이천산, 정족산(鼎足山), 주산(主山), 죽산(竹山), 증산, 취서산, 칠점산, 회계산(會稽山).
고개	지리서	〈대동〉사배야현(남40리)
	고지도	구법령(仇法嶺), 만덕령(萬德嶺), 본법곡치(本法谷峙), 사배령, 이치(梨峙), 지수치(只水峙), 탑령(塔嶺), 화제현(花濟峴).

양산의 취서산에는 통도사와 비로암을 비롯한 수많은 암자가 자리잡고 있었고, 원적산에도 불지사(佛池寺)·내원사 등 사찰이 많이 들어서 있었다. 원적산에는 봉수대가 설치

되어 남쪽으로 동래현의 계명산(鷄鳴山) 봉수와 북쪽으로 언양현의 부로산(夫老山) 봉수에 응하고 있었다.

한편 성황산에는 성곽이 시설되었는데, 규모는 둘레가 4,368척, 높이가 6척 정도였고, 성 안에 우물 6개와 못 2개, 그리고 군창(軍倉)이 있었다고 한다. 성황산성 안에는 성황사(城隍祠)가 자리잡고 있었는데, 이는 나말여초 양산지역의 호족이었던 김인훈(金忍訓)을 사신(祠神)으로 모셔 제사지내는 곳이었다.

칠점산(七點山)은 양산 읍치로부터 남쪽으로 44리 지점의 바닷가에 있었는데, 일곱 봉우리의 산이 점과 같이 보여 이름지은 것이라 한다. 가락국 때 참시선인(旵始仙人)이 놀던 곳이라는 전설도 있다. 고려후기 안축(安軸)은 그의 시에서, "바닷물 천 리에 물이 하늘에 떠 있으니, 일곱 점 푸른 봉우리 안개 속에 아득하네. 이곳이 바로 금선(琴仙)이 살던 곳, 배타고 가는 길 총총히 하지 말게."라 읊조렸다. 지금은 부산시 김해국제공항 내에 낮은 봉우리 하나만이 남아 옛

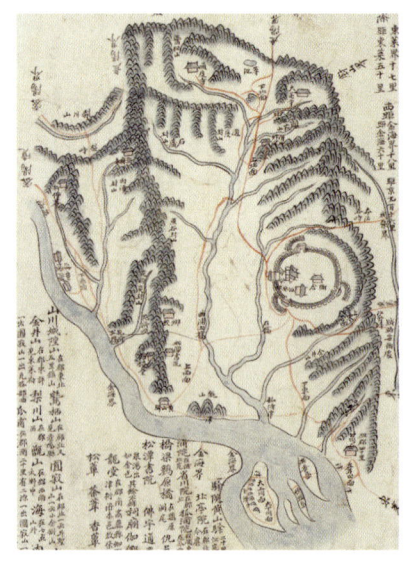

| 『해동지도』 양산군 (규장각한국학연구원)

모습을 전하고 있다.

2) 밀양도호부

 밀양도호부의 산과 고개는 『세종실록지리지』에서 화악산과 영정산, 두 곳이 소개된 이후, 『신증동국여지승람』에서는 화악산 등 산 13곳과 고개 4곳을 기록하였고, 『여지도서』에서는 여기에 마암산 등 산 4곳을 추가하였으며, 『대동지지』에서는 감물리산 등 산 4곳과 석골치 1곳을 더하였다. 조선후기 고지도에 묘사된 밀양의 산과 고개는 가지산 등 산 23곳과 석남현 등 고개 10곳이다. 이 가운데 고예산 등 산 6곳과 송현 등 고개 5곳은 지리서에 수록되지 않은 곳들이다.

〈밀양도호부의 산과 고개〉

산	지리서	〈승람〉화악산(華嶽山, 屯德, 북19리), 추화산(동5리), 비슬산(풍각현 서북30리), 우령산(牛齡山, 서10리), 재악산(載嶽山, 동41리), 만어산(萬魚山, 동20리), 자씨산(慈氏山, 동15리), 귀령산(龜齡山, 수산현 북15리), 실혜산(實惠山, 동31리), 고암산(高巖山, 서9리), 용두산(龍頭山, 동4리), 종남산(終南山, 남15리), 남산(南山, 남5리) / 〈여지〉마암산(서남6리), 무봉산(舞鳳山, 영남루 뒤), 고사산(姑射山, 동50리), 천대암산(天臺岩山, 동40리) / 〈대동〉감물리산(甘勿里山, 동45리), 무흘산(無訖山, 남30리), 덕대산(德大山, 서15리).
	고지도	가지산, 감물니산, 고예산(古曳山), 귀령산, 금항산(金項山), 남산, 덕대산, 마암산, 만어산, 백산(栢山), 비슬산, 실혜산, 영은산(靈隱山), 용가산(龍駕山), 용두산, 우령산, 자씨산, 재악산, 종남산, 천대암산, 천앙산(天仰山), 추화산, 화악산.
고개	지리서	〈승람〉천화령(穿火嶺, 동93리), 호법현(湖法峴, 서북37리), 영현(鈴峴, 서15리), 나현(羅峴, 서15리, 阿峴) / 〈대동〉석골치(石骨峙, 동북20리).
	고지도	석남현(石南峴), 송현(松峴), 신불령(神佛嶺), 아현, 영치, 웅치(熊峙), 일치(日峙), 천화령, 호법현, 호치(狐峙)

 밀양의 산과 고개에는 유명 사찰이 들어서 있었다. 재악산에는 영정사(靈井寺), 자씨산에는 영원사(瑩原寺), 만어산에

는 만어사, 종남산에는 안수사(安水寺), 화악산에는 봉천사(鳳泉寺), 비슬산에는 용천사(湧泉寺), 남산에는 영은사(靈隱寺), 실혜산에는 엄광사(嚴光寺)가 자리잡고 있었다. 자씨산의 영

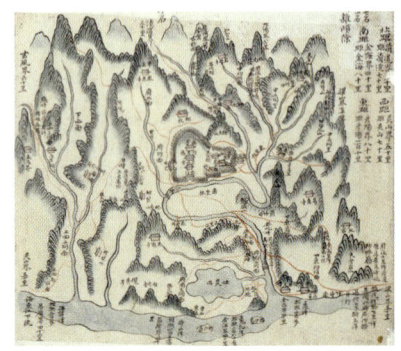

『해동지도』 밀양부 (규장각한국학연구원)

원사에는 고려 때에 이제현(李齊賢)이 지은 보감국사(寶鑑國師) 혼구(混丘)의 비명(碑銘)이 있었다. 이 절에는 선조루(先照樓)라는 누대도 있어, 조선초 경상도도관찰출척사를 역임한 이문화(李文和, 1358~1414)가 시를 남기기도 했다.

『신증동국여지승람』 밀양도호부 고적조에 따르면, 만어산의 골짜기에 있는 크고 작은 바윗돌이 모두 종과 경쇠 소리를 내서 이를 '경석(磬石)'이라 했는데, 세상에서 "동해의 물고기와 용이 돌로 변한 것이다."고 했다. 세종 때에 채굴하여 경쇠를 만들었으나 음률에 맞지 않아 결국 폐지하였다고 한다.

추화산에는 석성이 있었는데, 둘레가 2,360척 정도의 규모이고, 안에 샘이 2개, 못이 1개 있었다. 이곳에는 성황사(城隍祠)가 있었는데, 나말여초 밀양의 호족이었던 손긍훈(孫兢訓)을 사신(祠神)으로 하여 제사 지내는 곳이었다. 손긍훈은 고려 태조를 도와서 공이 있었으므로 삼중대광사도(三重

大司徒)를 추증하고, 광리군(廣理君)에 봉해졌다고 한다.

남산과 추화산에는 봉수대도 있었다. 남산 봉수는 남쪽으로 김해부의 자암산(子巖山)에, 북으로 추화산에 신호를 보냈고, 추화산 봉수는 남쪽으로 남산에, 북쪽으로 부 북쪽 20리 지점의 분항(盆項)에 응했다.

3) 영산현

영산현은 현재 창녕군에 포함되어 있다. 조선시대 영산현은 동쪽으로 밀양부 경계까지 40리, 서쪽으로 창녕현 경계까지 15리, 남쪽으로 칠원현 경계까지 23리, 북쪽으로 밀양부 경계까지 11리로, 동서 51리, 남북 44리로 동서의 권역이 조금 넓은 편이었다. 『경상도지리지』(1425) 단계까지는 영산현의 속현으로 계성현(桂城縣)이 자리잡고 있었는데, 『신증동국여지승람』단계에서 계성현은 폐현되어 영산현의 촌락으로 편제되었다.

영산현의 산과 고개는 『경상도지리지』에서 영취산(靈鷲山)과 소산(所山), 속현 계성현의 여통산(餘通山)을 기록한 이후, 『신증동국여지승람』에서 영취산을 비롯하여 산 7곳, 고개 2곳을 소개하였고, 『여지도서』에서는

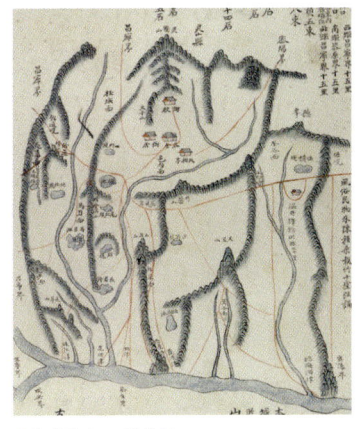

| 『해동지도』 영산현 (규장각한국학연구원)

여기에 더하여 작약산 등 5곳을, 『대동지지』에서는 문성산 1곳을 추가하였다. 조선후기 고지도에서는 영산현의 산 9곳과 고개 3곳을 묘사했는데, 이 가운데 덕봉과 굴현, 주물치 등은 지리서에 기록되지 않은 곳들이다.

〈영산현의 산과 고개〉

산	지리서	〈승람〉영취산(동북7리, 진산), 태자산(太子山, 북1리), 도초산(道草山, 서22리), 석천산(石泉山, 남15리), 여통산(餘通山), 봉산(烽山), 화왕산 / 〈여지〉작약산(芍藥山, 동2리), 덕암산(德巖山, 동20리), 반월산(半月山, 서10리), 태산(胎山, 북10리), 소산(所山) / 〈대동〉문성산(文星山, 남15리).
	고지도	덕봉(德峯), 소산, 여통산, 영취산, 작약산, 도초산, 문성산, 석천산, 태자산
고개	지리서	〈승람〉건현(件峴, 동22리), 이물현(尼勿峴, 동12리).
	고지도	건현, 굴현(掘峴), 이물현, 주물치(主勿峙)

영취산이라는 이름은 인도 승려 지공(指空, 1300~1363)이 고려 충숙왕 때에 이곳을 방문해서 산 모양이 인도의 영취산과 같다 하여 이렇게 불렀다고 한다. 영취산에는 보림사·죽림사·고봉사(高峯寺)·서림사·적조사(寂照寺)·법화사 등 여러 사찰이 자리잡고 있었다. 보림사에 건립되었던 반야루는 합포 만호 김륜(金倫)이 지공을 위해서 지은 것으로, 지공이 여기 올라가서 반야경을 강론하였기 때문에 반야루라 이름 지었다. 영취산에는 성황사도 자리잡았고, 석천산에는 석천사(石泉寺)가 있었다.

4) 창녕현

창녕현의 산과 고개는 『세종실록지리지』에서 창녕의 진산으로 화왕산이 소개된 이후, 『신증동국여지승람』에서 화왕산을 비롯해 산 6곳과 고개 1곳을 기록하였고, 『대동지지』에서 여기에 더하여 관주산 등 7곳을 추가하고, 『교남지』에서 유산 1곳을 더하였다. 『해동지도』 등 고지도에서는 관주산 등 산 14곳과 마현 등 고개 2곳을 묘사하였는데, 이 가운데 구룡산 등 5곳과 하현은 지리서에 나타나 있지 않다.

〈창녕현의 산과 고개〉

산	지리서	〈승람〉화왕산(동4리, 진산), 문방산(文房山, 서북30리), 효자암산(孝子菴山, 남25리), 합산(合山, 북20리), 비슬산(북30리), 유남산(榆南山, 북10리) / 〈대동〉관주산(貫珠山, 화왕산 동남), 어산(於山), 맥산(麥山, 서15리), 우항산(牛項山, 서40리), 태백산(太白山), 조화봉(照花峯, 비슬산 남), 대견봉(大見峯, 비슬산 남) / 〈교남〉유산(柳山, 북30리)
	고지도	관주산, 구룡산(九龍山), 남산(南山), 대이산(大耳山), 모산(牟山), 문방산, 비슬산, 영취산, 우항산, 유남산, 태백산, 합산, 화왕산, 효자암산
고개	지리서	〈승람〉마현(馬峴, 북30리).
	고지도	마현, 하현(霞峴)

화왕산에는 사찰이 여럿 자리잡았고, 석성도 축조되어 있었다. 화왕산에 있었던 사찰로는 관룡사(觀龍寺)·자련사(紫連寺)·승지사(勝地寺)·옥천사(玉泉寺) 등이 유명하다. 옥천사는 화왕산 남쪽에 있었는데, 고려 공민왕 때 집권자 신돈(辛旽)의 어머니가 이 절의 종이었던 것으로 알려졌다. 신돈이 처형당하면서 절도 폐쇄되었다. 관룡사도 신라 때 창건된 이른 시기의 사찰로, 이 절에는 8세기 전반에 조성된 것으로 보는 '용선대 석조여래좌상'이 안치되어 있다. 비슬산에는 연화사(蓮華寺)와 용흥사(龍興寺)가 있었다.

| 화왕산 정상부 가을 억새(창녕군청)

화왕산에는 석성이 축조되어 있었는데, 둘레가『경상도지리지』에는 1,217보 1척으로 되어 있고,『신증동국여지승람』등에서는 5,983척이라 하였다. 성안에는 샘이 9개, 못이 3개 있었다고 한다. 합산에는 봉수대가 있어, 남쪽으로는 영산현 여통산에, 북쪽으로는 현풍현 소산에 응하고 있었다.

3. 가야산 남쪽, 지리산 동쪽 고을의 산과 고개

1) 합천군

합천군의 산과 고개는 『경상도지리지』(1425)에서 가야산·옥산·미숭산·소현 등이 소개된 이후, 『신증동국여지승람』에서 북산 등 산 9곳과 고개 6곳을 수록하였다. 『대동지지』에서 악견산 한 곳과 고개 2곳이 추가되었고, 『교남지』에서는 강덕산 등 19곳이나 추가 소개하였다.

〈합천군의 산과 고개〉

산	지리서	〈승람〉북산(北山, 북1리, 진산), 사두산(蛇頭山, 서5리), 옥산(玉山, 객관 서쪽 모퉁이), 가점산(可岾山, 북15리), 가야산(야로현 북30리), 월류봉(月留峯, 가야산 서쪽), 미숭산(美崇山, 야로현 동쪽), 두모산(㺚毛山, 오두산 북쪽), 오두산(烏頭山, 야로현 남18리) / 〈대동〉악견산(嶽堅山, 서남30리) / 〈교남〉강덕산(講德山, 서북30리), 소학산(巢鶴山, 동10리), 수매산(壽梅山, 서20리), 태암산(泰巖山, 동남10리), 사내산(思乃山, 남10리), 명덕산(明德山, 동5리), 금반산(金盤山, 남10리), 의룡산(儀龍山, 서20리), 용산(龍山, 서20리), 노태산(魯泰山, 동20리), 백로봉(白鷺峰, 서20리), 봉두산(鳳頭山, 서북30리), 갈마산(渴馬山, 서20리), 매화산(梅花山, 북70리), 승비산(勝飛山, 남20리), 망일산(望日山, 서북30리), 자경산(自警山, 북50리), 주기산(珠枝山, 동10리), 취적봉(吹笛峰, 함벽루 옆).
	고지도	가야산, 가점산, 갈마산, 노공산(魯恭山), 두무산, 매화산, 미숭산, 비계산(飛鷄山), 사두산, 소현산(所峴山), 오도산, 옥산, 읍주산(邑主山), 제월봉(霽月峯), 지아산(芝兒山).
고개	지리서	〈승람〉지을현(知乙峴, 동35리), 두리현(頭里峴, 서북30리), 아현(阿峴, 남25리), 마현(馬峴, 북26리), 갈재(葛岾, 동27리), 소현(所峴, 서49리) / 〈대동〉권빈령(勸賓嶺, 권빈역 남쪽), 화지현(花旨峴, 동남50리).
	고지도	가자현(訶子峴), 두리현, 마령(馬嶺), 마제현(馬堤峴), 아현, 지현(芝峴), 권빈령, 마장령(馬場嶺), 삽포령(揷布嶺)

합천군의 대표적인 산은 가야산이다. 가야산은 우두산(牛頭山)이라고도 했으며, 설산(雪山)·상왕산(象王山)·중향산(衆香山)·지달산(只怛山) 등의 별칭도 가지고 있다. 가야산은 조선시대 합천군을 비롯하여 거창군·성주목·지례현 등에 걸

쳐 있었다. 이숭인(李崇仁, 1347~1392)은 그의 「가야산에 올라[登伽倻山]」라는 시에서 "성주 경계를 진수하면서[作鎭星州界], 합천 고을 동쪽으로 흘러내린 산[流形陜郡東]. 푸른 뿌리는 두터운 대지에 서려 있고[蒼根蟠厚地], 푸른 산 빛은 맑은 창공에 가득해라[翠色滿晴空]."고 읊조렸다.

가야산에는 해인사를 비롯하여 반야사·내원사·소리암(蘇利庵)·거덕사(擧德寺) 등 여러 사찰이 자리잡고 있었다. 해인사는 유네스코 세계기록유산으로 지정된 고려 팔만대장경판을 소장하고 있으며, 고려시대에는 지방 사고(史庫)의 기능과 역할을 담당하여 고려왕조실록을 보관한 적이 있다. 내원사는 해인사에서 북쪽으로 5리 지점에 위치했었는데, 조현당(釣賢堂)과 나월헌(蘿月軒)·득검지(得劒池)가 있었던 것으로 전한다.

가야산의 소리암도 오래된 사찰이었다. 서거정(1420~1488)이 지은 「가야산소리암중창기(伽倻山蘇利菴重創記)」에 따르면, 소리암은 오래 전에 폐사되었는데, 권근(權近)의 손자인 인순부윤 권총(權聰,

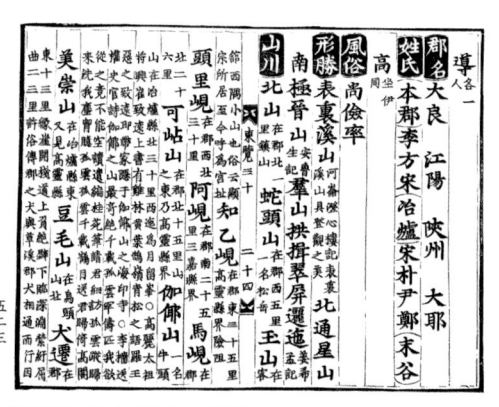

| 『신증동국여지승람』권30 「합천군」산천조(한국고전종합DB)

1413~1480)이 중창할 뜻을 세우고 많은 재물을 내어 1449년(세종 31) 3월 공사를 시작, 1년 6개월 만인 다음 해 10월에 완공하였다고 한다. 중창하기 전 절터 주변에는 여러 종류의 조형물이 남아 있었다. 절터 중앙에는 소 세 마리가 엎드려 있는 형상의 석상이 있었고, 동쪽에는 팔공덕수(八功德水) 노대(爐臺), 서쪽에는 봉천대(奉天臺)와 석가불, 북쪽에는 비로자나불 등이 있었다. 동쪽으로 20리쯤에는 3장 6척 높이의 석불도 있었다고 한다.

가점산에는 용계사(龍溪寺)가, 사두산에는 안계사(安溪寺)가 있었다. 오도산에는 지곡사(智谷寺)와 신흥사(新興寺)가 있었고, 월유봉에는 청량사(淸凉寺)가 자리잡고 있었다.

합천의 몇몇 산과 고개에도 관방시설이 갖추어져 있었다. 성곽으로는 미숭산성(美崇山城)·갈산석성(葛山石城)·갈귀성(葛歸城)·갈마성(葛馬城)·구산성(傴山城)·벽계성(僻溪城)·천개성(天蓋城) 등이 있었다. 미숭산성은 석축으로 둘레가 1,643척에 우물이 6개, 못이 1개 있었다. 『세종실록지리지』에 실려 있는 갈산석성은 『신증동국여지승람』에서는 '갈점성(葛岾城)', 『대동지지』에서는 '갈점고성(葛岾古城)'이라 하였는데, 『세종실록지리지』에서는 둘레가 547보, 『신증동국여지승람』에서는 둘레 2,239척, 높이 7척으로 기록하였다. 안에 샘이 2개 있었고, 군창(軍倉)도 설치되어 있었다.

미숭산과 소현에는 봉수대가 있었다. 미숭산 봉수는 남쪽으로 초계군 미타산(彌陀山)에, 동쪽으로 고령현 망산에 연결되고 있었다. 소현봉수는 고을 서쪽 49리 지점에 위치했는데, 남쪽으로 삼가현 금성산(金城山)에, 북쪽으로 거창군 금귀산(金貴山)에 연결되었다.

한편 합천의 몇몇 고개에는 여행 숙박시설인 원관(院館)이 자리잡고 있었다. 고을 북쪽 19리 지점의 지현원(知峴院), 남쪽 22리 지점의 아현원(阿峴院), 서쪽 22리 지점의 두현원(頭峴院)이 그것이다.『여지도서』에서는 이들에 대해 '모두 지금은 없다[竝今無]'고 기록하고 있어 폐지된 상태였다.

2) 초계군

초계군은 1018년(현종 9) 군현개편에 따라 합주(陜州)의 속읍으로 되었다가 1172년(명종 2)에 감무(監務)가 파견되었고, 1316년(충숙왕 3)에 고을 사람 정수기(鄭守琪)와 변우성(卞遇成)이 왕실에 공을 세워 지군사(知郡事)로 승격되었다. 조선 건국 후에도 그 읍격을 그대로 유지하였다.

초계군의 산과 고개는『경상도지리지』단계에서 미타산과 대암산이 알려진 이후,『신증동국여지승람』에서 산 4곳과 고개 3곳이 기록되었고,『대동지지』에서 옥두봉 1곳,『교남지』에서 국사봉 등 2곳이 추가되었다.『1872년지방지도』

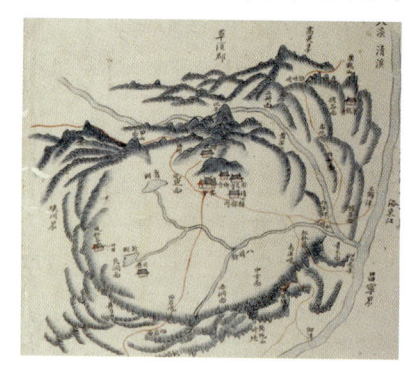
『해동지도』초계군(규장각한국학연구원)

등 조선후기 고지도에서는 이 밖에 단봉산 등 산 6곳과 대지현 등 고개 5곳을 더하여 묘사하고 있다.

〈초계군의 산과 고개〉

산	지리서	〈승람〉청계산(淸溪山, 북1리, 진산), 소학산(巢鶴山, 북30리), 대암산(臺巖山, 서10리), 미타산(남16리, 의령현편) / 〈대동〉옥두봉(玉斗峯, 동10리) / 〈교남〉국사봉(國師峰, 남15리), 복소산(復蘇山, 가야산줄기).
	고지도	국사봉, 단봉산(丹鳳山), 미타산, 발맹봉(鉢孟峰), 소학산, 옥두봉, 용덕산(龍德山), 증봉(甑峰), 청계산(淸溪山), 휴암산(鵂巖山).
고개	지리서	〈승람〉무월현(舞月峴, 서남10리), 고법현(高法峴, 동남14리), 구미현(仇彌峴, 북34리).
	고지도	고법령, 구미현, 대지현(大地峴), 무월령, 송림령(松林嶺), 이현(梨峴), 주현(珠峴), 필현(筆峴).

초계군은 산으로 둘러싸고 있는 모습이었다. 동쪽으로 옥두봉, 서쪽으로 대암산, 남쪽으로 미타산, 북쪽으로 청계사과 소학산이 자리잡고 있다. 서거정은 그의 관가대(觀稼臺) 시에서, "사방의 산은 고을을 에워싸서 가고[四山圍郡去], 여덟 줄기 물은 마을을 안고 흐르네[八水抱村流]."라 하였다.

조선시대 초계군의 관방시설로는 청계산에 돌로 쌓은 산성이 있었으며, 미타산에 봉수대가 있었다. 미타산 봉수는 남쪽으로 의령현 가막산(可莫山)에, 북쪽으로 합천군 미숭산에 연결되고 있었다.

초계군의 산과 고개에도 사찰과 원관이 들어서 있었다. 청계산에는 갑산사(甲山寺)가, 소학산에 소학사, 대암산에는 봉서사(鳳棲寺), 미타산에는 미타사와 유학사(留鶴寺)가 있었다. 갑산사와 봉서사·미타사 등은 『여지도서』에서 '금무(今無)'로 기록하여 당시 없어진 사찰로 소개하고 있다.

3) 거창군

거창군은 1018년(현종 9) 군현 개편 때에 합주의 속읍이었다가 1172년(명종 2) 감무가 파견되어 독립하였다. 1414년(태종 14) 가조현에 이동해 왔던 거제현과 통합하여 제창현(濟昌縣)으로 일컫다가, 다음 해에 다시 나누어 거창현이라 하였다. 1495년(연산군 1) 왕비 신씨의 고향이라 하여 군으로 승격하였다가 중종 원년 다시 현으로 강등하였으며, 영조 5년 중종 왕비 단경왕후 신씨의 고향이라 하여 도호부로 승격되었다.

거창군의 산과 고개는 『경상도지리지』와 『세종실록지리지』에서 삼봉산과 금귀산·우두산·성초현(省草峴)이 소개된 이후, 『신증동국여지승람』에서 건흥산 등 산 7곳과 고개 3곳을 수록하였고, 『동국여지지』에서 망실산 1곳, 『여지도서』에서 4곳, 『대동지지』에서 산 3곳과 고개 3곳, 『교남지』에서 산 3곳이 추가되었다. 지리서 속 거창군의 산과 고개 수는 산 18곳과 고개 6곳으로 모두 24곳이다.

『해동지도』 등 고지도에 묘사된 거창군의 산과 고개 수는 산 20곳, 고개 13곳

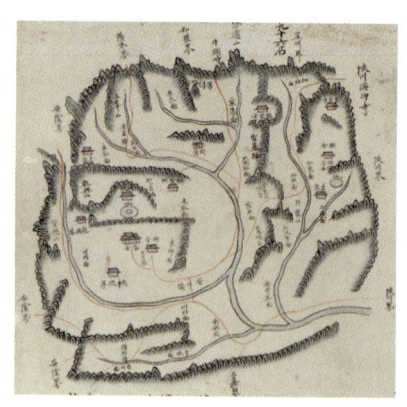

| 『해동지도』 거창군 (규장각한국학연구원)

으로, 모두 33곳이나 된다. 이 가운데 산 8곳과 고개 7곳은 지리서에 실려 있지 않은 곳이다.

〈거창군의 산과 고개〉

산	지리서	〈승람〉건흥산(乾興山, 북8리, 진산), 삼봉산(三峯山, 북51리), 감악(紺岳, 남20리, 삼가현 편), 금귀산(金貴山, 동15리), 우두산(가조현 동쪽, 가야산 서쪽 줄기), 수도산(동북36리), 거말흘산(巨末訖山, 우마현 서쪽) / 〈동국〉망실산(望實山, 서남 8리) / 〈여지〉오도산(吾道山, 동35리), 박유산(朴儒山, 가조현 남5리), 보해산(普海山, 북30리), 금광산(金光山, 북50리) / 〈대동〉관술산(官述山, 남30리), 불령산(佛靈山, 수도산 서쪽), 밀점산(密岾山, 남35리) / 〈교남〉비계산(飛鷄山, 동40리), 문산(文山, 동30리), 망덕산(望德山, 서5리).
	고지도	가야산, 감악산, 거말흘봉, 건흥산, 견암산(見岩山), 금광산, 대덕산, 금귀산, 다근산(多斤山), 덕곡산(德谷山), 망덕산, 박유산, 불영산, 삼봉산, 수도산, 오도산, 우두산, 유암산(流岩山), 의상봉(義相峰), 초점산(草占山).
고개	지리서	〈승람〉우마현(牛馬峴, 북50리), 도마현(都麽峴, 북55리), 적현(赤峴, 가조현 북쪽 30리) / 〈대동〉조곡령(鳥谷嶺, 남30리), 골산현(骨山峴, 남30리), 미항치(馬項峙, 우두산 북쪽).
	고지도	갈리현(葛里峴), 고모현(古毛峴), 골산현, 관술현, 마정치, 성현(省峴), 수현(秀峴), 우마현, 율현(栗峴), 적현, 조곡령, 조령(鳥嶺), 종현(宗峴).

조선시대 거창군의 산과 고개에도 사찰과 관방시설이 들어서 있었다. 사찰로는 『신증동국여지승람』의 불우조에서 건흥산의 건흥사(乾興寺), 수도산의 보해사(普海寺)와 보광사(普光寺), 우두산의 현암사(見巖寺)가 소개되었고, 『여지도서』에서 감악산의 연수사(演水寺)와 금광산의 용계사(龍溪寺)가 추가되었다.

목은 이색(1328~1396)이 지은 「거제현우두산현암선사중수기(巨濟縣牛頭山見菴禪寺重修記)」에 따르면, 거창의 속현 가조현(加祚縣)에 있던 우두산 현암사는 신라 애장왕대에 순응(順應)과 이정(理貞)이 당나라에서 귀국 후 창건했다고 전하며, 고려말 달순(達順)이 중창하였고 나옹(懶翁) 혜근(惠勤,

1320~1376)의 영정을 모신 영당도 건립되었다.

현암사는 조선 건국 후 고려 왕족을 위해 수륙재(水陸齋)를 거행하는 사찰로 지정되며, 1424년(세종 6) 불교의 종파를 선교 양종으로 통폐합하면서 교종 소속의 사원으로 결정되었다. 이와 함께 본래 소유하고 있던 사원전 50결에 100결을 더하여 지급받고, 사원의 승려도 70명으로 정해지는 등 유력 사찰로 발전하였다.

거창군의 관방시설로는 건흥산성과 금귀산성·월곡산성, 금귀산 봉수와 거말흘산 봉수 등이 있었다. 건흥산성은 『대동지지』 거창 성지조에 따르면 "신라 문무왕 13년에 거열주(居烈州) 만흥사(萬興寺)의 산에 쌓았는데, 성의 둘레는 3리이다."라고 하였다.

금귀산성은 『세종실록지리지』에서는 '금귀산석성'이라 하고, "현 동쪽 12리에 있으며, 둘레가 591보인데, 안에 샘 2곳이 있다."고 소개하였다. 『신증동국여지승람』에서는 고적조에서 '금귀산고성(金貴山古城)'이라 하고, "석축으로 둘레가 1,587척이며, 성안에 샘 2개 있다."고 하

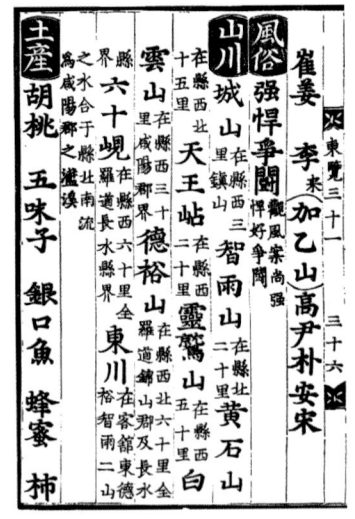

| 『신증동국여지승람』권31 「안음현」 산천조
(한국고전종합DB)

였다. 금귀산 봉수는 남쪽으로 합천 소현(所峴)에, 북쪽으로 거말흘산에 연결되었는데 거리가 40리였다. 거말흘산 봉수는 남쪽으로 금귀산에, 북쪽으로 지례현 귀산(龜山)에 연결되었는데, 거리가 50리였다.

4) 안의현

안의현은 본래 안음현(安陰縣)인데, 1767년(영조 43)에 산음을 산청으로 고치면서 안음을 안의로 개칭하였다. 안음현은 1417년(태종 17)에 이안현(利安縣)과 감음현(減陰縣)을 통합하여 성립되었는데, 1728년(영조 4)에 정희량의 난으로 고을이 혁파되어 함양과 거창으로 나누어 편입되었다가 1736년(영조 12)에 복구되었다. 안의현은 1895년(고종 22)에 시행된 23부제 하에서 안의군으로 승격되었다가, 1914년 행정구역 개편에 따라 안의군이 폐지되어 7개 면은 함양군으로, 5개 면은 거창군으로 편입되었다.

안의현의 산과 고개는 『세종실록지리지』에서 지우산·황석산·육십현(六十峴) 3곳이 소개된 이후, 『신증동국여지승람』에서 산 6곳과 고개 2곳을 수록하였고, 『동국여지지』에서 금원산 등 2곳과 고개 1곳을 추가했으며, 1832년에 편찬된 『안의현읍지』에서 황봉 등 산 7곳과 고개 3곳을 더하였다. 『대동지지』에서는 안의현의 산 4곳과 고개 3곳을 추가하였다. 『광여도』등 조선후기 고지도에서는 안의현의 산으로 16곳, 고개 6곳이 묘사되었다. 이 가운데 구장맥산 등 산 4곳과 숙지치 등 고개 3곳은 지리서에는 소개되지 않은 곳들이다.

〈안의현의 산과 고개〉

산	지리서	〈승람〉성산(城山, 서3리, 진산), 지우산(智雨山, 旗泊山, 북20리), 황석산(黃石山, 서북15리), 영취산(서50리), 백운산(서30리), 덕유산(서북60리) / 〈동국〉금원산(金猿山, 북20리), 원통산(圓通山, 동남9리) / 〈읍지〉황봉(黃峰, 서북65리), 진성산(鎭城山), 월봉(月峯, 서북40리), 대봉(臺峯, 북60리), 호음산(虎陰山, 북45리), 제산(齊山, 乾興山, 동북35리), 골무산(鶻舞山) / 〈대동〉봉황봉(鳳凰峯, 서북70리), 장안산(長安山, 서북60리), 부전산(扶田山, 장안산 남), 불영봉(佛影峯, 덕유산 남).
	고지도	골무산, 구장맥산(九腸脈山), 기박산, 금원산, 덕유산, 마양산(馬羊山), 무이산(武夷山), 백운산, 봉황산, 부전산, 불영봉, 영취산, 우락산(遇樂山), 진성산, 향적산(香積山), 황석산.
고개	지리서	〈승람〉천왕재(天王岾, 서20리), 육십현(六十峴, 서60리) / 〈동국〉관수현(寬愁峴, 남18리) / 〈읍지〉초재(草岾, 동20리), 관술령(官述嶺, 동20리), 남령(嵐嶺, 남10리) / 〈대동〉조령(鳥嶺, 동22리), 망치(望峙, 북15리), 월성현(月星峴, 북50리).
	고지도	숙지치(宿只峙), 관술치, 대방치(大方峙), 월성현, 유현(踰峴), 육십치.

황석산에는 석성이 있었다. 『경상도지리지』에서 황석산성은 둘레가 1,087보(步)이고, 성안의 넓이가 34결 17부였으며, 시내가 1곳 있었다고 하였다. 『신증동국여지승람』에서는 "황석산성은 석축으로 둘레는 2,924척이며, 성안에 시내 1개 있고 군창(軍倉)이 있다."고 하였다.

안의현의 사찰 가운데 덕유산에 영각사(靈覺寺)와 영취암(靈鷲菴)이 있었고, 영취산에 극락암, 지우산에 장수사(長水寺)가 있었다. 『동국여지』에서는 황석산에 은신암(隱身菴)과 백운암(白雲菴)이 자리잡고 있었던 것으로 전한다.

5) 함양군

함양군의 산과 고개는 『경상도지리지』에서 지리산과 백암산이 소개된 이후, 『신증동국여지승람』에 산 12곳과 고개 3

곳이 기록되었고, 『동국여지지』에서 수정산 1곳이 추가되었으며, 『대동지지』에서 고개 6곳이 추가되어, 지리서에는 함양군의 산과 고개로 모두 22곳이 기록되어 있다. 『1872년 지방지도』 등 고지도에서는 함양군의 산 24곳, 고개 16곳을 묘사하였는데, 이 가운데 27곳이 지리서의 그것과 겹치지 않고 있다. 따라서 조선시대 지리서와 고지도에 기록된 함양군의 산과 고개 수는 모두 49곳이 된다.

〈함양군의 산과 고개〉

산	지리서	〈승람〉백암산(白巖山, 북5리, 진산), 문필봉(文筆峯, 북1리), 지리산(남40리), 백운산(서40리), 화장산(花長山, 남15리), 취암산(鷲巖山, 북20리), 상산(霜山, 서20리), 수지봉(愁智峯, 동10리), 안점산(鞍岾山, 북30리), 사암산(蛇巖山, 동20리), 오도봉(悟道峯, 남20리), 사근성산(沙斤城山) / 〈동국〉수청산(水淸山, 남30리).
	고지도	가채산(佳采山), 금대산(金臺山), 남산(南山), 도곡산(道谷山), 마안산(馬鞍山), 문필봉, 미라산(彌羅山), 백세산(白世山), 백암산, 백운산, 보감산(寶鑑山), 보덕산(寶德山), 사암산, 삼봉산(三峯山), 상봉(上峯), 상산, 소운산(小雲山), 승안산(昇安山), 안점산, 영신산(靈神山), 지리산, 천령산(天嶺山), 취암산, 화장산.
고개	지리서	〈승람〉천왕재(북20리), 도현(桃峴, 동30리), 팔량치(八良峴, 서30리) / 〈대동〉대방치(大方峙, 북30리), 보천치(寶天峙, 북30리), 원통치(圓通峙, 북30리), 안치(鞍峙, 북30리), 본통치(本通峙, 동25리), 문수현(文殊峴, 남40리).
	고지도	대황치(大黃峙), 도현, 두치(豆峙), 벽수령(碧愁嶺), 벽취령(碧鷲嶺), 보대치(寶大峙), 비도치(飛道峙), 신현(申峴), 영원치(靈源峙), 오도치(吾道峙), 웅치(熊峙), 원통치, 월배치(月背峙), 정치(釘峙), 천왕재, 팔양령.

함양군의 몇몇 산과 고개에는 성곽이 축조되어 있었다. 문필봉 밑에는 읍성이 축조되었다. 1380년(우왕 6) 왜구 침입으로 관아가 소실되자, 관아를 문필봉 밑으로 옮기고 흙을 쌓아서 성을 만들었다. 토성의 둘레는 735척이고 나각(羅閣)이 243칸이었으며, 문이 셋인데, 동쪽은 제운(齊雲), 남쪽은 망악(望岳), 서쪽은 청상(淸商)이라 하였다.

사근산성은 사근역 북쪽에 있었는데, 석축으로 둘레는 2,796척, 높이는 9척이며, 성안에 못이 3개 있었다. 1380년 왜구에게 함락당한 뒤에 수리하지 않았다가, 성종조에 다시 수축하였다. 이 밖에 『대동지지』에는 천왕봉성(天王峯城)과 안점산성(鞍岾山城)도 소개하고 있는데, 당시에는 석축의 흔적만 남아 있다고 하였다.

한편, 함양군의 산과 고개에는 많은 사찰과 원관(院館)이 들어서 있었다. 지리산에는 견불사(見佛寺)·군자사(君子寺)·마적사(馬迹寺)·선열암(先涅菴)·고열암(古涅菴)·신열암(新涅菴)·무주암(無住菴)·금대암(金臺菴)·보월암(寶月菴)·안국사(安國寺)·문수사·벽송암(碧松菴)·법화암 등 여러 사찰이 있었다. 사암산에는 승안사(昇安寺), 화장산에는 화장사(花長寺), 천왕재에는 덕봉사(德峯寺)와 안정암(安靜菴), 오도봉에 등귀사(登龜寺), 백운산에 영은사(靈隱寺)와 묵계암(默溪菴), 사근성산에 미타사, 취암산에 도숭암(道崇菴), 상산에 개심암(開心菴), 팔량현에 성도암(成道菴), 도현에 도현원(桃峴院) 등이 자리잡고

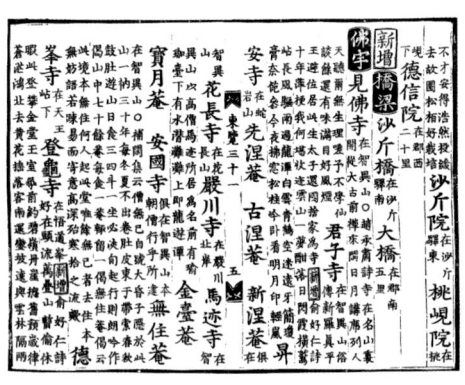

| 『신증동국여지승람』권31 「함양군」 불우조 (한국고전종합DB)

있었다.

4. 지리산 동쪽, 황강과 남강 사이 경남 고을의 산과 고개

1) 진주목

진주목의 산과 고개는 『경상도지리지』와 『세종실록지리지』에서 지리산·옥산·망진산 등이 소개된 후, 『신증동국여지승람』에서 비봉산 등 11곳을 수록하였고, 『진양지』에서 혼돈산 등 3곳이 추가되었다. 『여지도서』에서는 여기에 더하여 연화산 등 4곳을 추가 수록하였으며, 『대동지지』에서는 산 7곳과 고개 3곳을 추가하여 소개하였다. 『해동지도』 등 고지도에 묘사된 진주의 산과 고개는 지리서보다 훨씬 적어, 산 12곳과 고개 2곳에 지나지 않는다. 이 가운데 지리서에 들어있지 않은 것은 금대산·남산·대방산·노현·어속령 5곳 뿐이다.

〈진주목의 산과 고개〉

산	지리서	〈승람〉비봉산(飛鳳山, 서1리, 진산), 지리산(서100리), 옥산(玉山, 서55리), 우산(牛山, 서65리), 망진산(望晉山, 남6리), 영봉산(靈鳳山, 반성현 동), 집현산(集賢山, 북40리), 월아산(月牙山 달엄산), 와룡산(臥龍山, 남60리), 송대산(松臺山, 동42리), 방어산(防禦山, 반성현 북15리) / 〈진양지〉혼돈산(混沌山, 大屯山, 고성현계), 부용산(芙蓉山, 영선현 북), 발산(鉢山, 남70리) / 〈여지〉연화산(蓮花山, 남40리), 선유산(仙遊山, 남45리), 덕산(德山, 지리산 동), 사림산(士林山, 지리산 아래) / 〈대동〉단속산(斷俗山), 안양산(安養山), 삼장산(三壯山), 청암산(靑巖山), 광제산(廣濟山, 북30리), 천금산(千金山, 남50리), 용암산(龍巖山, 남40리).
	고지도	광제산, 금대산(金臺山), 남산(南山), 대방산(臺方山), 망진산, 발산, 비봉산, 연화산, 와룡산, 월아산, 지리산, 집현산.
고개	지리서	〈대동〉동현(東峴, 동65리), 마현(馬峴, 북로), 사현(沙峴, 남로).
	고지도	〈고지도〉노현(蘆峴), 어속령(於束嶺)

조선시대 진주목은 넓은 권역에다 경지면적이 너른만큼 산과 고개도 많았고, 그 풍광 또한 아름다웠다. 고려시대 이인로(李仁老)는 『파한집(破閑集)』에서, "진양의 시내와 산의 빼어난 경치는 영남에서 제일이다."하였고, 진주 출신 하륜(1347~1416)은 「봉명루기(鳳鳴樓記)」에서, "비봉산이 북쪽에서 멈췄고, 망진산이 남쪽에서 두 손 맞잡았네. 긴 강이 그 사이에 흐르고, 동쪽과 서쪽 여러 산이 구불구불 사방을 둘렀네."라 표현하였다.

지리산 주변에는 진주목을 비롯하여 13개 고을이 자리잡고 있었다. 동쪽의 진주목과 단성현, 남쪽의 곤양군과 하동현, 진주 속현인 악양현과 살천부곡·화개부곡, 장흥부의 적량부곡, 서쪽의 남원도호부와 구례현·광양현, 북쪽의 함양군과 산음현 등이 그곳이다.

지리산에는 사찰도 많이 들어서 있었다. 청파 이륙(李陸, 1438~1498)은 「지리산기(智異山記)」에서 지리산에는 명람(名藍)·승찰(勝刹)이 이루 헤아릴 수 없이 많다 하고, 천왕봉 서쪽의 향적사(香積寺)·가섭대(迦葉臺), 남쪽의 영신사(靈神寺), 남쪽으로 시내를 따라 내려가면서 의신사(義神

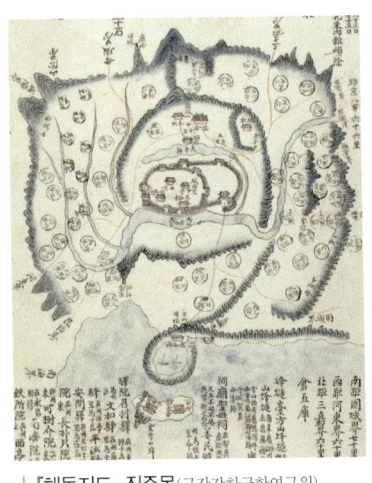

| 『해동지도』 진주목(규장각한국학연구원)

寺)·신흥사(新興寺)·쌍계사, 의신사 서쪽 20리 지점의 칠불사, 쌍계사 동쪽 고개 넘어 불일암, 천왕봉 동쪽으로 내려가서 천불암(千佛庵)·법계사(法戒寺), 살천부곡에서 20여 리 지점의 보암사(普庵寺) 등을 소개한 바 있다. 지리산에는 이 밖에도 화엄사·지거사(智居寺)·영대사(靈臺寺)·반야사·기림사(岐林寺)·한림사(翰林寺)·덕산사(德山寺)·백암사(白巖寺)·흑룡사(黑龍寺)·장흥사(長興寺)·임강사(臨江寺)·회강사(會講寺) 등 유명사찰이 자리잡고 있었다.

비봉산에는 의곡사(義谷寺)가, 집현산에 응석사(凝石寺), 망진산에 지장사, 방어산에 청원사(淸源寺)와 백운암, 여항산에 비로사, 영봉산에 용암사(龍巖寺), 와룡산에 백천사(百泉寺)와 와룡사, 혼돈산에 금대암(金臺庵), 월아산에 청곡사(靑谷寺)와 법륜사, 우산에 우방사(牛房寺), 단속산에 단속사, 연화산에 옥천사(玉泉寺), 선유산에 관음암, 안양산에 안양사, 청암산에 청암사, 삼장산에 삼장사(三壯寺)가 있었다. 옥산과 월아산 정상에는 기우단도 설치되어 있었다.

진주목 소재의 몇몇 산과 고개에는 관방시설도 들어서 있었다. 송대산성은 흙으로 쌓았는데, 둘레가 4,073척이었으나 당시 무너져 있는 상태였다. 성산성(城山城)은 2곳에 쌓았는데, 하나는 동쪽 44리 지점에 있었고, 토축으로 둘레가 2,814척이었고, 하나는 서쪽 48리 지점에 있었는데 석축으로 둘레가 977척이었다. 이들 두 성곽에 대해서『대동지지』진주 성지(城池)조에서는 앞의 토성을 '영선고현성(永善古縣城)'이라 하고, 뒤의 석성을 '굴촌고현성(屈村古縣城)'이라 이름하였다.

『여지도서』 진주목 고적조에는 성대산성·성산성과 함께 월아산목책과 방어산성이 실려 있다. 월아산의 목책은 임진 왜란 때 의병장 김덕령(金德齡)이 설치한 것으로, 옛 터만 남아 있었다. 방어산에는 산 정상에 석성이 조성되어 있었는데, 그 서쪽에는 장군당(將軍堂)이, 아래에는 마제현(馬蹄峴), 북쪽에는 장군철상(將軍鐵像)이 있었다.

망진산과 광제산에는 봉수대가 설치되어 있었다. 망진산 봉수는 남쪽으로 사천현의 안점(鞍岾)에, 북쪽으로 광제산에 연결되고, 광제산 봉수는 남쪽으로 망진산에, 북쪽으로 단성현의 입암산(笠巖山)에 연결되었다.

2) 의령현

의령현의 산과 고개는 『세종실록지리지』에서 자굴산과 가막산이 소개된 이후, 『경상도속찬지리지』(1469) 유명영현(有名領峴)조에서 자굴산과 장현(長峴)·월라현(月羅峴)·대현(大峴)·부을현(夫乙峴)·우현(亐峴) 등 이름만 기록하였고, 『신증동

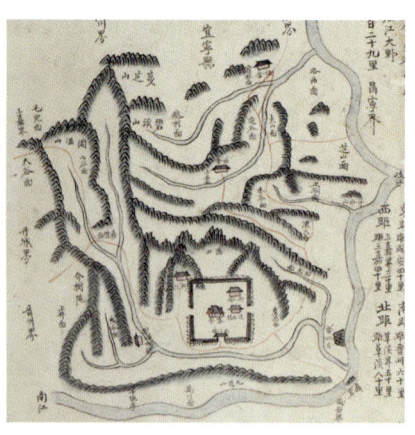

| 『해동지도』 의령현 (규장각한국학연구원)

국여지승람』에서는 이를 이어받아 산 5곳, 고개 2곳을 소개하였다. 『대동지지』에서 산 1곳과 고개 5곳을 추가하였으며, 의령읍지 『의춘지』에서 대덕산이 더해져 모두 14곳을 확인할 수 있다. 『해동지도』 등 고지도에서는 의령의 산 11곳과 고개 5곳을 묘사했는데, 이 가운데 돈다산 등 산 5곳과 다현 등 고개 2곳은 지리서에 없는 곳들이다.

〈의령현의 산과 고개〉

산	지리서	〈승람〉덕산(德山, 북2리, 진산), 자굴산(북15리), 귀룡산(龜龍山, 남2리), 미타산(신번현 북3리), 가막산(可莫山, 동36리) / 〈대동〉벽화산(碧花山, 서25리) / 〈의춘지〉대덕산(大德山, 동50리).
	고지도	가막산, 구룡산, 덕산, 돈다산(豚多山), 만지산(蔓芝山), 미타산, 벽계산(碧溪山), 벽화산, 봉덕산(鳳德山), 신덕산(神德山), 자굴산.
고개	지리서	〈승람〉장현(長峴, 동25리), 대현(大峴, 서30리) / 〈대동〉고로치(孤老峙, 북60리), 월라치(月羅峙, 동로), 설매현(雪梅峴, 서남30리), 홍도현(弘道峴, 북40리), 화지현(花旨峴, 서북50리).
	고지도	대현, 다현(多峴), 부을치(夫乙峙), 월라치, 장현.

자굴산에는 보리사와 양천사(楊泉寺), 수도사, 백운암, 백련암 등 여러 사찰이 자리잡고 있었다. 귀룡산에는 청원사(靑猿寺)와 수월암(水月庵), 벽화산에는 보천사(寶泉寺)와 수암사(水巖寺), 미타산에는 유학사(留鶴寺)가 있었다. 자굴산의 양천사는 『여지도서』 단계에서 이미 폐사(廢寺)되었고, 『교남지』 단계에서는 보리사·청원사·보천사·수암사·안적암 등도 폐사된 상태였다.

한편 가막산에는 봉수대가 설치되어 있었다. 가막산 봉수는 남쪽으로 함안군 파산(巴山)에, 북쪽으로 초계군 미타산에 연결되고 있었다.

3) 삼가현

삼가현은 1414년(태종 14)에 합천의 속현이었던 삼기현(三岐縣)과 가수현(嘉樹縣)을 통합하여 성립되었다. 통합 당시 감무가 파견되다가 곧 현감이 임명되었다. 1895년 23부제 지방제 개편 때 삼가군이 되었다가, 1914년 행정구역 개편 때 14개 면 중 2개 면은 거창군에 나머지 12개 면은 합천군에 편입되었다.

삼가현의 산과 고개는 『세종실록지리지』에 황산과 악견산이 소개되었고, 『경상도속찬지리지』에서는 명포현(鳴浦峴)과 율현(栗峴)이라는 이름이 확인된다. 『신증동국여지승람』에서는 황산 등 산 7곳을 기록하였고, 『대동지지』에서는 산 1곳과 고개 7곳을 추가하였으며, 『교남지』에서 월여산과 허굴산 2곳을 더 소개하였다. 『해동지도』 등 고지도에서는 삼가현의 산 18곳과 고개 17곳을 묘사했는데, 이 가운데 계명산 등 산 10곳과 고치 등 고개 11곳은 지리서에 수록되지 않은 곳들이다.

〈삼가현의 산과 고개〉

산	지리서	〈승람〉황산(黃山, 서47리), 자굴산(동17리), 감악산(紺岳山, 북75리), 악견산(嶽堅山, 동40리), 비봉산(飛鳳山, 동2리), 마장산(馬莊山, 북6리), 금성산(金城山, 삼기현) / 〈대동〉호굴산(虎窟山, 서북40리) / 〈교남〉월여산(月如山, 북50리), 허굴산(噓崛山, 북40리).
	고지도	감악산, 계명산(雞鳴山), 광덕산(光德山), 금성산, 논덕산(論德山), 대양산(大梁山), 마장산, 백운봉, 봉두산(鳳頭山), 비봉산, 삼봉(三峰), 악견산, 월여산, 인덕산(仁德山), 장군봉(將軍峰), 철마산(鐵馬山), 허굴산, 황매산.
고개	지리서	〈대동〉아두치(阿斗峙, 북2리), 도두치(都豆峙, 남20리), 대현(大峴, 동남20리), 삼대치(三大峙, 서남15리, 三多佛峙), 백현(白峴, 서13리), 율현(栗峴, 서북70리), 갈항(葛項, 서북30리).
	고지도	고치(高峙), 덕가령(德加嶺), 도토현, 대현, 망현(網峴), 삼다불현, 상운현(上雲峴), 아치령, 안현(安峴), 율현, 이현(梨峴), 천황령(天皇嶺), 토현(兎峴), 판현(板峴), 하운현(下雲峴), 화지현(花旨峴), 회현(晦峴).

악견산에는 성곽이 축조되어 있었다. 『세종실록지리지』에서는 악견산석성은 현 동쪽 7리 지점에 있다 하고, 둘레가 821보에 샘 3개 군창(軍倉)이 있었던 것으로 전하고 있다. 『경상도속찬지리지』에서는 기미년(세종 21년, 1439)에 돌로 쌓았고, 둘레가 4,987척 높이가 9척으로 물이 마르지 않는 샘 3개가 있다고 하였다. 『신증동국여지승람』에서는 고적조에서 악견산성의 둘레가 2,208척이라 하였고, 『대동지지』나 『삼가읍지』 등에서도 그 규모를 '둘레 2,208척'으로 전하고 있다.

　금성산에는 봉수대가 설치되어 있었다. 금성산 봉수는 남쪽으로 단성현 입암산(笠巖山)에, 북쪽으로 합천군 소현(所峴)에 연결되었다.

　자굴산과 감악산·황산에는 사찰이 들어서 있었다. 자굴산에는 봉두사(鳳頭寺)와 금곡사(金谷寺)가 있었고, 감악산에는 감악사가 있었는데 교종 소속의 사찰이었다. 황산에는 몽계사(夢溪寺)를 비롯해 묵방사(墨房寺)·보암사(寶巖寺)·사나사(舍那寺) 등 여러 사찰이 자리잡고 있었다.

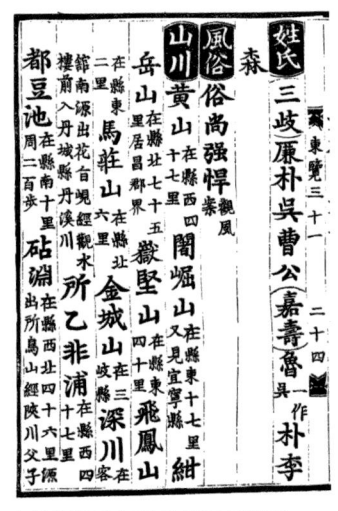

| 『신증동국여지승람』권31 「삼가현」 산천조(한국고전종합DB)

4) 단성현

단성현은 1436년(세종 18) 합천의 속현이었던 단계현(丹溪縣)과 진주의 속현이었던 강성현(江城縣)을 통합하여 성립되었다. 임진왜란을 겪으면서 고을이 쇠잔해져 1599년(선조 32) 산음현에 병합되었지만, 1613년(광해군 5) 복구되어 내산(來山) 아래로 읍치를 옮겼다. 읍치는 1702년(숙종 28)에 강성현 옛터로 옮겼다가 1731년(영조 7)에 다시 내산으로 돌아왔다.

단성현의 산과 고개는 『세종실록지리지』 진성현 봉수조에서 입암산을 기록한 이후, 『신증동국여지승람』에서 내산 등 10곳이 소개되었고, 『대동지지』에서는 여기에 더하여 단속산 등 산 4곳과 고개 2곳을 추가 수록하였다. 1940년에 편찬된 『교남지』에서는 백마산 등 산 5곳을 추가하였다. 『광여도』 등 고지도에서는 단성현의 산 13곳과 고개 5곳을 묘사했는데, 이 가운데 문천현 등 고개 4곳은 지리서에서 찾을 수 없는 곳들이다.

〈단성현의 산과 고개〉

산	지리서	〈승람〉내산(來山, 북1리, 진산), 지리산(서41리), 입암산(笠巖山, 북27리), 보암산(寶巖山, 북37리), 월명산(月明山, 동북30리), 집현산(集賢山, 동15리), 둔철산(芚鐵山, 북30리), 소괴산(消怪山, 서8리), 척지산(尺旨山, 북50리), 올율산(兀栗山, 동22리) / 〈대동〉 단속산(서5리), 백운산(동10리), 이구산(尼邱山, 서5리), 암혜산(巖惠山, 남8리) / 〈교남〉백마산(북5리), 황매산(북40리), 대성산(大聖山, 북30리), 장원봉(壯元峰, 북3리), 사직봉(社稷峰, 북30리).
	고지도	내산, 둔철산, 백마산, 보암산, 소괴산, 엄혜산, 올율산, 월명산, 이구산, 입암산, 지리산, 집현산, 척지산.
고개	지리서	〈대동〉신현(新峴, 서북25리 산청계), 시치(矢峙, 남로).
	고지도	문천현(文川峴), 신현, 입석현(立石峴), 척지현(尺旨峴), 토천현(吐川峴)

『신증동국여지승람』 단성현 불우조에서는 단성현 소재 사찰로 보암산의 운룡사(雲龍寺), 척지산의 율곡사(栗谷寺), 둔철산의

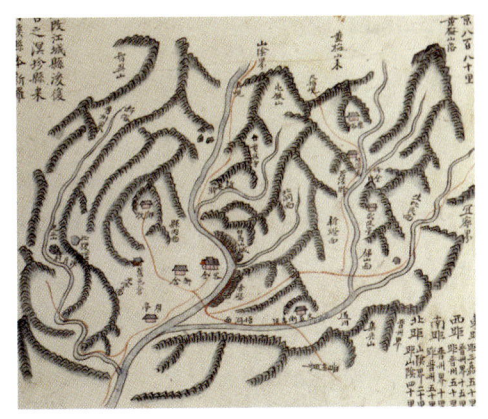
『해동지도』 단성현(규장각한국학연구원)

정취사(淨趣寺), 월명산의 청안사(靑安寺), 올율산의 봉서암(鳳棲庵), 소괴산의 소괴사(消怪寺)를 들고 있다. 『여지도서』에서는 율곡사와 정취사를 제외하고 모두 '지금은 없다[今無]'라고 기록하여 폐사되었음을 전하는 한편, 둔철산에 용흥사(龍興寺)가 있다고 새로 소개하고 있다.

『신증동국여지승람』 단성현 성곽조에서는 단성의 산성으로 동산성(東山城)을 소개하고 있는데, 위치는 읍치에서 북쪽 7리 지점으로 삼면이 절벽이었다. 둘레는 2,795척이고, 동남쪽 100여 척은 석축으로 보수되었으며, 성안에 샘 1개, 못 1개, 군창(軍倉)이 있었다. 『대동지지』 단성현 성지(城池)조에서 동산성을 '백마성'이라 부르기도 했다는 것으로 보아 동산성은 백마산에 위치했던 것 같다. 입암산에는 봉수대가 있어 남쪽으로 진주 광제산에, 북쪽으로 삼가현 금성산에 연결되고 있었다.

5) 산청현

산청현은 본래 산음현(山陰縣)인데, 1767년(영조 43) 7월 산음현에서 7세 여자 아이가 잉태하는 일이 발생하자 고을 이름을 '산청현(山淸縣)'으로 바꾸었다. 조선시대 산청현의 산과 고개는 『신증동국여지승람』에서 동산 등 6곳이 소개된 이후, 『여지도서』에서는 여기에다 필봉 1곳을 더하였고, 『대동지지』에서 산 4곳과 고개 6곳, 『교남지』에서 산 6곳과 고개 5곳이 추가되었다. 『광여도』 등 고지도에서는 산 10곳과 고개 10곳을 묘사했는데, 이 가운데 산 3곳과 고개 3곳은 지리서에 없는 곳들이다.

〈산청현의 산과 고개〉

산	지리서	〈승람〉동산(東山, 동3리), 진산, 지리산(서30리), 유산(楡山, 남10리), 마연동산(馬淵洞山, 북10리), 왕산(王山, 서10리), 적지산(동25리) / 〈여지〉필봉(筆峯, 서10리) / 〈대동〉남산(南山, 남2리), 황산(黃山, 동북50리, 黃梅山), 회계산(會稽山, 동북10리), 강고산(岡高山, 서북45리) / 〈교남〉옥토봉(玉兎峰, 남쪽), 반월산(半月山, 북쪽), 국수봉(國壽峰, 북20리), 오산(鰲山, 북20리), 구인산(九仞山, 북20리), 응봉(鷹峰, 북25리)
	고지도	강고산, 계명산(鷄鳴山), 남산, 마연동산, 왕산, 유산, 조산(造山), 지리산, 적지산, 필봉, 황매산, 회계산.
고개	지리서	〈대동〉본통치(本通峙, 서30리), 백아현(白也峴, 동북15리), 고천령(古川嶺, 북50리), 밀재(密岵, 북50리), 신거리령(新巨里嶺, 서북25리), 율치(栗峙, 남10리) / 〈교남〉왕덕령(王德嶺, 서20리), 성령(城嶺, 서20리), 두무현(杜舞峴, 북30리), 봉현(烽峴, 북20리), 송치(松峙, 북20리).
	고지도	고천령, 밀점치, 백아현, 본통치, 신거리령, 신고개령(新古介嶺), 월음령(月音嶺), 율지령, 적지령, 특치.

왕산에 대해서 『신증동국여지승람』에서는 "산중에 돌을 포개서 만든 두덕이 있고, 사면은 모두 층계로 되었는데 왕릉이라는 전설이 있다."라 하였고, 『대동지지』에서는 여기에 더하여 "가야국 구형왕릉(仇衡王陵)이 왕산사(王山寺) 뒤에

있다. …… 사찰은 곧 구형왕이 살았던 수정궁(水晶宮)이다. 구형왕사(仇衡王祠)는 산 아래에 있다."고 하였다. 왕산은 현재 구형왕릉이라 전하는 곳이었다.

| 전구형왕릉 전경(산청군청)

왕산에는 왕대암(王臺菴)이라는 사찰이 있었다. 지리산에는 지곡사(智谷寺)가 있었는데, 이곳에는 고려 예부상서 손몽주(孫夢周)가 지은 승려 혜월(慧月)과 진관(眞觀)의 탑비가 있었다. 백야현에는 여행과 숙박시설인 백야현원(白也峴院)이 자리잡고 있었다.

『신증동국여지승람』 산음현 고적조에서는 고산성(古山城)을 수록하였는데, 이 산성의 위치는 현 남쪽 2리 지점이라 하고, "석축이며 둘레가 1,346척이었으나, 지금은 모두 무너졌다."고 하였다. 『대동지지』는 성지(城池)조에서 '남산고성(南山古城)'이라 하고 있어, 이 고산성은 남산의 성곽이었음을 말해주고 있다.

5. 낙동강 서쪽, 지리산과 소백산 줄기의 산과 고개

1) 김해도호부

김해도호부는 조선초기에 웅신현(熊神縣)과 완포현(莞浦縣)이라는 2개의 속현을 가지고 있었다. 두 속현은 문종 때 통합하여 웅천현(熊川縣)으로 독립했다. 그래서『경상도지리지』(1425)에서는 2곳이 김해의 속현으로 기록되었으나,『신증동국여지승람』(1530)에서는 이들 속현이 제외되었다.

김해도호부의 산과 고개는『경상도지리지』와『세종실록지리지』에서 분산·신어산·자암산 등이 보이다가『신증동국여지승람』에서는 산 10곳과 고개 6곳이 대거 소개되었다. 김해 최초의 읍지로 전하는『분성여지승람신증초(盆城輿地勝覽新增抄)』(1730년경)에서는 여기에 더하여 시산 등 산 3곳과 고개 마현 1곳을 추가하였고,『여지도서』에서는 비음산 등 산 5곳,『대동지지』에서는 삼랑봉 1곳과 고개 1곳,『교남지』(1940)에서는 산 2곳을 추가함으로써 지리서 속 김해의 산과 고개는 모두 29곳이었다.

『광여도』등 조선후기 고지도에 묘사된 김해의 산과 고개는 구암산 등 산 22곳과 나전현 등 고개 12곳이다. 이 가운데 고조산 등 산 10곳과 광쟁현 등 고개 9곳은 지리서에 실려 있지 않은 곳이다.

〈김해도호부의 산과 고개〉

산	지리서	〈승람〉분산(盆山, 북3리, 진산), 신어산(神魚山, 동10리), 귀지봉(龜旨峯, 북3리), 가조산(加助山, 유민산, 서5리), 운점산(雲岾山, 서5리), 장유산(長遊山, 남40리), 명월산(明月山, 남40리), 자암산(북35리), 식산(食山, 북30리), 성화례산(省火禮山, 남51리) / 〈분성〉시산(匙山, 북35리), 조차산(曺次山, 동20리), 가곡산(歌谷山, 서20리) / 〈여지〉비음산(飛音山, 서35리), 중봉산(中峯山, 서35리), 불모산(佛母山, 서35리), 고현산(高峴山), 무착산(無着山) / 〈대동〉삼랑봉(三郞峯, 북40리) / 〈교남〉용제봉(龍蹄峰, 서40리), 태종산(太宗山, 죽곡).
	고지도	고조산(顧祖山), 구암산(龜巖山), 구지봉, 남산(南山), 독송산(獨松山), 마봉(馬峯), 무착산, 불모산, 비음산, 성산(星山), 성화야산(省火也山), 세산(細山), 신어산, 용산(龍山), 용제봉, 유민산(裕民山), 응봉(鷹峯), 자암산, 조차산, 칠점산, 타고봉(打鼓峯), 태야산(台也山).
고개	지리서	〈승람〉율천현(栗川峴, 남45리), 웅저현(熊猪峴, 남38리), 진현(陳峴, 남37리), 노현(露峴, 서40리, 북15리), 능현(綾峴, 남30리) / 〈분성〉마현(馬峴, 북30리) / 〈대동〉적항현(赤項峴, 서남30리).
	고지도	광쟁현(光爭峴), 나전현(羅田峴), 냉정현(冷井峴), 노현, 마현, 망천현(望川峴), 모역현(茅亦峴), 여차저현(余次渚峴), 영원현(靈源峴), 웅현(熊峴), 율천령, 화현(花峴).

　김해 소재 산 가운데 귀지봉은 수로왕의 탄생과 가락국의 전설이 전해지는 곳으로 유명한데, 그 내용은 『신증동국여지승람』 등 지리서에 수록되어 있다. 명월산에는 산 아래 구량촌(仇良村)을 중심으로 왜(倭) 사신을 접대했던 수참(水站)이 있었으며, 산 정상의 돌 틈에서 흘러내리는 물로 만들어진 용추(龍湫)도 자리잡고 있었다.

　김해의 몇몇 산과 고개에는 성곽이 축조되어 있었다. 분산성은 『신증동국여지승람』 고적조에서 "석축으로 둘레가 1,560척이었는데, 지금은 모두 무너졌다. 성안에 우물 2개가 있는데, 겨울이나 여름에나 마르지 않는다."고 하였다. 『분성여지승람신증초』에서는 성곽조에서 '분산산성'으로 표기하고, "김해부성 진산의 동쪽에 있는데 둘레가 800척이며 안에는 하천이 2개 있다. 타고봉산성(打鼓峯山城)이라고도 부른다."고 하였다. 정몽주의 「김해산성기(金海山城記)」가

『신증동국여지승람』에서는 김해 읍성조에 실려 있는데, 여기에서는 분산산성조에 실려 있기도 하다.

| 분성산의 보수된 성벽(김해시청)

『분성여지승람신증초』와 『대동지지』에는 김해의 가곡산과 마현에도 성곽이 있었던 것으로 기록하고 있다. 가곡산성은 둘레 600척에 우물이 1개 있었다고 하며, 마현성은 과녀산성(寡女山城)이라고도 하는데, 둘레가 1,035척에 높이가 7척으로 우물이 1개 있었다.

분산과 성화례산, 자암산에는 봉수대도 있었다. 분산 봉수는 남쪽으로 성화례산에, 북쪽으로 자암산에 응하고, 성화례산 봉수는 남쪽으로 웅천현 가덕도(加德島)에, 북쪽으로 분산에 응하며, 자암산 봉수는 남쪽으로 분산에, 북쪽으로 밀양부 남산에 신호를 보냈다.

신어산에는 사찰이 여럿 자리잡고 있었다. 감로사, 귀암사

(龜巖寺), 십선사(十善寺), 청량사(淸凉寺), 이세사(離世寺), 서림사(西林寺) 등이 신어산에 있었던 사찰들이다. 이 밖에 운점산에는 운점사(雲岾寺)가, 명월산에는 진국사(鎭國寺)와 명월사, 장유산에는 왕후사(王后寺, 뒤의 臨江寺), 불모산에는 중봉사(中峯寺)와 팔성암(八聖庵)이 자리잡고 있었다.

2) 웅천현

웅천현의 산과 고개는 『경상도지리지』와 『세종실록지리지』에서는 웅산(熊山)·고산(高山)·사화랑산(沙火郎山) 등 3곳을 찾을 수 있고, 『신증동국여지승람』에서는 이를 포함하여 산 8곳과 사현 등 고개 3곳을 기록하였다. 『대동지지』에서 남산 1곳과 송현 등 고개 2곳을 추가함으로써 지리서 속 웅천의 산과 고개는 모두 14곳이다.

『해동지도』 등 조선후기 고지도에 묘사된 웅천현의 산과 고개는 가리산 등 산 14곳과 고개 10곳으로, 지리서 보다 많은 수의 산과 고개를 그리고 있다. 이 가운데 가리산 등 산 9곳과 궁현 등 고개 8곳은 지리서에는 없는 곳들이다.

〈웅천현의 산과 고개〉

산	지리서	〈승람〉웅산(熊山, 북5리), 진산), 병산(屏山, 북1리), 고방산(庫房山, 서6리), 장복산(長福山, 서30리), 고산(高山, 북45리), 부인산(夫人山, 동20리), 사화랑산(沙火郎山, 남6리), 성산(城山) / 〈대동〉남산(南山).
	고지도	가리산(伽俐山), 고산, 귀산(貴山), 내남산, 덕산(德山), 병산, 보개산(寶盖山), 북산(北山) 사화랑산, 손도봉(孫渡峰), 외남산, 장복산, 적연산(赤硯山), 천자봉(天子峯), 태봉(胎峯).
고개	지리서	〈승람〉사현(私峴, 서북30리), 율천현(栗川峴, 동15리), 팔현(八峴, 서7리) / 〈대동〉송현(松峴, 서북30리), 배응현(裵應峴, 동10리).
	고지도	궁현(弓峴), 대현(大峴), 마아현(馬牙峴), 명현(鳴峴), 배응현, 소현(小峴), 안령(鞍嶺), 안민령(安民嶺), 율현, 지현(旨峴)

『신증동국여지승람』에서는 웅천현의 사찰을 기록하지 않았지만, 『여지도서』 웅천현 사찰조에서는 웅산에 광석암(廣石菴)이라는 사찰이 있었고, 불모산에 성흥사(聖興寺), 장복산에 망월암(望月菴)이 자리잡고 있었던 것으로 전하고 있다.

| 『해동지도』 웅천현 (규장각한국학연구원)

『대동지지』 성지(城池)조에는 웅천현의 성곽으로 읍성과 완포고현성(莞浦古縣城)·고성(古城)·웅포성(熊浦城) 등 4곳을 기록하였다. 이 가운데 고성은 고산에 있었고, 둘레가 4,172척이라고 하였다. 이 고성에 대해서『신증동국여지승람』과 『여지도서』 웅천현 고적조에서 "고산성(高山城)은 석축이며 둘레가 4,171척이다."라고 소개하였다.

웅천현의 산 정상에도 봉수대가 설치되어 있었다.『신증동국여지승람』과『여지도서』 봉수조에서는 웅천현의 봉수로 가덕도봉수·사화랑산봉수·장복산봉수·고산봉수·성산(城山) 봉수 등 5곳을 소개하였는데, 성산봉수는 1506년(중종 1)에 가덕도봉수를 옮겨온 것이다.『대동지지』에서는 고산봉수·사화랑산봉수·천성진연대(天城鎭煙臺) 등 3곳을 기록하였다.

3) 창원대도호부

조선시대 창원의 산과 고개는 『경상도지리지』의 명산조에서 의창군의 염산과 회원현의 두척산, 봉화조에서 장복산을 기록하였고, 『신증동국여지승람』에서는 첨산 등 산 10곳과 고개로 사현 1곳을 소개하였다. 『동국여지지』에서 광산 1곳이 추가되었고, 『대동지지』에서는 비음산 등 산 5곳과 안민령 등 고개 5곳이 추가 기록되었다. 『해동지도』 등 조선후기 고지도에서는 창원의 산과 고개로 광려산 등 산 17곳과 굴현 등 고개 5곳을 묘사하였다. 이 가운데 만월산 등 산 3곳과 송현 등 고개 3곳은 지리서에 실리지 않은 곳들이다.

〈창원대도호부의 산과 고개〉

산	지리서	〈승람〉첨산(檐山, 북1리, 진산), 청룡산(서1리), 봉림산(鳳林山, 남15리), 불모산(남30리), 염산(簾山, 동25리, 일명 구룡산), 백월산(白月山, 북25리), 전단산(旃檀山, 동25리), 반룡산(盤龍山, 남7리), 장복산(長福山, 남20리), 두척산(斗尺山, 서15리) / 〈동국〉광산(匡山, 서17리, 匡廬山) / 〈대동〉비음산(飛音山, 동20리), 무릉산(武陵山, 북35리), 천주산(天柱山, 북5리), 강두산(豇頭山, 서30리), 철마봉(鐵馬峯, 북20리).
	고지도	광려산, 구룡산, 첨산, 청룡산, 만월산(滿月山), 무릉산, 봉림산, 불모산, 염산, 웅산(熊山), 백월산, 전단산, 반룡산, 장복산, 두척산, 천주산, 철마봉.
고개	지리서	〈승람〉사현(私峴, 남30리) / 〈대동〉안민령(安民嶺, 동남25리), 신풍현(新豐峴, 동5리), 적현(赤峴, 서남50리), 남정현(南井峴, 남), 제굴현(諸屈峴, 서).
	고지도	굴현(堀峴), 사현, 송현(松峴), 안민령, 율현(栗峴).

창원의 산과 고개에 자리잡았던 관방시설로는 염산에 둘레 8,320척 규모의 석성이 축조되어 있었는데, 이곳에는 작은 도랑[小渠]이 8개, 우물이 1개 남아 있었다. 두척산에는 성황당봉수가 있어, 동쪽으로 웅천현 고산(高山)에, 북쪽으로 칠원현 안곡산(安谷山)으로 연결되고 있었다.

창원의 산과 고개에는 유명 사찰이 자리잡고 있었다. 봉림산에는 신라말 구산선문 가운데 하나인 봉림사(鳳林寺)가 창건되었는데, 이곳에는 924년(신라 경명왕 8)에 최인연(崔仁渷)이 비문을 찬술하여 건립한 진경대사탑비(眞鏡大師塔碑)가 세워져 있었다.

백월산에는 남사(南寺)가 있었다.『삼국유사』권3, 탑상(塔像)4, 남백월이성 노힐부득 달달박박(南白月二聖 努肹夫得 怛怛朴朴)에 따르면, 노힐부득과 달달박박이 득도한 후, 경덕왕이 정유년(757)에 사신을 보내 대가람을 창건하고 백월산남사(白月山南寺)라고 이름했다고 한다. 절은 그로부터 7년 뒤 764년에 완공되었다.

| 천주산에서 바라본 풍광(창원시청)

『신증동국여지승람』등 지리서에서는 두척산에 광산사(匡山寺)와 만월사(滿月寺)가 있었고, 불모산에는 웅신사(熊神寺, 지금의 성주사), 무릉산에는 영암사(靈巖寺), 장복산에는 중봉사(中峯寺)가 자리잡았던 것으로 전한다. 간송 조임도(趙任道, 1585~1664)의 시 '두척산 쌍계사에서 아무 생각 없이 짓

다[斗尺山雙溪寺口占]'로 미루어 보아, 두척산에는 쌍계사라는 사찰도 있었던 것으로 보인다.

4) 칠원현

칠원현은 오늘날 함안군 칠원읍과 칠서면·칠북면 등으로 편제되어 있다. 고려때 금주(金州, 김해)의 속현이었다가 조선 태종 13년(1413) 현감이 파견되는 고을로 독립하고 구산현(龜山縣)을 속현으로 삼았다.

칠원현의 산과 고개는 『세종실록지리지』에서 청룡산과 안곡산을 소개한 이후, 『신증동국여지승람』에서는 청룡산 등 산 5곳과 고개 적현 1곳을 수록하였고, 『대동지지』에서 여기에 더하여 갈현 등 고개 6곳을 추가 소개하였다. 『해동지도』 등 조선후기 고지도에서는 대치산 등 산 10곳과 갈치 등 고개 9곳을 그렸는데, 이 가운데 덕산 등 산 5곳과 감계치 등 고개 4곳은 지리서에 수록되지 않은 곳들이다.

〈칠원현의 산과 고개〉

산	지리서	〈승람〉청룡산(동2리, 진산), 무릉산(武陵山, 북10리), 성산(城山, 북5리), 청량산(淸涼山, 구산현 동2리), 안곡산(安谷山, 서10리).
	고지도	대치산(大峙山), 덕산(德山), 무릉산, 성산, 안곡산, 자궁산(紫宮山), 작대산(爵臺山), 천주산, 청량산, 청룡산
고개	지리서	〈승람〉적현(赤峴, 구산현 북9리) / 〈대동〉갈현(葛峴, 동남10리), 송치(松峙, 북10리), 율전치(栗田峙, 구산현 서쪽), 어령(於嶺, 서10리), 북현(北峴, 어령 남쪽), 우두현(牛頭峴, 북5리).
	고지도	갈치, 감계치(甘界峙), 동전치(東田峙), 백령(白嶺), 송치, 어령치, 우항치(牛項峙), 율전치, 적현.

| 칠원 청룡산 전경(함안군청)

　칠원현의 성산에는 석성이 축조되어 있었다. 『신증동국여지승람』 칠원현 고적조의 '산성(山城)'이 그것으로 『여도비지』 성지조에서는 이를 '성산고성(城山古城)'이라 하였다. 그 위치와 규모는 현 북쪽 4리 지점에, 석축으로 둘레가 1,342척이었다.

　무릉산과 청룡산에는 사찰도 들어서 있었다. 무릉산에는 장춘사(長春寺)와 천계사(天溪寺)가 건립되어 있었는데, 천계사는 『여지도서』 단계에서는 '금무(今無)'로 표현하고 있어서 폐사된 것으로 보인다. 청룡산에는 중흥사(中興寺)가 자리잡았다.

5) 함안군

　함안군의 산과 고개는 『경상도지리지』와 『세종실록지리지』에서 방어산과 소산이 기록된 이후, 『신증동국여지승람』에서 여항산 등 6곳이 소개되었고, 『함주지』에서는 미산 등 산

12곳과 어령현 등 고개 4곳을 추가하였다. 『교남지』에서는 황학산과 흘립봉을 추가하였다. 『광여도』등 조선후기 고지도에서는 함안의 산으로 여항산 등 22곳과 고개 대현 등 5곳을 묘사하였다. 이 가운데 마태산 등 6곳은 지리서에 수록되지 않은 곳들이다.

〈함안군의 산과 고개〉

산	지리서	〈승람〉여항산(餘航山, 서남15리, 진산), 파산(巴山, 동남15리), 생동산(生童山, 동남23리), 방어산(防禦山, 서30리), 용화산(龍華山, 북40리) / 〈함주지〉미산(眉山, 서남10리), 광려산(동20리), 포덕산(鉋德山, 동15리), 장원봉(壯元峯, 동10리), 자구산(紫丘山, 동북15리), 성산(城山, 북5리), 법수산(북30리), 안곡산(安谷山, 동북40리), 동지산(冬至山, 동10리), 객산(客山, 동17리), 쌍안산(雙岸山, 서20리), 봉산(蓬山, 북13리) / 〈교남지〉흘립봉(屹立峰), 황학산(黃鶴山, 서북5리).
	고지도	여항산, 파산, 동지산, 마태산(馬台山), 생동산, 방어산, 백이산(伯夷山), 비봉산(飛鳳山), 용화산, 자구산, 장원봉, 미산, 광려산, 포덕산, 봉산, 성산, 법수산, 안곡산, 객산, 쌍안산, 포란봉(抱卵峯), 흘립봉.
고개	지리서	〈승람〉대현(大峴, 남25리) / 〈함주지〉어령현(於嶺峴, 동25리), 이현(伊峴, 동20여리), 미산령(眉山嶺, 서남20리), 어속현(於束峴, 서31리).
	고지도	대현, 어령현, 어속현, 죽령(竹嶺), 해치(蟹峙).

조선시대 함안군의 산과 고개에는 여러 사찰과 원관(院館)이 자리잡고 있었다. 함안의 진산이었던 여항산에는 주리사(主吏寺)와 미산사(眉山寺)·대사(大寺)·흥성암(興聖庵)·약사암 등이 자리잡았고, 용화산에는 사자사(獅子寺)와 청송사(青松寺)가, 미산에는 심원사(深源寺)·원효암·의상대암(義相臺庵)이 들어서 있었다. 의상대암이 있었던 곳은 바위와 봉우리가 빼어났으며, 사방이 훤히 뚫리고 앞으로는 넓은 들판이 끝없이 펼쳐져 있었다.

| 방어산 전경(함안군청)

　방어산에는 성곽이 축조되어 있었다. 이 산성은 돌로 쌓았는데, 둘레가 923척이며, 성안에 우물 1개가 있었다. 『대동지지』에서는 이 산성을 함안군의 속현이었던 현무현(玄武縣) 때의 성곽으로 이해하고, 서쪽에는 장군대(將軍臺), 아래에는 마제현(馬蹄峴), 북쪽에는 장군철상(將軍鐵像)이 있다고 하였다. 파산에는 봉수대가 있어 남쪽으로 진해현 가을포(加乙浦)에, 북쪽으로 의령현 가막산에 연결되었다.

6) 진해현

　진해현은 오늘날 창원시 마산합포구 진동면·진북면·진전면 등 지역이다. 고려시대에는 진주목의 속현으로 있다가 조선 태종 13년(1413)에 현감이 파견되는 고을로 독립하여 조선 말까지 그 지위가 유지되었다.

　진해현의 산과 고개는 『세종실록지리지』에서 여항산 1곳만 기록되었다가 『신증동국여지승람』에서 취산(鷲山) 등 3곳을 소개하였다. 『여지도서』에서는 형승조에서 팔경산, 사찰조에서 광산을 추가하였으며, 『대동지지』에서는 여기에 더하여 진해현의 고개로 대현(大峴) 등 3

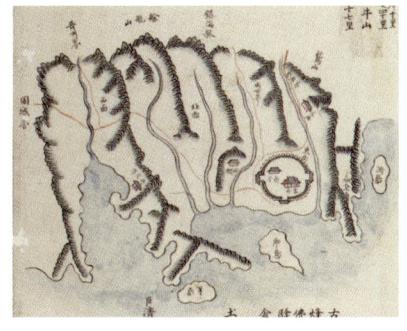

| 『해동지도』 진해현 (규장각한국학연구원)

곳을 추가하였다. 『교남지』에서는 기산 등 5곳을 추가하였다. 『해동지도』 등 조선후기 고지도에서는 광산 등 산 9곳과 고개로 소령 1곳을 묘사하였다. 이 가운데 도만산 등 5곳은 지리서에서 찾을 수 없는 산과 고개들이다.

〈진해현의 산과 고개〉

산	지리서	〈승람〉취산(鷲山, 북5리, 진산), 우산(牛山, 서5리), 여항산(북10리) / 〈여지〉팔경산(八景山, 남5리), 광산(匡山) / 〈교남〉기산(機山, 북7리), 야반산(夜半山, 북7리), 옥녀봉(玉女峰, 서5리), 방마산(放馬山, 서15리), 범봉(帆峰, 서10리).
	고지도	광산, 도만산(道萬山), 망곡산(網谷山), 생동산, 여항산, 우산, 우색산(牛色山), 임곡산(林谷山), 취산.
고개	지리서	〈대동〉대현(大峴, 북10리), 율전현(栗田峴, 동10리), 동산치(東山峙, 동북10리).
	고지도	소령(小嶺).

진해현 소재의 산과 고개에 설치되었던 성곽 등 관방 시설은 확인되지 않는다. 사찰은 여항산에 의림사(義林寺)와 계원사(溪原寺)가 있었는데, 『여지도서』에서 계원사는 당시 폐사(廢寺)된 것으로 기록하고, 광산(匡山)에 태봉암(胎封菴)이 있었던 것으로 전하고 있다.

6. 경남 연해 고을의 산과 고개

1) 하동현

고려시대 진주목의 속읍이었던 하동군은 1172년(명종 2)에 감무가 파견되어 독립한 후, 1414년(태종 14) 8월 남해현과 합쳐 하남현(河南縣)이 되었다가 이듬해 3월 다시 분리하여 하동현이 되었다. 1702년(숙종 28) 진주에 속해 있던 악양(岳陽)·화개(花開)·진답(陳沓)·적량(赤良) 등 지역을 하동에 편입시킴으로써 하동의 권역이 확장되었다. 1703년에는 치소가 현내면 고하리에서 진답면 두곡(豆谷)으로 옮기고, 1704년에는 도호부로 승격하였다. 치소는 1730년에 나동(螺洞)으로 옮겼다가, 1745년에 다시 항촌(項村)으로 옮겼다. 1895년 23부제로 행정구역을 개편할 때 하동부는 하동군이 되었다.

조선시대 하동의 산과 고개는 『경상도지리지』에서 양경산 1곳이 기록된 후, 『신증동국여지승람』에서 양경산 등 산 4곳과 고개 4곳이 소개되었고, 『대동지지』에서는 여

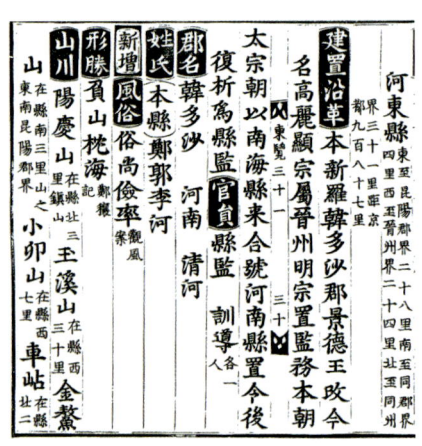

| 『신증동국여지승람』권31 「하동현」(한국고전종합DB)

기에 더하여 산 5곳과 고개 8곳이 추가되었다. 『광여도』 등 고지도에서는 하동의 산 11곳과 고개 14곳을 묘사하였다. 이 가운데 눌방산 등 산 5곳과 가라치 등 고개 7곳은 지리서에는 기록되지 않은 곳들이다.

〈하동의 산과 고개〉

산	지리서	〈승람〉양경산(陽慶山, 북3리, 진산), 옥계산(玉溪山, 서30리), 금오산(金鰲山, 남3리), 소란산(小卵山, 서7리) / 〈대동〉모방산(茅方山, 북10리), 이산(梨山, 북50리), 지리산(북100여리), 안심산(安心山, 동30리), 내방산(內方山, 남20리).
	고지도	눌방산(訥方山), 모방산, 소랑산(小郞山), 안심산, 양경산, 옥계산, 이맹산(理盲山), 이산, 지리산, 청학봉(靑鶴峯), 향로봉(香爐峯).
고개	지리서	〈승람〉차재(車岾, 북20리), 이맹재(理盲岾, 동20리), 해재(蟹岾, 서17리), 장령(長嶺, 동28리) / 〈대동〉우치(牛岾, 동5리), 공월치(公月岾, 동10리), 율현(栗峴, 동45리), 황령(黃嶺, 동북40리), 문래현(文來峴, 북30리), 옥산치(玉山岾, 북15리), 탕녹치(湯鹿峙, 남로), 서현(西峴).
	고지도	가라치(加羅峙), 공월치, 인치(鱗峙), 문래령, 석계치(石溪峙), 옥산치, 우현, 웅치(熊峙), 율현, 장고개(長古介), 취령(鷲嶺), 해현, 화음현(禾音峴), 황치.

『신증동국여지승람』 하동현 불우조에서는 해재에 쌍계사가 있고, 이맹재에 이맹굴(理盲窟)이, 옥계산에 옥계사가, 장령에 대적사(大寂寺)가 있다 하여 4곳의 산사(山寺)를 소개하고 있다. 『대동지지』에서는 산수조에서 지리산을 소개하면서, 이곳에 있었던 하동 관련 사찰로 향적사(香積寺) · 영신사(靈神寺) · 의신사(義神寺) · 신흥사(新興寺) · 쌍계사 · 칠불암 · 불일암(佛日庵)을 기록하였다.

하동의 진산인 양경산 자락에는 읍성이 자리잡고 있었다. 『경상도지리지』 총설의 '도내 산성과 읍성'조에서 하동읍성은 둘레가 379보이고, 성안의 넓이가 8결 60부이며, 우물 5개와 못 1개가 있다고 하였다. 『신증동국여지승람』 하동현 성곽조에서는 "옛날에는 성이 없었는데 우리 세종 정유년에 양경산 밑에다가 돌로 쌓았다. 둘레는 1,019척이고, 높이는 13척이며, 성안에 우물 5개와 못 1개가 있다."고 하였다.

2) 곤양군

곤양군은 현재 경남 사천시 영역이다. 고려시대 곤명현(昆明縣)으로 진주의 속현이었다가 뒤에 감무가 파견되었으며, 1419년(세종 1)에 세종의 태를 이곳 소곡산에 봉안한 후 남해현을 통합하여 곤남군으로 승격했다. 세종 19년 남해현을 분리하고 진주의 금양부곡(金陽部曲)을 병합하여 곤양군으로 개칭하였다.

| 봉명산 다솔사(사천시청)

곤양군의 산과 고개는 『신증동국여지승람』에서 동곡산 등 5곳을 기록하였고, 『대동지지』에서 제방산 등 산 2곳과 율치 등 고개 3곳을 추가하였다. 『광여도』 등 고지도에서는 곤양군의 산으로 금오산 등 12곳을 묘사하였다.

〈곤양군의 산과 고개〉

산	지리서	〈승람〉동곡산(銅谷山, 북3리, 진산), 소곡산(所谷山, 북25리), 봉명산(鳳鳴山, 북15리), 우산(牛山, 객관 남쪽), 금오산(金鰲山, 서20리, 瓶要山) / 〈대동〉제방산(諸方山, 북20리), 학유산(鶴遊山, 서15리).
	고지도	금오산, 남산(南山), 봉계산(鳳溪山), 봉명산, 비도리산(飛道里山), 안자봉(鞍子峯), 양립산(蘘笠山), 옥녀봉(玉女峯), 우산, 이맹산(理盲山), 제방산, 학유산.
고개	지리서	〈대동〉율치(栗峙, 서10리), 십이치(十二峙, 동북10리), 금매치(金罵峙, 북30리).

봉명산에는 서봉사(棲鳳寺)와 영악사(靈岳寺)가 있었고, 금오산에는 영월사(迎月寺)가, 학유산에는 다솔사(多率寺)가, 제방산 동쪽 기슭에는 문달사(文達寺)가 자리잡고 있었다. 우산에는 봉수대가 있어 동쪽으로 사천현의 각산(角山)에 연결되었다.

3) 사천현

사천현의 산과 고개는 『세종실록지리지』에서 와룡산과 성황산이 소개된 이후, 『신증동국여지승람』에서 두음벌산 등 산 4곳과 고개 1곳을 수록하였고, 『읍지』에서 여기에 더하여 부봉산 등 산 7곳을 추가하였으며, 『대동지지』에서 산 4곳과 고개 2곳을 더하였다.

『해동지도』 등 고지도에서는 산 21곳과 고개 5곳 등 모두

26곳을 묘사하고 있는데, 이 가운데 산 10곳과 고개 2곳은 지리서에 실리지 않은 곳이다. 지리서와 고지도에 소개된 사천현의 산과 고개는 모두 30곳인 셈이다.

〈사천현의 산과 고개〉

산	지리서	〈승람〉두음벌산(豆音伐山, 동6리, 진산), 귀룡산(歸龍山, 남10리), 와룡산(臥龍山, 남30리), 성황산(城隍山, 남5리) / 〈읍지〉부봉산(浮蜂山, 동6리), 이구산(尼邱山, 남8리), 도덕봉(道德峯, 동4리), 옥산(玉山, 동5리), 만죽산(萬竹山, 북7리), 어정산(御停山, 북7리), 능화산(陵華山, 남10리) / 〈대동〉팔음산(八音山, 동북15리), 천금산(千金山, 동북18리), 소곡산(所谷山, 서19리).
	고지도	〈고지도〉 감곡산(甘谷山), 귀룡산, 능화산, 이구산, 두음벌산, 마월산(磨月山), 만죽산, 모통산(毛通山), 몽벌산(夢伐山), 무목산(無目山), 부봉산, 신복산(申卜山), 신치산(新峙山), 소곡산, 어정산, 옥산, 와룡산, 우천산(牛川山), 자고곡산(自古谷山), 천금산·풍정산(豊井山).
고개	지리서	〈승람〉안재(鞍岾) / 〈대동〉울도치(鬱道峙, 동남로), 부용치(芙蓉峙, 동남로).
	고지도	부용치, 비룡치(飛龍峙), 안재, 울도치, 팔령치(八岭峙).

와룡산은 고려 현종의 아버지 안종(安宗) 왕욱(王郁)이 유배와서 머물던 곳으로 이름난 곳이다. 조선 개국공신 남재(南在, 1351~1419)는 「사천 와룡산 능화봉(泗川臥龍山陵華峯)」이라는 시에서, "와룡산은 남쪽 바닷가에 있어, 왕자가 그 시절에 멀리 와서 놀았네. 옛 무덤 뭉개지고 풀만 무성한데, 찬 까마귀 울부짖으며 석양 시름 보내네."라 읊조렸다.

와룡산에는 사찰도 많이 들어서 있었다. 고려 현종이 어린시절 묵었던 곳으로 전하는 배방사(排房寺)가 있고, 적선사(積善寺)와 흥보사(興寶寺)도 이곳에 자리잡고 있었다. 귀룡산에는 귀룡사가 있었다.

| 와룡산 전경(사천시청)

4) 고성현

고성현의 산과 고개는『세종실록지리지』에서 봉화와 관련하여 미륵산·곡산·우산·좌이산·천왕재 등 5곳이 소개된 이후,『신증동국여지승람』에서 무량산 등 산 9곳과 고개 2곳을 기록하였고,『여지도서』에서 종송산 등 9곳을 더 추가하였다.『대동지지』에서는 여기에 더하여 산 4곳과 고개 2곳을 추가하였고,『교남지』에서는 곤계봉 등 산 20곳을 더 기록하였다. 지리서에 기록된 고성의 산과 고개는 모두 46곳이나 되었다.

『해동지도』등 고지도에도 고성의 산과 고개가 많이 묘사되었다. 산이 33곳, 고개가 10곳 그려져 있는데, 이 가운데 산 21곳과 고개 8곳은 지리서에 수록되지 않은 곳들이다.

〈고성현의 산과 고개〉

산	지리서	〈승람〉무량산(無量山, 서10리, 진산), 미륵산(남67리), 우산(牛山, 남30리), 좌이산(佐耳山, 서남30리), 남산(南山, 남2리, 옛성터), 불암산(佛巖山, 서2리, 토성터), 성산(城山, 북24리, 옛성터), 벽산(碧山, 동15리), 무기산(舞妓山, 북2리) / 〈여지〉종송산(宗送山, 서20리), 감치산(甘峙山, 서15리), 괘방산(掛榜山, 동남20리), 대치산(大峙山, 동남20리), 와룡산(서60리), 유민산(流民山, 동15리), 무이산(武夷山, 서25리), 문수산(文殊山, 서25리), 곡산(曲山, 동20리) / 〈대동〉박달산(朴達山, 동북40리), 적석산(磧石山, 동북50리), 대둔산(大芚山, 混沌山, 북20리), 망림산(望林山, 서15리) / 〈교남〉곤계봉(昆季峰, 북40리), 오도산(吾道山, 북40리), 용문산(龍門山, 서40리), 향로봉(香爐峰, 서40리), 수태산(秀台山, 서40리), 백운산(북20리), 필두봉(筆頭峰, 북40리), 금정산(琴井山, 북20리), 천황산(天皇山, 서60리), 금봉산(金鳳山, 동북40리), 중실봉(中室峰, 북40리), 농금산(弄琴山, 북20리), 월계봉(月桂峰, 북40리), 연화산(북30리), 선유봉(僊遊峰, 북50리), 취령산(鷲嶺山, 북50리), 백록산(白鹿山, 북40리), 석룡산(石龍山, 북30리), 관암산(冠巖山, 서60리), 당산(堂山, 북40리)
	고지도	거류산, 검정산(檢井山), 곡산, 내곡산(內曲山), 내삼봉(內三峯), 내우산(內牛山), 내음법산(內陰法山), 동당봉(東堂峰), 망림산, 무량산, 무이산, 무학산(舞鶴山), 미륵산, 박달산, 벽방산(碧芳山), 서당봉(西堂峰), 성전산(聖前山), 오산(烏山), 오이방산(梧耳方山), 와룡산, 외곡산(外曲山), 외삼봉(外三峯), 외우산(外牛山), 외음법산(外陰法山), 용산(龍山), 용수산(龍水山), 우산, 유민산, 이동산(梨洞山), 전포산(田浦山), 좌이산, 진목산(眞木山), 천왕산.
고개	지리서	〈승람〉성현(城峴, 서60리), 천왕재(天王岾, 북15리) / 〈대동〉감치(甘峙, 서20리), 우배치(牛背峙, 동북20리).
	고지도	감치, 구허치(邱墟峙), 덕치(德峙), 두모치(豆毛峙), 대치령(大峙嶺), 우비치(牛飛峙), 유월치(柳月峙), 진치(眞峙), 천왕치, 하리치(禾里峙).

고성현의 산과 고개에는 봉수시설이 여럿 들어서 있었다. 미륵산 봉수는 동쪽으로 거제현 계룡산에, 북쪽으로 우산에 연결되었고, 우산 봉수는 남쪽으로 미륵산에, 서쪽으로 좌이산에, 북쪽으로 천왕재에 응했다. 천왕재 봉수는 동쪽으로 곡산에, 남쪽으로 우산에 응했으며, 곡산 봉수는 동쪽으로 진해현 가을포(加乙浦)에, 서쪽으로 천왕재에 신호를 보냈다. 좌이산 봉수는 동쪽으로 우산에 연결되었다. 남산과 불암산·성현에는 성곽도 축조되어 있었다. 무량산에는 법천사(法泉寺)가 와룡산에는 운흥사(雲興寺)와 내원사(內院寺)가 있었다. 벽방산에는 안정사(安靜寺)가 자리잡고 있었다.

| 고성 좌이산 봉수대 (고성군청)

5) 거제도호부

거제현은 1272년(원종 12) 거창현의 속현이었던 가조현으로 치소를 이동하여 교우(僑寓)하면서 1414년(태종 14)에는 거창과 병합하여 제창현(濟昌縣)이라 부르기도 했다. 얼마 뒤에 다시 나누어 있다가 1422년(세종 4)에 거제도로 복귀하여 현령이 파견되는 거제현이 되고, 1711년(숙종 37) 도호부로 승격하였다.

거제도호부의 산과 고개는 『신증동국여지승람』에서 계룡산 등 4곳을 수록하였고, 『여지도서』에서는 여기에 더하여 대금산 등 산 3곳을 추가하였으며, 『대동지지』에서는 노자산 1곳과 고개 3곳을 더하여 기록하였다. 『교남지』에서 산방산 1곳을 추가하였다. 『광여도』 등 고지도에서는 거제의 산과 고개로 가라산을 비롯해 25곳이나 묘사하고 있다. 이 가운데 각산 등 17곳은 지리서에 수록되지 않은 곳들이다.

〈거제도호부의 산과 고개〉

산	지리서	〈승람〉계룡산(鷄龍山, 남5리, 진산), 가라산(加羅山, 남30리), 증산(甑山, 서43리), 주산(主山, 남12리) / 〈여지〉대금산(大金山, 동10리), 앵산(鶯山, 북40리), 옥림산(玉林山, 동남20리) / 〈대동〉노자산(老子山, 동15리) / 〈교남〉산방산(山芳山, 서북20리).
	고지도	〈고지도〉가라산, 각산(角山), 감로산, 계룡산, 국사봉(國仕峯), 남산(南山), 노자산, 당산(堂山), 대금산, 독봉산(犢峯山), 매봉산(賣峰山), 맹봉(孟峯), 배봉(杯峯), 복귀산(伏龜山), 복룡산(伏龍山), 산방산, 앵산, 옥림산, 우두산(牛頭山), 유중봉(留中峯), 표록산(表鹿山), 화산(花山), 환산(環山)
고개	지리서	〈대동〉주작현(朱雀峴, 북30리), 고성치(古城峙, 동5리), 반송치(盤松峙, 남20리).
	고지도	〈고지도〉고절치(高節峙), 주작치.

계룡산은 거제의 진산으로, 산세가 매우 높으면서 넓게 펼쳐져 있어, 산속에는 소요동(逍遙洞)·백운계(白雲溪)·운문폭(雲門瀑)·신청담(神淸潭)·성심천(醒心泉)·군자지(君子池) 등 시내와 폭포, 못과 샘이 여럿 자리잡고 있었다. 이곳에는 사찰 원효암이 있었으며, 관방시설로 계룡산 봉수가 있어 남쪽으로 가라산에, 서쪽으로 고성현 미륵산에 연결되고 있었다.

| 거제시 계룡산 전경(거제시청)

6) 남해현

남해현은 1358년(공민왕 7) 왜구 침탈로 말미암아 남해도를 떠나 치소를 진주의 대야천부곡(大也川部曲)으로 옮겼다. 1414년(태종 14)에 하동과 합하여 하남현(河南縣)이 되었다가, 다음 해 분리하고 금양부곡(金陽部曲)을 합하여 해양현(海陽縣)이라 하였다. 1417년 금양부곡을 분리하여 진주로 돌리고 다시 남해현이라 했다가, 1419년(세종 1) 곤명현(昆明縣)과 합하여 곤남군(昆南郡)으로 승격하지만, 1437년(세종 19) 7월 다시 분리하여 현령을 수령으로 하는 남해현이 되었다.

남해현의 산과 고개는 『경상도지리지』 명산조에서 금산과 망운산이 소개된 이후, 『신증동국여지승람』에서 망운산·소흘산·원산·녹두산·금산 등 산 5곳과 고개로 성현 1곳을 기록하였다. 이후 『읍지』를 비롯한 각종 지리서에 수록된 남해현의 산과 고개는 이 범위를 벗어나지 못했다. 반면 『해동지도』 등 조선후기 고지도에서는 지리서의 6곳 외에 대국산 등 10곳을 더 묘사하고 있다.

〈남해현의 산과 고개〉

산	지리서	〈승람〉망운산(望雲山, 서2리, 진산), 소흘산(所訖山, 남30리), 원산(猿山, 남16리), 녹두산(鹿頭山, 북23리), 금산(錦山, 동25리).
	고지도	고동산(顧東山), 금산, 남산(南山), 녹두산, 당산(堂山), 대국산(大國山), 망운산, 봉강산(鳳崗山), 비자산(榧子山), 삼봉산(三峯山), 소흘산, 왕지산(枉芝山), 원산, 장두산(庄頭山), 차면산(車面山).
고개	지리서	〈승람〉성현(城峴, 남24리).
	고지도	성현.

남해현의 진산은 망운산이지만, 금산이 주목받았다. 일찍부터 유배 문인들이나 여행자들은 금산의 절경을 묘사한 시나 기문을 많이 남겼다. 지리서 가운데 남해현의 금산을 주목한 것은 『대동지지』이다. 『대동지지』 산수조에서 금산에는 구정봉(九井峯)·대장봉(大藏峯)·향로봉·지장봉·의상대·화엄대·금수굴(金水窟)·음성굴(音聲窟)·구룡굴(九龍窟)·관음굴이 있다 하고, 구정봉에 올라 남쪽으로 바다를 바라보면 넓디넓은 바다 한 가운데 무지개처럼 생긴 문바위가 있어 배들이 그 안으로 다니는데, 바위 앞에는 조그만 바위섬이 조릿대처럼 서 있다고 묘사하였다. 산봉우리 위에는 상도솔암(上兜率庵)·중도솔암(中兜率庵)·보리암(菩提庵)·좌선대(坐禪臺)·용문사(龍門寺)·의상암(義相庵)·망해암(望海庵) 등이 자리잡고 있는데, 모두 '승경(勝景)'이고 '절경(絕景)'이라 하였다.

| 남해 망운산(남해군청)

〈참고문헌〉

『경상도지리지』(1425), 『세종실록지리지』(1453), 『경상도속찬지리지』(1469), 『신증동국여지승람』(1530), 『동국여지지』(1656), 『여지도서』(1757), 『동국문헌비고』(1770), 『여도비지(輿圖備志)』(1863), 『대동지지』(1861~1866), 『여재촬요(輿載撮要)』(1894), 『경상도읍지』(1832), 『영남읍지』(1871, 1895), 『함주지』, 『진양지』, 『밀양지』, 『천성지』, 『분성여지승람신증초』, 『두류전지(頭流全志)』.

『해동지도』, 『광여도』, 『여지도』, 『지승』, 『조선지도』, 『영남도』, 『1872년 지방지도』, 『대동여지도』, 『청구도』, 『동여도(東輿圖)』, 『청구요람(靑丘要覽)』.

강정화, 『지리산 인문학으로 유람하다』, 보고사, 2010.
고명진, 『경남의 산』, 베스트북, 2011.
국민대 국사학과, 『지리산문화권』, 역사공간, 2004.
권선정, 「조선후기 고지도 상 지명의 유형과 의미」, 『문화역사지리』 302, 2018.

이대화·한미라, 「『대동여지도』로 읽는 19세기 조선」, 『교양학연구』 15, 2021.

이재두, 「『여지도서』의 편찬시기와 항목구성 및 신설항목의 유래」, 『민족문화연구』 82, 2019.

전병철, 「청산 김선신 편찬 『두류전지』의 구성 내용과 특징」, 『대동한문학』 42, 2015.

최원석, 「산지의 개념과 지리산의 산지」, 『문화역사지리』 232, 2011.

최석기, 『지리산과 유람문학』, 보고사, 2013.

한국문화유산답사회, 『가야산과 덕유산』, 돌베개, 2000.

황석산 전경

II

전쟁과 산

1. 가야와 신라의 경계, 화왕산 _ 안성현
2. 정유재란과 황석산 _ 양화영
3. 한국전쟁과 여항산 _ 양화영
4. 지리산과 빨치산 _ 이선아

Ⅱ. 전쟁과 산

1. 가야와 신라의 경계, 화왕산 _ 안성현

창녕군은 낙동강 중·하류의 동안에 위치한다. 군의 동쪽은 비슬산(1,084m)과 화왕산(757m)·영축산(1,082m) 등으로 이어지는 비교적 높은 산지에 의해 대구와 청도 및 밀양과 구분되며, 서쪽은 낙동강이 남쪽으로 흘러 남해로 유입된다. 서쪽의 낙동강과 동쪽의 산지 사이에는 나지막한 구릉과 평지가 형성되어 있다. 그 사이는 산지에서 발원하는 소하천인 구천과 자천·물금천·남천·귀천이 낙동강으로 흐르며 지역을 나누지만, 사람의 이동이 불가능할 정도는 아니다. 이러한 지형적인 여건으로 인해 창녕지역은 선사시대부터 사람들이 거주하기 유리한 곳이었다.

이와 더불어 창녕지역은 마산만과 낙동강을 통해 내륙으로 연결되는 중요한 육상 및 해상 교통로이다. 또 낙동강의 대안에는 북쪽에서부터 회천·황강·남강이 낙동강에 합류되는 곳을 통제할 수 있으므로 신라가 낙동강 서안으로 진출하려면 꼭 확보해야 하는 국방상의 요지이기도 하다. 이후 고려·조선시대에는 낙동강을 통한 왜구의 침입과 수운(水運)뿐 아니라 선사시대부터 개통된 육상교통로는 여전히 이용되었고, 임진왜란 당시에는 왜군의 육상 진격로 중 하나였다. 이러한 지정학적 중요성으로 인해 삼국시대부터 조선시대까지 성곽을 쌓거나 고대의 성곽을 재사용하였을 가능성이 큰 지역이다.

문헌기록에서 확인되는 삼국시대 창녕지역 정치체의 국명은 다양한데, 『삼국지(三國志)』에는 불사국(不斯國)과 비자화(比自火) 및 비사벌(比斯伐), 『삼국사기』의 비지국(比只國), 『삼국유사』의 비화가야(非火伽耶), 『일본서기(日本書紀)』에는 비자발국(比自㶱國)과 비지(費智), 6세기 중반 사실을 반영한 「진흥왕탁경비(眞興王拓境碑)」에는 비자벌(比子伐) 등으로 불리었다. 특히 창녕지역의 위치로 인해 이 지역 정치체의 성격과 신라의 귀속을 둘러싸고 치열한 논쟁이 이루어졌으며, 현재도 의견의 일치를 보지 못하고 있다.

한편, 화왕산은 일찍이 창녕지역 주민들에게 중요한 곳으로 인식되었다. 가야 때는 이 지역에서 가장 대형인 산성을 축조하였으며, 이를 증명하듯 성 내·외부에는 많은 양의 가야 유물이 분포한다. 통일신라 때 화왕산은 지명인 화왕군(火王郡)과 같은 이름을 사용하였고, 산성에 대한 대규모의 개축이 이루어졌다. 성 내부의 집수지에서는 제사의 흔적과 용왕(龍王)명 목제인형이 출토되었다. 조선시대에는 창녕군의 중심이 되는 진산(鎭山)으로 숭배되었을뿐 아니라 창녕조씨의 득성설화와 관련하여 화왕산성 집수지를 용지(龍池)라 부르고 있어 조선시대까지 신성한 장소로 여겼다. 현대에는 진달래와 억새 축제가 열리고 있으며, 많은 등산객이 찾는 명소이다. 이러한 중요성으로 인해 화왕산에는 가야 때 산성을 축조한 후 조선시대까지 활용되었으며, 서쪽 사면에는 신라가 쌓은 목마산성이 위치한다. 두 산성의 정확한 축성과 활용 시기를 밝힌다면 창녕지역의 관방체계와 신라에 복속된 시기를 파악할 수 있을 것이다.

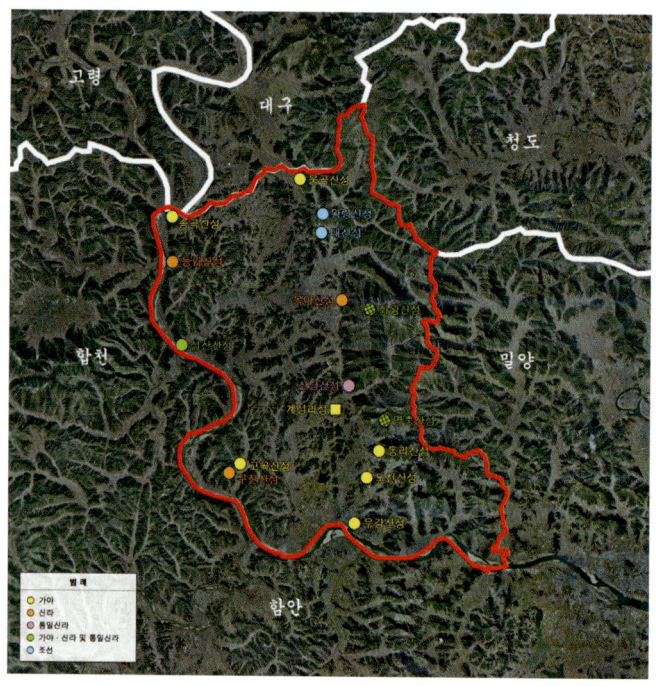

창녕지역 성곽유적 분포도(안성현 2020)

1) 화왕산성

화왕산성은 창녕군에서 역사적 가치를 재조명하고, 국가유산의 이해를 돕기 위해 매장유산 조사와 정비사업을 진행하고 있다. 2000년대 이후 이루어진 고고학적 조사를 통해 화왕산과 화왕산성은 삼국에서 조선시대까지 활용되었음이 밝혀졌다.

1. 현황

| 화왕산성 및 목마산성 위치도

 화왕산성은 창녕군의 진산인 화왕산의 정상부와 동쪽 및 서쪽 곡부를 두르는 테뫼식 석축산성으로 알려져 왔다. 둘레는 2,700m 정도로 창녕지역 성곽 중 가장 규모가 크다. 산성은 높은 산정에 축조되었음에도 서쪽으로 창녕읍, 동쪽으로 달성군 일부가 조망될 뿐이다. 산성의 동쪽은 높은 산지가 이어지므로 달성군 일대에 대한 통제가 가능하였는지 단언하기 어렵다.

 현재 확인되는 석축성벽은 자연지형을 최대한 활용하였는데, 곡부를 가로막은 동벽과 서벽의 중앙 부분을 제외하고는 능선의 정상부를 따라 성벽을 축조하였다. 특히 남서쪽은 성벽을 배바위에 연결시켜 공력을 줄였으므로 증축이 이루어지기 힘든 구조이다. 북서쪽 모서리 부분은 돌출된 능선 정상부를 따라 중세시대 성곽의 특징으로 알려진 용도(勇道)가 남아있다. 그리고 동벽은 대형의 할석으로 허튼층쌓기를 한 성벽이 확인되지만 조선시대에 축조한 것이다. 이와 달리 서문지와 동문지 주변에 대한 조사결과 5세기 후반경에 축조된 토성이 조사되었다.

　부속시설은 가야의 추정 곡물가공장과 목조구조물, 석축 집수지, 통일신라시대 집수지를 비롯한 건물지, 서쪽과 남쪽및 남동쪽에 성문 3개소, 초소지가 확인되었다. 이 중 통일신라시대 집수지는 이 시기 축조된 다른 집수지와 축조수법이 같은 데 반해, 삼국시대 집수지는 부정형 할석으로 허튼층쌓기를 하고 있어 비슷한 시기에 축조된 신라 집수지와는 다른 양상을 보인다.

　유물은 5~6세기대 토기편, 통일신라시대 토기 및 무구류, 고려시대 청자와 기와, 조선시대 분청사기 및 무기류 등이 출토되었다. 삼국시대(가야) 유물은 성 내부뿐만 아니라 동문지에서 허준 세트장 사이의 북쪽 구릉의 사면까지 분포한다.

2. 축조 시기와 성격

　삼국시대는 가야와 신라로 나누어서 살펴볼 수 있다. 발굴조사에서 신라와 관련된 유구와 유물은 확인되지 않았다. 앞에서 살펴본 것과 같이 화왕산성은 창녕지역 동쪽에 솟은 해발 757m의 화왕산과 동쪽의 곡부를 두르므로 증축(增築)이 이루어지기 어렵다. 비사벌국이 쌓은 성벽의 정확한 진행 방향은 알 수 없으나 서벽과 동벽에서 성토기법(盛土技法)으로 쌓은 토성이 조사되었다. 서벽은 해발고도가 낮은 외벽 방향(서쪽)에 토제(土堤)를 구축한 후 내부를 다졌으며, 한 차례 고쳐 쌓은 흔적[수축(修築)]이 남아있다. 이에 반해 동벽에서는 기저부 조성을 위한 성토부 및 목조구조물과 그 상부의 성벽이 확인되었다. 외벽 방향(동쪽)에는 부정형 할석으로 허튼층쌓기로 축조한 석축성벽이 조사되었다. 다만, 부속시설과 달리 기반암을 확인하지 못하였다. 발굴조사에서 확인된 추정 성벽 하부에 초축 성벽이 있었을 가능성도 있으므로 추후 조사에서 밝혀야 할 것이다.

성 내부의 부속시설은 서벽 중앙에서 수혈유구와 곡부의 동쪽 가장자리에서 추정 곡물가공장, 목조구조물 1기, 석축 집수지 3개소, 수혈 2기가 조사되었다. 유구는 곡부의 서쪽 가장자리에 위치한다. 집수지는 각기 다른 생활면을 굴착하고 조성하였으며, 특히 석축 집수지의 호안 석축은 허튼층쌓기를 하여 축조수법이 조잡하다.

유물은 삼국시대 유구와 성 내부뿐 아니라 동문지에서 허준 세트장 사이의 북쪽 구릉까지 분포한다. 이러한 양상은 일반적인 산성과는 차이가 있다. 유구에서 출토된 토기는 전형적인 창녕식 토기로 알려진 개(蓋)와 고배, 배(杯)가 주류를 이루며, 일부 기대나 파배·대부완 등이 출토되었다. 시기는 5세기 중반·후반에서 6세기 전반에 해당한다. 특히 가야의 석축 집수지 중 늦은 시기에 해당하는 2호와 3호 집수지 내부 퇴적토에서 6세기 전반의 유물이 출토되었다.

비사벌국이 쌓은 화왕산성의 입지와 구조, 부속시설, 유물의 출토맥락을 통해 여섯 가지 사실을 알 수 있다.

첫째, 화왕산성은 창녕지역 동쪽의 높은 산정에 축조되었으며, 창녕 영축산성에서도 삼국시대 토석혼축(土石混築)으로 쌓은 성벽이 보고되었다. 화왕산성의 입지는 나당전쟁기에 축조되기 시작하여 고려와 조선시대 가장 적극적으로 활용되는 입보용산성(入保用山城)과 같다. 입보용산성은 험산대성(險山大城)으로 기술할 정도로 성 내부로 진입하기 어려운 곳에 축조된다. 이에 반해 삼국시대 신라 산성들은 평지와의 고도 차이가 100~200m 사이에 주로 축조된다. 따라서 비사벌국의 축성의 관념은 신라와는 차이가 있었음을 알 수 있다.

둘째, 화왕산성은 성 내로 진입하기 유리한 서쪽과 동쪽 곡부 일원에만 성토토성을 축조하였고, 그 이외 지역은 자연지형을 최대한 활용하였다. 즉, 바위가 노두(露頭)되어 있거나 급경사를 이루는 곳에는 성벽을 쌓지 않았다. 우리나라 산성은 성벽을 완전히 두르는 것과 급경사나 바위가 노두되어 있으면 성벽을 쌓는 것과 쌓지 않는 것으로 나누어진다. 전자는 바위 위에 성벽을 쌓는 예도 확인된다. 일반적으로 바위가 노두되어 있거나 급경사를 이루는 부분에는 성벽을 쌓지 않고, 원지형을 최대한 활용하여 공력을 줄이는 축성법은 중세 산성의 특징으로 알려져 왔다. 그러나 같은 가야 산성인 함안 안곡산성과 합천 성산토성은 급경사를 이루는 곳에 성벽을 축조하지 않았다. 이에 반해 고신라 석축산성은 대부분 바위가 솟아 있어도 성벽을 축조한다. 다만, 서울 호암산성은 급경사를 이루는 지역에 성벽을 축조하지 않았고, 거제 다대산성과 남양주 테뫼산성처럼 바위에 덧대어 쌓는 사례도 있다. 8세기 중반에서 9세기경에 축조된 충주 대림산성과 부여 청마산성, 나말여초의 고성 거류산성에서도 급경사를 이루거나 바위가 노두된 부분에는 성벽을 쌓지 않았다. 또 백제 한성기 산성으로 알려진 파주 월롱산성과 의왕 모락산성, 축성 주체와 시기가 불분명한 대전 보문산성에서도 확인된다. 비사벌국 역시 삼국시대 축성 관념을 일정 부분 공유하였다.

셋째, 성벽은 성토기법이 적용되었으나, 서벽과 동벽의 축조수법은 차이가 있다. 서벽은 해발고도가 낮은 외벽 하단부에 토제를 설치한 후, 그 내부를 다지는 과정을 반복하여 성벽을 축조하였다. 동벽은 암반편과 모래가 혼입된 점토를 반복적으로 성토한 후 목재 구조물을 설치하였다. 그 위에 다시 성토부를 조성하여 성벽을 완성하였고, 성벽의 외벽 방향(동쪽)을 절개한 후 부정형 할석으로 허튼층쌓기를 하였다. 따라서 동벽은 성토토성으로 축조한 후 석축성벽으로 고쳐 쌓았음을 알 수 있다. 다만, 성벽 하부에서 기반암을 확인하지 못하였다는 점과 집수지와의 해발고도를 고려할 때 초축 성벽으로 볼 수 있을지 의문이며, 초축 성벽은 조사에서 확인된 성벽 하부에 위치할 가능성도 있다. 동벽과 서벽의 축성법이 다른 이유가 지형적 차이인지 아니면 동원된 집단의 차이인지 명확하게 설명하기 어렵다. 현재까지의 자료만으로 한정할 때 두 가지 이유가 복합적으로 작용하였을 것으로 판단된다.

넷째, 화왕산성 동벽과 석축 집수지의 호안 석축은 부정형 할석으로 허튼층쌓기를 하였으므로 축조수법이 조잡하다. 이러한 양상은 창녕지역 가야가 축조한 석축산성과 함안 칠원산성·안곡산성·봉산산성, 김해 봉황동토성의 석축부 등 가야산성으로 알려진 축성법과 유사하다. 하지만, 바른층쌓기로 축조한 신라산성의 축성법과는 확연한 차이를 보인다.

다섯째, 화왕산과 산성에 출토되거나 채집된 유물은 다른 성곽과는 차이가 있는데, 두 가지로 나누어서 살펴볼 수 있다. 하나는 화왕산과 산성의 유물은 삼국시대 유구와 성 내부뿐 아니라 동문지에서 허준 세트장까지 채집되며, 산성 외부는 옥천리 유물산포지로 명명되어 있다. 그러므로 산성이 축조되기 이전 화왕산과 그 주변의 넓은 면적까지 사람의 활동이 이루어졌음을 시사한다.

다른 하나는 비사벌국이 축조한 토성의 성벽과 성 내부 부속시설에서는 당연히 가야 토기만 출토되었다. 그러나 산성과 그 주변에 많은 양의 토기가 분포하고 있으므로 축성 시기를 파악할 수 있는 출토맥락이 분명한 유물은 소수이다. 발굴조사가 이루어진 곡부 동쪽에서 조사된 유구 중 늦은 시기에 해당하는 2호와 3호 석축 집수지 내부에서 출토된 유물은 중요한 사실을 제공한다. 2호 집수지는 3호 집수지를 파괴하고 조성하였다. 3호 집수지 내부에서 6세기 전반의 토기가 출토되었는데, 집수지가 폐기되는 과정에서 유입되었을 가능성이 크다. 그러므로 3호 집수지의 조성 시기는 5세기 후반 정도이며, 2호 집수지는 이보다 늦은 시기에 축조되었음을 알 수 있다.

따라서 화왕산은 자연지형을 최대한 활용하여 입보용 마을이 있었으며, 일정 기간이 지난 후 동쪽과 서쪽 곡부를 중심으로 성토토성을 축조하였다. 토성의 정확한 시기는 알 수 없으나 다른 가야지역 성곽의 시기와 출토유물을 고려할 때, 5세기 후반 정도이며, 6세기 전반의 늦은 시기나 중반의 이른 시기에 폐기되었음을 시사한다.

여섯째, 화왕산성은 반세기 내외의 짧은 기간 동안 성곽으로 활용되었다. 입지와 구조는 삼국시대 신라 산성과는 확연한 차이를 보인다. 성벽은 최소 한 차례나 그 이상의 수축이 이루어졌다. 성벽과 성 내부는 높아진 생활면에는 시기가 다른 다양한 유구가 확인되었다는 점에서 다른 지역 가야 산성의 경관을 밝히는데 중요한 단서를 제공한다.

이상의 내용을 종합해보면 5세기 중반을 전후한 시기 화왕산에는 적국의 침입을 피해 입보하는 고지성 마을이 있었으며, 범위는 화왕산과 옥천리 유물산포지라 명명된 허균 세트장까지 넓은 지역이므로 많은 사람이 피신하였음을 시사한다. 이후 5세기 후반 성토토성을 축조하였고, 6세기 전반의 늦은 시기나 중반의 이른 시기에 폐성되었다. 특히 비사벌국이 신라에 복속된 이후 신라의 유구나 유물은 확인되지 않고, 통일신라시대에 입보용산성으로 재사용된다.

따라서 화왕산성의 초축 산성인 성토토성은 비사벌국이 축조하였다고 볼 수밖에 없으며, 6세기 전반까지 신라에 복속되지 않았음을 알 수 있는 중요한 유적이다.

전경 서벽(가야토성 및 통일신라시대 석성)

집수지 전경(우리문화재연구원) 삼국시대 집수지 호안석축(2호)

삼국시대 집수지 호안석축(3호) 화왕산성 동벽(삼국~조선시대)

| 화왕산성

2) 목마산성

목마산성은 문헌에 나타나지 않은 무명성이다. 산성에서 대한 간단한 조사가 이루어지기는 하였으나 정확한 시기는 밝혀지지 않았다.

1. 현황

목마산성은 화왕산성의 북쪽 봉우리에서 서쪽으로 내려오는 지맥의 작은 봉우리(463.6m)를 정점으로 북서-남동 사면을 감싸고 있는 포곡식 산성으로 문헌에 나타나지 않는 무명성이다. 평면형태는 말각제형이며, 둘레는 1,980m 정도이다. 성 내부는 북벽에서 남벽까지 급경사를 이루고 있어 실제 활용할 수 있는 공간은 협소하다. 산성에서는 낙동강과 창녕읍 일대가 조망되지만 남쪽과 북쪽은 화왕산 지맥이 가로막고 있어 가시권이 제한된다.

성벽은 자연지형을 최대한 활용하였으므로 사면부에는 편축, 능선 정상에는 협축으로 축조하였다. 외벽은 최대 22단(높이 약 400㎝)이 남아있다. 외벽은 단면상 기단에서 상부로 5~6°정도 들여쌓기를 하였으며, 입면상으로는 25~40×30~80㎝의 석재로 바른층쌓기를 하였다. 부분적으로 수평을 맞추기 위한 2열 쌓기 수법도 확인된다.

내벽은 약 12단(높이 230㎝) 정도 남아 있다. 단면은 기단에서 상부로 3°가량 들여쌓기를 하였으며, 입면은 18~25×25~65㎝ 정도의 석재로 바른층쌓기를 하였다.

기단보축은 외벽보다 약간 작은 석재를 이용하여 면을 맞추어 쌓았다. 단면 형태는 삼각형, 잔존 규모는 너비 72㎝, 높이는 40~90㎝ 정도로 일정하지 않다. 이와 달리 남서벽에서는 단면 삼각형 형태로 축조한 석축과 삼각형 기단보축이 확인되었다. 이곳은 곡부에 해당하므로 기저부에는 성벽의 붕괴를 방지하기 위해 부정형 할석으로 석축을 쌓았다. 성벽은 석축에서 들여서 축조하였고, 성벽과 석축 사이의 공간에 기단보축을 설치하였다.

  남문지는 초축과 수축부로 구분된다. 초축 문지는 주변의 성벽 진행 방향과 자연스럽게 이어지지만, 수축부는 초축 내벽 면적에서 50㎝가량 들여 조성하였다. 특히 초축 내벽과 수축 내벽 사이에서는 통일신라시대 평기와편이 출토되었으므로 통일신라시대에 고쳐 쌓았음[수축(修築)]을 알 수 있다. 유물은 6세기 중반에서 통일신라 토기와 기와편이 출토되었다.

  2. 축조시기 및 성격

  목마산성의 축조 시기는 6세기 중반과 7세기 중·후반으로 나누어진다. 전자는 주변의 진흥왕탁경비(眞興王拓境碑)와 교동 및 송현동 고분군과의 관계, 산성의 규모, 성벽의 축조수법, 남문지의 개축 양상을 고려하여 시기를 설정하였다. 이에 반해 후자의 근거는 ㉠ 목마산성은 삼국시대에 축조된 신라 산성의 규모보다 대형일 뿐 아니라 평면형태도 차이가 있다. ㉡ 신라의 석축성벽은 협축(夾築)에서 편축(片

築)식으로 변하는 것이 성곽 학계에서 당연하게 받아들여졌다. 그러나 성벽의 단면이 협축에서 편축으로 변하지 않는다. 즉, 같은 산성 내부에서 두 가지 형태가 모두 확인되는 사례가 늘어나고 있으므로 시기를 파악하는 속성(屬性)이 될 수 없다. ⓒ 남문지는 통일신라시대에 수축이 이루어졌으므로 그보다 이른 시기에 축조된 것은 분명하다. 성문은 붕괴에 취약하므로 많은 수축이 이루어진다는 점에 통일신라시대 수축된 것을 근거로 초축 시기를 파악할 수 있는 단서가 될 수 없다. ⓔ 산성 내부에서 출토된 삼국시대 토기는 목마산성이 축조된 지역이 가야시기에 활용되었음을 의미할 뿐 초축시기와는 관련이 없다. 그 예로 고령 주산성 외성에서는 가야 토기가 절대 다수이지만, 신라 토기 1점이 석축성벽 축조 이전 층에서 출토됨으로써 신라가 축조한 것이 밝혀졌다. 이상의 내용을 종합적으로 분석한 후 축성 시기를 제시한 것이다.

이와 더불어 창녕지역 신라산성의 분포도 주목해야 한다. 임진강 유역의 고구려와 신라 산성들은 강을 중심에 두고 선상으로 배치되어 있는데, 남쪽의 신라 산성들의 규모가 크고 방사상으로 분포한다. 즉, 강을 중심으로 강대국과 약소국이 대치할 경우 당연히 약소국이 대형의 성곽을 축조할 뿐 아니라 조밀한 관방체계를 구축한다. 따라서 신라는 약소국인 가야의 침입을 대비하기 위하여 둘레 2㎞ 정도의 산성을 축조한 셈이 된다. 그러나 신라가 백제와 고구려의 침입을 방어하기 위해 축성한 보은 삼년산성이 1,800m, 신주(新州)의 주성(州城)으로 알려진 하남 이성산성이 1,650m 가량인 점을 고려할 때 이러한 설명은 납득하기 어렵다. 또 목마산성의 입지와 형태는 6세기 중반 신라 산성과 확연한 차이가 있다.

목마산성과 비슷한 규모의 산성은 삼국시대에는 확인되지 않고, 신라가 삼국을 통일을 전후한 시기부터 축조되기 시작한다. 신라는 나당전쟁기에 해당하는 672년(문무왕 12)에 주장성(晝長城, 7,545m)을 쌓은 것을 시작으로 이듬해인 673년(문무왕 13)에 10개소의 축성과 수축을 단행하였다. 『삼국사기』권7 신라본기7 문무왕 13년(673) 조를 보면 2월과 8월에 서형산성과 사열산성을 증축했고, 9월에는 국원성·북형산성·소문성·이산성·주양성·주잠성·만흥사산성·골쟁현성 등을 새로 쌓았다. 이중 만흥사산성은 6세기 중반에 축조된 테뫼식 산성이었으나 동쪽과 남쪽으로 증축이 이루어짐에 따라 규모가 2,100m 정도로 확장된다. 따라서 목마산성도 이 시기에 안정적인 지방지배를 위해 축성되었다고 판단된다.

3) 가야와 신라의 경계, 화왕산

역사와 고고학계에서는 고대 창녕지역 정치체의 성격과 신라의 귀속을 둘러싸고 치열한 논쟁이 이루어졌으며, 현재까지 의견의 일치를 보지 못하고 있다. 창녕지역의 소국이 신라에 복속된 시기에 대해서는 4세기 후반, 5세기 초, 5세기 중엽 이후, 6세기 초, 6세기 중반의 이른 시기 등 다양하다. 그러나 복속 시기에 대한 논쟁은 고분과 토기 및 위세품을 중심으로 이루어졌다는 점에서 한계가 있다는 점은 부정하기 어렵다.

목마산성

그러나 관방유적은 다른 유적이나 유물과 달리 직접적인 소국의 영역을 설정할 수 있다는 점과 왕성(중심지)을 방어하기 위한 배치가 이루어졌으므로 소국들의 축성과 관방체계에 대한 관념의 복원 및 소국별 축성법의 차이를 상정할 수 있는 근거가 된다는 점에서 중요하다.

앞에서 살펴본 것처럼 5세기 중반부터 화왕산에는 적국의 침입을 대비한 방어적 성격의 마을이 있었다. 마을에 주민이 상주하였는지 아니면 비상시에만 거주하였는지 알 수 없으나 위급상황이 발생하면 평지에 살던 많은 주민이 피신한 것은 분명하다. 이후 5세기 후반 토성을 축조하였고, 6세기 전반의 늦은 시기나 중반의 이른 시기에 폐성되었다. 화왕산성의 입지와 성벽의 진행 방향, 부속시설인 집수지의 호안 석축의 축조수법은 신라성곽과 차이가 분명하다. 따라서 비사벌국은 6세기 전반까지는 신라에 복속되지 않았음을 알 수 있는 결정적인 증거이다. 비사벌국이 신라에 복속된 이후 신라와 관련된 유구와 유물은 확인되지 않았으므로 신라는 화왕산성을 사용하지 않았다. 그 이유는 화왕산의 입지가 삼국시대 신라의 축성 관념과 달랐기 때문이다.

신라는 비사벌국을 복속한 이후 낙동강 서안으로 본격적인 진출을 시작한다. 이 시기에 해당하는 산성은 창녕 고곡산성이 유일하며, 박진나루를 통해 의령방면으로 진출하기 유리한 곳에 축성하였다. 삼국을 통일하기 이전인 7세기 중·후반 창녕지역을 안정적으로 지배하기 위해 화왕산의 서쪽 산록에 규모 1,980m 목마산성을 축조하였다.

한편, 목마산성이 축조되는 시기 화왕산은 군사적으로 활용되지 않았다. 9세기 전반경 화왕산성과 영축산성에 입보용산성을 쌓아 왜의 침입에 대비하였으며, 조선시대 전기까지 사용되다 폐성되었다. 임진왜란 때에는 망우당 곽재우 장군이 이 산성을 적극적으로 활용하여 많은 전공을 세웠다. 그러므로 화왕산은 비사벌국부터 조선시대까지 창녕지역의 정체성을 여실히 보여주는 중요한 곳임은 분명하다.

〈참고문헌〉

경남문화재연구원, 『창녕 화왕산성 연지』, 2009.
경상문화재연구원, 『창녕 화왕산성 서문지』, 2013.
경상문화재연구원, 『창녕 화왕산성 서성벽』, 2021.
구형모, 「창녕지역 고대 산성의 기초적 연구」, 『목마산성과 고대 창녕』, 동아세아문화재연구원, 7~36쪽, 2018.
김두철, 「고고유물을 통해 본 창녕 정치체의 성격」, 『고대 창녕지역사의 재조명』, 부산대학교 한국민족문화연구소, 151~188쪽, 2011.
김용성, 「창녕지역 고총 묘제의 특성과 의의」, 『한국 고대사 속의 창녕』, 경북대학교 영남문화연구원, 93~153쪽, 2009.
남재우, 「기록으로 본 고대 창녕지역의 정치적 위상」, 『석당논총』, 동아대학교 석당학술원, 243~278쪽, 2012.
동아세아문화재연구원, 『고대 창녕의 성곽과 토기가마터』, 2019.
동아세아문화재연구원, 『창녕 목마산성 성내 건물지』, 2024.
박천수, 「고고자료를 통해 본 가야시기 창녕지방」, 『가야시기 창녕지방의 역사·고고학적 성격』, 국립창원문화재연구소, 45~72쪽, 2001.
백승옥, 「고대 창녕지역사 연구의 제문제」, 『고대 창녕지역사의 재조명』, 부산대학교 한국민족문화연구소, 189~233쪽, 2011.
삼강문화재연구원, 『창녕 화왕산성 성벽상 초소지』, 2017.

심종훈, 「목마산성과 고대 창녕지역의 정치·군사적 동향」, 『목마산성과 고대 창녕』, 동아세아문화재연구원, 37~73쪽, 2018.

심현철, 「고고학자료로 본 신라와 창녕」, 『한국고대사와 창녕』, 한국고대사학회, 98~119쪽, 2020.

안성현, 『경남지역 고대성곽의 고고학적 연구』, 창원대학교 대학원 박사학위논문, 2020.

우리문화재연구원, 『창녕 화왕산성 내 집수시설』, 2014.

이성주, 「창녕 계성고분군의 역사고고학적 의의」, 『계성고분군의 역사적 의미와 활용방안』, 경남발전연구원 역사문화센터, 59~92쪽, 2012.

이한상, 「창녕지역 고총 묘제의 특성과 의의」, 『한국 고대사 속의 창녕』, 경북대학교 영남문화연구원, 93~153쪽, 2009.

정의도, 「제장으로서 산성연구: 진산을 중심으로」, 『문물연구』12, 동아시아문물연구학술재단, 31~97쪽, 2007.

주보돈, 「문헌상으로 본 고대사회 창녕의 동향」, 『한국 고대사 속의 창녕』, 경북대학교 영남문화연구원, 9~92쪽, 2009.

조효식, 「창녕지역 삼국시대 성곽의 축조주체와 방어체계 검토」, 『한국 고대사 속의 창녕』, 경북대학교 영남문화연구원, 191~153쪽, 2009.

하승철, 「고대 창녕지역 묘제의 다양성과 그 의미」, 『야외고고학』46, 한국문화유산협회, 191~241쪽, 2023.

홍보식, 「고분을 통해 본 고대 창녕지역 정치체의 성격」, 『고대 창녕지역 역사의 재조명』, 부산대학교 한국민족문화연구소, 189~233쪽, 2011.

2. 정유재란과 황석산 _ 양화영

| 황석산 전경(함양군청)

 함양 황석산(1,192.5m)은 함양군 서하면과 안의면의 경계에 자리잡고 있으며, 영·호남을 가르는 소백산맥 줄기를 형성하고 있다. 덕유산의 남쪽 산각에 솟은 산으로, 동쪽 사면은 경사가 비교적 완만하여 치우천의 하곡이, 남쪽 사면은 남계천의 하곡이 형성되어 있다. 또 황석산의 북서쪽으로는 월봉산(1,279m), 거망산(1,245m)이 에워싸고 있고, 북쪽으로는 기백산(1,331m)과 마주보고 있다.

 황석산의 정상부에는 평면 형태가 삼각형에 가까운 석축성인 황석산성이 축조되어 있는데, 지형을 이용한 포곡식 산성이다. 황석산성은 앞쪽으로 남강수계로 이어지는 추천과 지우천이 관류하고 있고, 뒤쪽으로 백두대간 줄기인 덕유산이 가로막고 있는 곳에 위치한다. 산성은 영·호남을 연결하는 길목인 육십령으로 통하는 관방의 요새지에 입지했기 때문에 이를 경계로 맞섰던 세력들이 자주 충돌했던 지역으로 알려져 있다.

 황석산성에 관한 기록은 『태종실록』·『세종실록 지리지』·

『신증동국여지승람』·『여지도서』 등 조선시대 문헌 기록에서 다양하게 확인되고 있다. 『신증동국여지승람』권31 「안음현」 '성곽'조에 의하면 황석산성은 석축성으로, 당시 성 둘레가 2,924척이고, 성안에 시내[溪]가 1개 있고, 군창이 있다고 기록되어 있다. 현재까지 황석산성의 연혁에 대해 알 수 있는 기록은 1410년(태종 10)의 기록과 『선조실록』·『여지도서』에서 전하는 내용뿐이다.

따라서 황석산성은 고려시대에 입보용 산성으로 축성되어 정유재란(1597)때 안의현감 존재(存齋) 곽준(郭䞭)이 고쳐 쌓은 성으로, 당시 황석산성을 중심으로 치열한 전투가 벌여졌던 격전지였다. 또 산성 함락 이후 왜군을 피해 부녀자들이 벼랑에 몸을 던져 벼랑 아래 바위가 붉은 피로 물들은 '피바위'의 전설이 유래하기도 하였다. 지금도 황석산성 남문 근처의 절벽 아래의 바위가 붉은색을 띠고 있어 당시 모습을 연상하게 한다.

| 황석산성 전경 및 세부 모습(두류문화연구원, 2019)

정유재란과 일본의 재침략

1592년 임진왜란 당시 도요토미 히데요시[豐臣秀吉]는 정명가도(征明假道)를 구실로 조선을 침략하였으나, 명의 구원, 조선 의병과 수군의 활약으로 어려운 상황에 처하게 되자 명과 일본은 강화교섭을 시작하였다. 그러나 1596년(선조 29) 9월 강화회담은 결렬되었고, 도요토미는 자신이 요구한 강화조건이 충족되지 못하자 1597년 2월에 재출정을 결정하였는데, 이것이 정유재란이다.

정유재란은 일본이 하삼도를 점령하여 영구적으로 지배하는 것을 목적으로 삼았기 때문에 전략과 전술, 전투 경로 등 여러 면에서 임진왜란과는 성격이 다를 수밖에 없었다. 왜군은 첩자를 이용한 이순신 제거작전과 우·좌군으로 나누어 곡창지대인 전라도를 점령하여 식량 확보, 한양을 접수하여 조선 왕의 항복을 받고 성주들에게 조선의 영토를 나누어 주어서 성주들의 불만을 해소한다는 새로운 전략을 세웠다.

정유재란 당시 왜군 수는 141,500명으로, 8개 부대로 구성되었으며, 부산 주둔군과 수군이 별도로 편성되었다. 우선 1597년 1월 15일에 가토 기요마사[加藤淸正]와 고니시 유키나가[小西行長]가 지휘하는 14,500명의 선봉군이 조선에 상륙하였고, 3월 중순부터 왜군은 계속 상륙하였는데, 부산포성·안골포성·가덕성·죽도성·서생포성에 주둔하면서 부산·이키·쓰시마·나고야 4곳에 선박을 배치하여 매일 연락을 취하도록 하였다.

당시 조선에서는 남해안을 지키던 이순신이 무고로 하옥되었고, 이를 대신하여 원균이 후임에 임명되었다. 그러나 7월 중순에 통제사 원균이 지휘하는 조선 수군은 칠천량해전에서 왜군에게 대패하여 제해권을 빼앗기게 되었다. 또 왜군은 울산 죽도성에서 회의를 열어 육군은 호남·호서를 차지하고, 수군은 전라해안을 침범할 계획을 세웠다.

왜군은 7월 말부터는 총공격에 나서 경상도와 전라도로 진격하였다. 왜군은 총대장 고바야가와 히데아키[小早川秀秋]로, 좌군은 대장 우키다 히데이에[宇喜多秀家]와 고니시 유키나가, 시미즈 요시히로[島津義弘]로 편성하여 남해안을 따라 사천-하동으로 서진하여 구례-남원을 공략한 후 전주로 향하게 하였고, 일부는 함양-운봉을 거쳐 남원을 공격하려고 하였다. 우군은 대장 히데모토[毛利秀元]와 가토, 구로다 나가마사[黑田長政]로 편성하여 낙동강을 건너 초계-안의를 거쳐 진안-전주로 직행하도록 하고, 일부는 성주로 우회하여 안의-전주 방면으로 향하였다.

왜군은 8월 중순 조·명연합군을 공격하여 남원성을 점령하고, 전주를 무혈점령하였다. 이것은 전주로 진격하는 중 가토 군이 화왕산성에 주둔한 곽재우 부대를 우회하여 전진하였기 때문이다. 이후 왜군은 8월에 안의의 황석산성을 사수하던 곽준과 조종도(趙宗道) 등 군관민의 반격을 받고 치열한 격전을 벌였으며, 산성을 점령하고 전주로 들어가 고니시 군과 합류하게 되었다.

조선의 대응과 황석산성의 방어

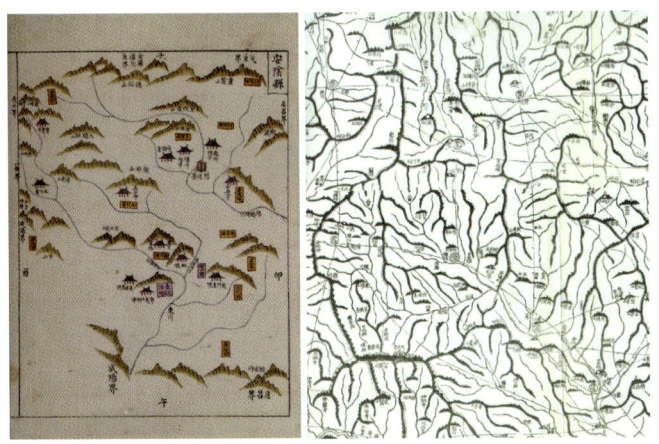

| 「광여도」 내 안음현 위치도, 「대동여지도」 내 황석산 위치도(규장각한국학연구원)

　조선은 강화회담의 결렬이 보고되자 전쟁에 대한 준비를 시작하였다. 왜군의 재침할 시기를 1597년(선조 30) 2월과 7월 사이로 보고, 경로는 영남에서 한성을 통하는 직행로와 영남에서 남원을 경유하여 전주-공주-한성으로 이어지는 호남을 거치는 우회로를 추정하였다. 즉, 조선 조정에서는 왜군이 7월을 기점으로 우회로를 통해 영남에서 호남으로 선공하여 올 것으로 판단하였던 것이다.

　조선의 대비책은 육상전으로는 산성고수 방어전과 청야전을 병행하기로 하였다. 청야책은 경상도 각지의 성곽을 정비·통합하고, 모든 주민과 식량·재산을 성안에 집중시켜 왜군을 고립과 기아에 빠지게 하는 것이었다. 정유재란이 발발하자, 조선은 각처에 명령을 내려 지정된 산성에 들어가도록 지시하는 청야책을 강제적으로 시행하려 하였다. 이러한 대비책은 조선군이 왜군에 비해 전력상 열세라는 판단에 따른 것으로, 조선군이 왜군의 진출로로 추정되는 중요 지점에서 산성을 지켜 적군의 기세를 꺾고, 군량 보급로를 끊어 왜군이 스스로 물러나게 하려는 방어전략에 근거를 둔 것이다.

당시 조선군의 방어 거점으로 전환된 요해처의 산성은 중로의 창녕의 화왕산성, 대구의 공간산성, 선산의 금오산성과 좌로인 경주의 부산성, 좌중로의 합류에 위치한 조령의 충주산성, 양로에 여주의 파사산성, 안성의 서운산성, 죽산의 석성, 광주의 남한산성과 호남으로 침공할 때 예상되는 침략로의 안의의 황석산성, 진안의 용담산성, 삼가의 악견산성이다. 이 요해처의 산성은 충분한 군사적인 방어와 공격의 수단들이 확보되지 않는 상황에서 왜군의 재침략이 있었는데, 이러한 상황 속에서도 군관민은 총력을 다해 성을 사수하려고 하였다.

또 체찰사 이원익은 특히 황석산성이 육십령으로 통하는 관방의 요새지에 있는 군사상 중요한 산성이므로 왜군이 반드시 공격할 것으로 판단하여 안의·거창·함양의 백성과 군사를 모아 성을 지키도록 명령하였다. 당시 수성은 안의현감 곽준과 전 함양군수 조종도에 의해 주관되었다. 그러나 정유재란이 발발하기 전에 황석산성은 곽준이 조정의 청야책에 따라 안의 군민들과 함께 성을 보수하였으나 아직 완성하지 못한 상태였다. 실제로 황석산성에는 지역 사족의 협력과 감독 아래 농민이 동원되었고, 전 김해부사 백사림도 곽준의 지휘 아래 성안의 군민들과 일치단결하여 성을 지키려 하였다.

그러나 안의·거창·함양 백성의 자의에 따른 입성(入城)은 원활하지 않았고, 황석산성 인근 지역에 있던 명나라 군사도 전투가 일어나기 전에 퇴각하였기 때문에 황석산성은 외부의 지원을 일체 받을 수가 없는 상황이었다. 곽준은 자신이 몸소 산성과 방어 도구를 손질하고 점검하였고, 조종도는 현직 관료가 아니면서도 집안 식구를 대동하고 산성으로 들어왔는데, 이 두 사람은 목숨을 걸고 결사항전을 다짐하였다. 이러한 상황 속에서 1597년 8월에 우군 왜장 모리와 가토, 구로다가 지휘하는 27,000여 명의 왜군은 함양 안의의 황석산성에 당도하게 되었다.

격전의 황석산성 전투

황석산성은 1410년(태종 10) 창녕의 화왕산성, 선산의 금오산성, 경주의 부산성 등과 함께 수·개축된 산성이다. 이곳은 거창에서 육십령을 넘어 전주로 빠지는 요충에 위치하는데, 임진왜란때에는 왜군의 진격을 직접적으

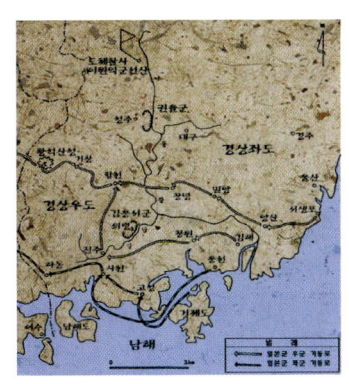

| 정유재란 시기 황석산성 전투도
(김강식, 2018)

로 방해하지는 않았다.

정유재란 당시 왜군은 현지에서 군량 조달이 용이한 수확기를 이용하여 작전을 개시하였는데, 조선군의 청야작전으로 인하여 부산에서 거창에 도착할 때까지 왜군은 바라는 만큼의 군량을 확보하지 못하였다. 이에 왜군은 산성에 비축된 곡식을 장악하기 위해 8월 16일 황석산성을 포위하고 곡식을 넘겨줄 것을 회유하였으나, 성안의 군민은 거부하였다.

당시 황석산성은 함양·안의·거창 세 지역을 예속시켜 성을 사수하고자 하였지만 조선 군사와 명나라 군사의 지원도 없이 전투를 앞둔 고립무원의 상태였다. 황석산성 전투에 참전한 조선군의 지휘는 안음현감 곽준, 수성대장 전 함양군수 조종도, 도별장 전 김해부사 백사림, 군무장 유명개(劉名蓋), 청야책임 정대익(鄭大益), 가장(假將) 이윤(李胤)이 담당하였는데, 이들을 중심으로 성안의 주민이 합심하여 항전 결의를 보였다. 성내에는 남문을 곽준이, 서문을 조종도가, 동문과 북문을 백사림이, 지휘소는 유명개가 맡아서 성을 사수하고자 하였다.

반면 왜군은 우군대장 모리, 선봉장 가토, 구로다, 나베시마 나오시게[鍋島直茂]가 지휘하는 27,000명이 황석산성에 당도하여 성의 남면을 가토 군이, 서면을 나베시마 군이, 동면을 구로다 군이 각각 나누어 포위하고 공격하였다. 그러나 황석산성의 험난한 지형 때문에 대병력이 동시에 공격할 수 없었고, 희생자가 속출하니 왜군은 성문을 열고 철수하면 죽이지 않겠다는 회유작전을 쓰기도 하였다.

그러다가 8월 16일 밤에 왜군은 야간공격을 감행하였다. 특히 남쪽 성문 쪽을 집중 공격하였는데, 곽준은 몸소 전투를 독려하면서 항전하였다. 결사항전을 맹세한 안의현감 곽준과 전 함양군수 조종도 등과 뜻을 같이하기로 한 의병부대와 군민은 왜군의 공격에 일진일퇴를 거듭하였다.

그러나, 북문과 동문을 지키던 김해부사 백사림은 8월 18일 새벽에 왜군에게 유리한 전세가 되자 황석산성의 수성이 어렵다고 판단하였다. 그는 자신의 가족들을 비밀리에 탈출시켰을 뿐 아니라 자신도 성을 빠져나가기 위해 성문을 열었는데, 왜군들은 그 틈을 타고 열린 북문을 통해 성안으로 들어오게 되었다. 성문이 열리면서 전세는 급변하게 되었으며, 안의현감 곽준은 왜군의 칼날 앞에서 맞서다가 목숨을 잃었다. 또 조종도·유명개 등의 지휘부와 성안의 군민들도 백병전을 벌이면서 결사적으로 항전하였으나 목숨을 잃고 결국 왜군에 의해 성이 함락당하였다.

황석산성 전투에서 백사림의 도주는 성안의 사기를 떨어뜨림으로써 전투의 자멸을 가져왔을 뿐만 아니라 왜군의 진격을 돕는 역할을 하게 되었다. 이런 상황에서 왜군은 수적 우위뿐 아니라 심리전과 항왜(降倭)활동의 도움으로 황석산성 전투에서 승리할 수 있었다. 특히 항왜 사백구(沙白丘+鳥)는 김해부사 백사림의 도주를 도왔는데, 이러한 행동은 황석산성 전투에서 패배하는 직접적인 요인으로 작용하였다.

| 황석산성 피바위 전경(디지털함양문화대전)

 이후 중과부적이었던 조선군은 8월 18일에 완전 궤멸되었고, 왜군은 안의현감 곽준의 머리를 베어가고, 전사한 조선군에 대한 코베기를 적극적으로 자행하였다. 황석산성 전투의 패전으로 안의현감 곽준, 전 함양군수 조종도, 곽준의 두 아들인 곽이상(郭履常)과 곽이후(郭履厚), 유강(柳疆)과 사노(私奴) 은호(銀浩), 장수현감의 부모, 거창현감 한동(韓詷)의 부인 이씨 등과 많은 군민이 죽음을 당하였는데, 산성에서 사망자 수는 500여 명으로 추정되었다.

 특히 황석산성 내에 있던 부녀자들도 백척 벼랑에 떨어져 순절하니, 온 절벽이 빨갛게 피로 물들어 뒷사람들은 그 바위를 '피바위'라고 부른다.

 한편 왜군은 성안에 수백 명의 조선인이 피살되었을 뿐 아니라, 산성 주변의 계곡 일원과 백운산까지 무자비한 살육함으로써 양민 수천여 명이 학살되었고, 함양 일대에서도 살육과 약탈이 자행되었다. 이후 왜군은 육십령을 넘어 전라도를 진격하였다.

결과적으로 황석산성 전투는 지휘부의 도망으로 수성의 의지가 약화되었다. 또 제찰사 이원익과 원수 권율의 뜻이 서로 맞지 않아 지휘체계의 혼란이 야기됨으로써 전투에 대한 완벽한 준비가 제대로 되지 못하여 결국에는 패배를 당할 수밖에 없었으며, 무엇보다도 패전의 가장 큰 원인은 백사림이 도망을 위해 성문을 열었던 것이다. 백사림은 종전 이후 제주도 귀양되었다가, 다시 부산포로 유배되었다.

 황석산성 전투는 비록 조선 측의 패배로 끝났지만, 승리한 왜군에게도 적지 않은 충격을 주었다. 조선군의 격렬한 저항은 우군의 전라도 진격이 좌군보다 늦어지는 결과를 만들었다. 또 이순신의 명량대첩 준비 등 조선군의 다른 전투에도 간접적인 영향을 주었다. 특히 이 전투는 지역 군관민이 자발적으로 실행한 항쟁으로, 이는 임진왜란기 후기의병의 모습을 보여주는 사례이다.

정유재란 후의 황석산성

 정유재란 당시 황석산성 전투는 경상도의 육지 전투에서 있었던 실질적인 첫 정식전투였다. 비록 군사 수의 열세 등으로 황석산성이 함락되기는 했지만, 왜군에게 많은 피해를 주었고, 일정 부분에 있어 전라도로의 진출을 지연시켰다. 황석산성 전투는 정유재란 초기 조선 군사와 명나라 군사의 지원 없이 고립된 상태에서 지역방어를 수행하기 위해 끝까지 최선을 다했음을 알 수 있다.

 종전 후 조선에서는 임진왜란과 정유재란 때의 효자·충

신·열녀에 대한 정려정책을 적극적으로 추진하였다. 황석산성 전투와 관련하여 순절한 곽준과 조종도를 충신으로 추증하여 배향하였는데, 곽준에게는 병조참의를, 두 아들인 곽이상과 곽이후에게는 정랑을, 조종도에게는 이조판서 추증하였다. 뿐만 아니라 류문호(柳文虎)에게 출가했던 곽준의 딸도 남편이 황석산성 전투에서 전사했다는 소식을 듣고 순절했는데, 이로 말미암아 그녀의 행적은 『선조수정실록』 30년 정유(1597) 8월 1일조에 수록되었고, 곽준의 『존재집』 '연보'에 의하면 1598년 4월에 정려가 내려졌다고 전한다.

| 황암사 전경(함양군청)

또 황석산성에서 순절한 많은 사람을 위해 안의에는 황암사(黃巖祠)라는 사당이 건립되었다. 오늘날에도 함양에서는 1985년 지역유림들이 뜻을 모아 황석산성순국선열추모위원회를 발족시켜 해마다 추모행사를 지내오고 있다. 1998

년에는 황암사의 복원계획을 세웠고, 2001년에는 함양군 서하면 황산리에 순국한 3,500여 명의 호국의총을 만들어 사당을 복원하여 순역선열의 위패를 모셨으며, 매년 8월 18일에 추모제향을 거행하고 있다.

〈참고문헌〉

『함양군사』1, 함양군사편찬위원회, 2012.

두류문화연구원, 『함양 황석산성-함양 황석산성 정비사업부지 내 유적-』, 2019.

김성진·강윤석·김윤수 공저, 『간추린 함양역사』, 함양문화원, 2006.

김강식, 「정유재란기 황석산성 전투의 배경과 의의」, 『황석산성 전투』 제12회 학술회의 자료집, 함안문화원, 2016.

김강식, 「정유재란 시기 황석산성전투의 전개과 의의」, 『이순신연구논총』 제30호, 순천향대학교 이순신연구소, 2018.

민덕기, 「정유재란기 황석산성 전투와 김해부사 백사림」, 『한일관계사연구』 제57호, 한일계사학회, 201

유성기, 「1597년 황석산성 전투의 역사적 의의와 재조명」, 『咸陽文化』 제10호, 함양문화원, 2013.

디지털함양문화대전(https://hamyang.grandculture.net/)

3. 한국전쟁과 여항산 _ 양화영

함안 여항산(770m)은 함안군 여항면 주서리, 함안면 강명리와 창원시 마산합포구 진전면 여양리의 경계에 위치한다. 함안의 주산이자 진산으로, 지리산 영신봉에서 김해 분성산을 잇는 낙남정맥의 한가운데에 자리잡고 있다.

함안의 지형적 특징인 남고북저의 지세와 하천의 역류는 함안의 남단에 위치한 여항산에서 비롯된 것이다. 또 여항산맥은 남북으로 길게 뻗어 진북면 인성산(648m)에서 군북면 방어산(530m)까지 이어지며, 남으로는 서북산(738m)이, 동남으로 수리봉(567m)·인성산이, 동쪽으로는 봉화산(649m)·평지산(592m)·베틀산(435m)이 에워싸고 있다.

여항산은 문헌기록에 대부분 '餘航(여항)'으로 기록되어 오다가 1914년 여항면이 '餘(여)'자가 '艅(여)'자로 바뀌었다. 『환여승람』에는 '餘航(여항)'으로, 『교남지』에는 '艅航(여항)'으로, 『대동여지도』에는 '餘杭(여항)'으로, 『영지요선』에는 '艅艎(여황)'으로도 기록되어 있다.

| 여항산 전경(디지털함안문화대전)

또 여항산은 마을 주민의 전언에 의하면 옛날 천지가 개벽할 때 물이 산꼭대기까지 차올라 정상에 각(곽) 하나를 놓을

자리만큼만 남았다는 데서 각(곽)데미산이라 부르기도 했다고 한다. 한편 한국전쟁 당시 낙동강 방어선 사수를 위해 여항산을 중심으로 한 전투가 있었는데, 이때 많은 피해를 입은 미군에 의해 갓뎀(goddam)산이라 불리기도 하였다.

한국전쟁 때 얼마나 치열하게 싸운 전쟁터였던지 아직도 여항산 능선의 바위와 절벽에는 총탄과 대포 맞은 흔적, 군인들이 은폐한 방공호 구덩이가 확인되고 있다. 현재 서북산에는 한국전쟁 당시 서북산전투에 참전했던 미 제5사단 중대장 티몬스 대위 외 100여 명 전사자들의 넋을 기리는 전적비가 세워져 있다.

한국전쟁과 낙동강 방어선

한국전쟁은 북한군의 남침으로 전쟁이 발발했는데 서울이 함락된 이래 남한에 불리한 전황이 계속되었다. 이러한 상황에서 1950년 7월 6일 부산에 한·미방위사령부가 설치되었으나, 북한군은 7월 19일 전라북도 이리를, 20일에 전주를 거쳐 광주·남원·구례·순천·광양을, 26일에는 여수와 하동을 점령하고, 31일에는 진주를 거쳐 함안으로 진격하였다.

한편, 7월 27일 미국

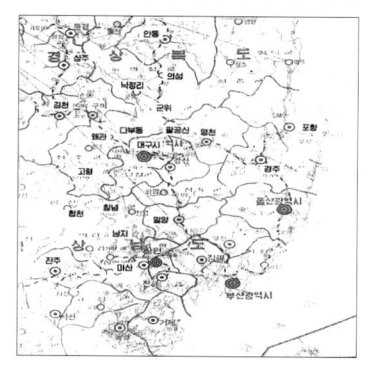

| 한국전쟁 당시 낙동강 방어선의 주요 지명
(국방부 군사편찬연구소, 2008)

을 중심으로 한 유엔군이 한국전쟁에 참전하였다. 북한군은 8월 중순에 한반도의 90%를 점하였고, 8월 18일 한국정부는 당시 임시수도가 대구에서 부산으로 옮겨짐에 따라 최후 보루선인 낙동강 방어선이 형성되었다.

낙동강 방어선은 지형적으로 왜관에서 남지에 이르는 낙동강 본류에는 강폭이 넓고 수심이 1~1.5m 이상으로 도하에 부적합했던 반면, 동·서 양안에는 산이 많고 언덕이나 평지가 없었기 때문에 대규모 병력의 기동에 제한을 주어 방어에 유리한 특징을 지녔다. 그중에서도 마산 서쪽의 고지군은 병풍처럼 마산을 감싸고 있어 방어를 하는 아군에게는 유리한 지형이었다.

낙동강 방어선은 부산을 총반격의 교두보라고 여겨 일명 부산교두보라고 한다. 또한, 워커장군이 설정한 최후의 방어선이라는 의미에서 워커라인(Walker Line)이라고도 한다. 이 방어선의 첫 번째 구간은 왜관-남지를 잇는 낙동강을 이용한 방어선이며, 두 번째 구간은 남지-마산의 서측 진동리를 잇는 낙동강과 남강의 합류 지점으로부터 남해안까지인데, 이 구간 내에는 전투산·필봉·서북산 등의 험준한 고지가 분포했는데, 함안지역도 포함되었다. 세 번째 구간은 낙정리-영덕-낙동강 상류의 남쪽 태백산맥의 험준한 산악지대에 해당한다.

낙동강 방어선은 천연의 장애물을 최대한 이용한 방어선이 조직적으로 연결된 전선을 형성해 주었고, 실질적인 전투지경선이 붙어 한국군의 전선에서 최초로 전 부대가 연결된 방어선을 형성하게 되었다. 이 방어선은 전술적으로도 최초로 의미가 있는 방어선이지만, 전방에 적의 존재를 인지하였고, 인접한 좌·우측에는 아군의 존재도 인지할 수 있어 서로 의지하며 전투를 할 수 있었으며, 후방으로부터 예비대의 지원도 받을 수 있었다.

당시 낙동강 방어선은 한미연합방위 체제하에서 구축된 최후의 저지선으로, 군사작전 및 전략적 측면에서 반드시 방어해야 될 필수조건이었다. 이에 미 제8군사령관 워커중장이 전선 사수를 명령하고, 맥아더원수가 인천상륙작전에 사용될 병력을 낙동강 방어선에 투입하여 전선을 안정시키려고 한 것도 이러한 전략적 판단에서 비롯된 것이었다.

마산방어전투 속의 함안전투

1950년 7월 31일 북한군 제6사단이 진주를 점령하게 되자, 마산의 방어가 긴급한 상황이 되었는데, 부산을 안전하게 방어하기 위해 마산의 확보가 대단히 중요하였다. 마산방어전투는 당시 낙동강 방어선에서 임시수도의 마지막 관문인 마산을 사수

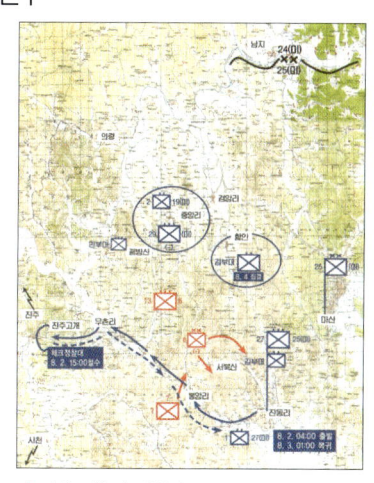

| 마산 서측방 정찰전(1590.8.2.~8.3) 현황도(배대균, 2024)

하기 위한 전투이다.

마산방어전투는 미 제25사단이 1950년 8월 1일~9월 26일까지 마산의 서쪽 5~20㎞ 지점인 창원시 진북·진동·진동면 근방에서 격전이 있었고, 다른 한쪽은 마산의 북쪽 15㎞ 지역인 함안군에서 격전이 이어졌는데, 이러한 마산방어전투 속에 치러진 것이 함안전투이다.

북한군 제6사단은 8월 1일 마산 접경지역에 이르렀고, 연합군은 미 제24사단의 19연대와 배속부대인 제29연대, 제25사단의 제27연대, 국군의 민기식부대, 해병대의 김성은부대 등이 마산을 방어하고 있었다. 하지만 이들 부대의 전투력이 약화되어 북한군 제6사단을 저지하기에는 많은 어려움이 있는 상황이었다. 마산방어전투는 크게 1950년 8월 2일부터 6일까지 미 제19연대와 27연대 정찰대가 북한군 제6사단 선두부대와 벌어진 정찰전, 8월 7일부터 13일까지 마산 정면의 북한군을 격파한 킨 특수임무부대의 반격작전, 8월 31일부터 9월 14일까지 북한군의 9월공세 기간 중에 미 제5연대전투단이 추가 투입되어 증강된 미 제25사단과 북한군 제6·7사단 사이에 실시된 공방전으로 구분할 수 있다.

최초의 교전인 정찰전은 괘방산 일대의 전투로 북한군 제6사단의 주력이 진주고개 일대에 있었다는 사실을 확인하는 등 소기의 목적을 달성하였다. 이러한 정보를 바탕으로 이후 킨 특수임무부대의 반격작전이 마산에서 진주방면으로 이루어지게 되었다. 이 반격작전은 북한군 제6사단이 마산에 대해 집중적으로 공격을 감행하자, 마산정면에서 개전 이후 최초로 대규모로 실행된 작전으로, 북한군을 압박해 25사단의 좌측 후방을 안전하게 하는 동시에 대구에 대한 압박을 완화시키는 것이었다. 킨 특수임무부대는 진주고개를 확보한다는 목표는 달성할 수 없었지만, 북한군 제6사단의 공격을 격퇴하여 마산을 위기에서 구할 수 있었고, 군인들에게 공격 전투를 경험하게 함으로써 투지와 자신감을 심어주는 계기가 되었다.

이후 8월 하순 마산방어전투의 마산전선은 대체로 소강상태를 유지하였고, 북한군의 후방지역에는 병력집결이 현저하게 관측되고 있었다. 당시 미군은 제25사단이 남지교에서 십이당산, 산악지대인 전투산과 필봉을 거쳐 진동리 해안까지의 약 48km의 방어선을, 남강과 검안리 일대는 미 제35연대가, 전투산과 필봉 등 함안 일대의 산악지대는 미 제24연대가, 서북산 남쪽에서 진동리 해안까지는 미5연대전투단이 배치된 상태였으나, 북한군의 제6·7사단도 공격 준비를 갖추고 있었다.

이러한 상황 속에서 미 제24연대는 8월 31일 야간에 함안 일대에서 북한군 제6사단의 공격을 받아 함안이 피탈되기도 했지만, 제27연대의 투입으로 북한군을 격퇴하였다. 또 제24연대의 서북산 탈환과 치열한 공방전이 전개되었는데, 제25사단은 공세적인 방어로 작전의 주도권을 확보하여 총반격의 계기를 마련하게 되었다.

격전의 함안

함안지역은 낙동강이 최후의 방어선이 되면서 당시 부산 공격의 교두보를 확보하기 위한 북한군과 부산을 지키기 위한 연합군 사이의 치열한 격전지가 되었다. 한국전쟁 당시 함안전투에 참가했던 병력은 미군 약 16,000명, 북한군 5,000명, 국군 300명 이상이었다. 치열한 전투로 인해 함안은 전쟁에 강제 동원된 주민이 아군, 적군을 가리지 않고 부역을 강요당해 민간인의 피해가 많은 지역이었다.

당시 낙동강 방어선을 지켜내야 할 유엔군의 워커사령관은 산이 남북으로 뻗어 천연의 요새를 이루는 함안지역이 지형상 방어진지로서는 아주 적합한 곳이라 판단하였고, 낙동강과 남강의 합류점을 중심으로 연합군을 함안에 배치하고 방어선을 구축하였다. 이로써 진주를 거쳐 마산으로 향하던 북한군 제6사단과 이를 저지하기 위한 미군 제25사단 및 한국군이 함안지역에서 한국전쟁 중 가장 치열하였던 전투를 벌이게 되었다.

연합군은 7월 31일과 8월 1일에 함안군 군북면에 집결하였고, 8월 1일 여항면 고사리에서 전투를 시작하여 9월 15일까지 함안 인근의 고지를 사이에 두고 전투를 치렀다. 미 제25사단은 8월 2일 마산에 도착하여 마산의 서쪽인 높은 산맥으로 이어져 있는 서북산과 여항산을 방어선으로 하며 밤낮으로 뺏고 뺏기는 산악전을 펼쳤고, 북쪽으로는 군북을 거쳐 함안과 칠원을 통하여 내서쪽으로, 또 남강을 넘어 대산면으로 침투하는 인민군과 산악전과 평지전을 함께 벌였다.

| 서북산 전경 (디지털함안문화대전) | 한국전쟁 당시 서북산의 능선
(국방부 군사편찬연구소, 2008)

낮에는 연합군이 전투기와 화력을 앞세워 지상군으로 북한군의 고지를 공격하였고, 새벽이나 밤에는 어둠을 틈타 북한군이 연합군의 고지를 공격하였다. 이러한 전투는 시간이 지날수록 점점 더 심해졌다. 전쟁 초기인 8월 7일에는 서북산을 공격하던 미군이 중박격포와 자동화기를 이용한 북한군의 저항으로 궁지에 빠지기도 하였다. 이후 치열한 공방전이 계속되었는데, 연합군은 9월 3일경에는 북한군의 새벽 공격을 향해 공중 지원을 비롯한 야포·박격포·전차 등의 지원으로 100여 명을 사살하고, 북한군을 격퇴시키기도 하였다. 이때 연합군에서는 약 400여 대의 전폭기로 구성된 공군이 지원하였다. 이러한 치열한 함안전투 과정에서 중요한 접전지는 여항산과 인근의 십이당산·서북산이었다. 특히 서북산의 경우 8월 한 달간 주인이 수없이 바뀌었다.

연합군의 서북산 전투는 미 제25사단 24연대가 도맡았으며, 8월 9일 이후로는 제5연대전투단도 참가하였다. 서북산 전투는 8월 5일부터 9월 18일까지 이어졌는데, 8월 5일 최초의 전투에서 '주민 지개부대(Flame Army)'가 등장하였다. 이들은 산을 오르내리면서 탄약을 운반하다가 이름도 남기지 못한 채 많은 수가 희생되었다. 서북산에서는 미군과 북한군의 교전이 끊임없이 이어졌는데, 8월 19일에는 북한군이 서북산 가까운 곳에 운집하여 제24연대를 공격하였다. 이때 한국전투경찰은 개인화기로 남쪽 진지를 지켰는데, 이날 전투로 서북산에 이어진 함안군 여항면의 별천계곡에는 핏물이 가득했다고 주민들이 전하고 있다. 8월 19일에도 하루 종일 전투가 이어졌는데, 미군은 비참하고 처절한 서북산전투라고 하여 이날부터 이곳을 전투산으로 불렀다고 한다. 서북산은 당시 포격으로 5m쯤 낮아졌다고들 말하며, 나무 한그루 없고, 피의 고지, 네이팜탄 언덕으로도 불렸다.

| 주민지개부대 모습(배대균, 2024)

또 8월 29일 미군이 점령하고 있던 서북산 고지에 새벽 2시 45분 북한군이 공격해 왔다. 연합군은 후퇴하였다가 공군의 지원을 받아 오후 늦게 다시 진지를 탈환하였다. 북한군은 야간을 이용하고 아군은 낮에 재탈환하는 식으로 8월 18일부터 8월 말까지 북한군의 공격을 받지 않은 날이 없었다. 어떤 날에는 하루에 두세 번씩 주인이 바뀌기도 하였다. 제24연대 제1대대 정보하사는 서북산 공방전을 8월 말 현재 19회였다고 기록하였으나 정확한 숫자를 기억하는 병

사는 거의 없었다.

서북산은 미군의 계속적인 포격으로 대부분 나무가 없어져 산 전체가 황토색으로 보였다. 이 때문에 미군들은 중머리산 혹은 전투산이라 불렀다. 또 승리한 미군이 이 산을 떠날 때 너무 많은 군인이 전사하고, 너무 많은 전투가 이루어져 신이 저주한 산이라는 의미로 '갓 뎀 마운틴(God damn mountain)'이라고 소리치며 진절머리를 냈다고 전해진다. 현재 서북산은 전투산·중머리산 혹은 갓데미산으로도 불리는데, 이 이름은 이때부터 유래되었다는 이야기도 있다. 이러한 여항산과 서북산을 비롯한 함안 전역에서 소모적인 전투는 1950년 9월 하순까지 이어졌는데, 서북산 전투에서 연합군은 약 1,000여 명이 전사했고, 북한군은 약 4,000여 명이 사망하였다.

서북산 전투는 함안지역에서 벌어진 전투이지만 전체적 전투 양상에 중대한 영향을 미쳤는데, 이곳에서 연합군이 승리함으로써 북한군의 부산점령 시도는 좌절되었고, 낙동강 방어선이 유지되었다. 이는 인천상륙작전의 성공으로 이어지는 발판이 되었고, 한미연합작전으로 북한군을 성공적으로 저지했다는 역사적 의의를 가진다. 서북산과 함안전투는 오늘날 한국전쟁 당시 희생자들을 기억하고 역사를 되새기는 중요한 장소임은 분명하다.

전쟁의 상흔, 민간인 오폭사건과 위령비

함안지역은 한국전쟁 당시 3개월간의 북한군과 연합군

의 치열한 격전지의 중심지로 민간인을 포함한 많은 사상자가 발생하였다. 1950년 8월 중순에 미군과 경찰은 민간인의 피해를 줄이고 작전을 원활히 수행하기 위해서라는 명목으로 함안지역 사람들을 김해와 양산지역으로 나누어 강제로 피난을 보냈다. 이들 중에 젊은 사람들은 피난지에서 연합군으로 강제 징용되었고, 제대로 훈련받지 못하고 전선에 투입되어 대부분 돌아오지 못하였다.

뿐만 아니라 주택과 건물의 파괴, 황폐화된 땅, 전쟁고아와 이재민, 부족한 식량 등 인적 물적 자원의 피해가 매우 큰 상황이었다. 특히, 미 공군의 폭격 과정에서 수많은 민가와 시설이 파괴되었고, 사람들이 목숨을 잃었다. 미군은 북한의 정규군과 게릴라부대, 또 피난민의 행렬을 구분하기 어려웠기 때문에 작전에 방해가 되거나 적으로 인식되면 무차별 공격을 감행하므로써 많은 민간인 희생자가 나오게 되었다. 함안에서도 1950년 8월 2일 군북면 원북리 주민이 북한군과 미군의 교전 과정에서 포격으로 희생되었다. 마을 주민들은 전쟁의 참화를 피해서 마을을 떠났다가, 다시 돌아와 근처의 약 300m 기차터널인 어시굴에 수백 명이 피신하고 있었다. 8월 3일 3명의 주민이 터널 밖으로 나왔다가 미군의 폭격에 희생된 사건이 발생하였다. 그 일을 겪은 후 주민들은 터널 밖보다 터널 안이 상대적으로 안전하게 보였다. 그러나 8월 18일에 미군 전투기가 터널 안으로 로켓과 기관총 공격을 퍼부었고, 그 공격으로 희생자가 수백 명이 이르렀다.

한국전쟁 때 발생한 민간인 희생에 대해 정부와 미군은 은폐하여 당시에는 잘 알려지지 않았고, 1990년대 언론을 통해 점차 일반인에게 알려지기 시작하였다. 함안지역에서도 관동교 아래 한센인 학살사건, 장지리 기총소사사건이 발생하므로써 무고한 한센인 환자나 피난민들이 피해를 당하였다. 이외에도 지뢰 등의 전쟁 관련 위험물이 널려 있는 지역에서는 이를 수거하는 과정에서 하루에도 수십건씩 사고가 발생해 사망자가 속출하였다. 이렇듯 함안지역에는 직접적인 전투 이외에도 전쟁으로 인한 많은 피해가 발생하였는데, 전쟁의 피해는 종전 이후 오랜 시간을 거쳐 복구되기는 했지만 여전히 곳곳에 전쟁의 상흔이 많이 남아 있다.

| 국가보훈처 티몬스대위 표지 및 함안호국공원 내 리처드 티몬스대위 동상

| 6·25격전함안만인비 전경
(디지털함안문화대전)

함안지역에는 한국전쟁 당시 격전을 치른 희생자들을 기리기 위하여 '6·25격전 함안민안비'와 '함안여항지구전투 희생자 위령비'가 세워져 있는데, 비의 뒷면에는 8월 1일부터 9월 15일까지 서북산 전투에 대한 기록을 새겨 놓았다. 서북산 정상에도 '서북산 전적비'가 세워져 있는데, 이 전적

비는 한국전쟁 당시 서북산에서 전사한 티몬스대위의 아들이 미8군 사령관이 되어 1995년 11월에 세운 것이다.

최근에는 6월이 되면 여항산 별천마을에서는 한국전쟁 당시 전사한 군인들의 영혼을 달래는 위령제를 지내고 있다.

〈참고문헌〉

국방부 군사편찬연구소, 『낙동강선 방어작전』, 2008.
조건부, 『여항산-경상남도 함안군 여항면 향토지-』, 세종출판사, 2010.
김석학·유관종, 『다시보는 6·25전쟁 비화-1945.8.15. 해방~1953.7.27.휴전-』 2, 한국사진문화원, 2014.
배대균, 『마산방어전투 속의 함안전투』, 불휘미디어, 2024.
송재익, 2021, 「낙동강방어선 방어작전을 통해서 본 워커장군의 전투지휘 및 리더십 재조명」, 『군사연구』 제151집, 육군군사연구소, 2021.
주시후, 『전쟁사』, 홍익재, 2006.
하순복, 「낙동강 방어선 중 마산 서부지역 전투의 재조명」, 『인문논총』 제59호, 경남대학교 인문과학연구소, 2022.

4. 지리산과 빨치산 _ 이선아

1) 지리산의 장소성

지리산(智異山)은 한국인과 수천 년의 역사를 함께해 온 산이다. 지리산은 통일신라 시대 국가 제사의 대상으로 삼았던 오악(五嶽) 가운데 남악이었다. 조선 후기 이중환(李重煥, 1690~1756)은 『택리지(擇里志)』에서 지리산을 세상에서 '방장산(方丈山)'으로 여겨 금강산·한라산과 더불어 삼신산(三神山)이라 하였고, 백두대간의 맥이 크게 끊긴 곳이라 '두류산(頭流山)'으로도 일컫는다고 하였다.

| 지리산 연봉(함양군청)

| 지리산 천왕봉(산청군청)

1967년 12월 29일 우리나라 최초의 국립공원으로 지정된 지리산은 경상남도·전라남도·전라북도의 3개 도, 경남 하동군·산청군·함양군, 전남 구례군, 전북 남원시의 5개 시·군에 걸쳐 있다. 지리산 국립공원의 전체 면적은 483.022㎢이고, 둘레는 320여 km에 달하며, 경상남도(하동군, 산청군, 함양군)가 그 면적의 절반이 넘는 270㎢를 차지한다. 지리산의 수많은 봉우리는 3대 주봉 천왕봉(天王峰, 1,915m)·반야봉(般若峰, 1,732m)·노고단(老姑壇, 1,507m)을 중심으로 펼

쳐져 있다. 지리산은 동식물 자원 7,050종을 품은 우리나라 생태의 보고이기도 하다.

이중환은 『택리지』에서 "지리산은 깊고 크며, 땅이 기름져 산 어디나 사람이 살기 알맞다."고 하였다. 지리산은 신비로운 전설이 숨 쉬며 예부터 '청학동(靑鶴洞)'과 같은 이상향이 있다고 전해지는 곳이었다. 산이 넓고 골짜기가 깊어 숨어들 공간이 많은 지리산과 그 일대는 근현대 민중 저항의 거점 역할을 하였다.

지리산 자락 단성에서 일어난 농민봉기는 1862년 농민항쟁의 시발점이 되었고, 1894년 농민전쟁의 2차 봉기 당시 김개남(金開南, 1853~1894)은 남원을 중심으로 활동하였다. 대한제국 말기 고광순(高光洵, 1848~1907)은 의병항쟁을 전개하다가 지리산 피아골 연곡사에서 순절하였다. 지리산은 1907년 후반부터 항일투쟁의 근거지가 되어, 전라도와 경상도의 의병 수천 명이 활동하였다. 일제강점기 말의 지리산은 하준수[河準洙, 일명 '남도부(南到釜)', 1921~1955]가 「신판 임꺽정(林巨正)」에 썼듯이 일제에 대항하여 학병·징병·징용을 거부한 청년들이 향했던 항일의 공간이었다.

1945년 해방 후 지리산에서는 여순사건 이후부터 한국전쟁기까지 빨치산 활동과 군경의 진압이 치열하게 전개되었다. 지리산은 한국전쟁 전후 빨치산 유격투쟁이 본격적으로 시작되었으며, 휴전 이후까지 완전히 멎지 않았던 빨치산 활동이 종료된 공간으로, 수년에 걸쳐 분단과 전쟁의 아픔을 생생히 겪었던 곳이다.

2) '빨치산'의 의미

'빨치산(빨찌산, 파르티잔, partisan)'은 '당', '당파'를 뜻하는 프랑스어 '파르티(parti)'에서 유래했으며, 유격전을 수행하는 부대 및 그 구성원을 가리킨다. '유격전(게릴라전, guerrilla warfare)'은 적 지역이나 점령지역에서 무장한 주민 또는 정규군 요원이 직·간접으로 불규칙하게 수행하는 군사 및 준군사 활동이다. 빨치산과 유사한 용어인 '게릴라(게리야, guerrilla)'는 에스파냐어로 '작은 전쟁'을 뜻하며, 에스파냐 전쟁(1808~1814) 당시 나폴레옹 침공에 저항한 에스파냐 주민의 비정규전에서 유래한 말이다. 에스파냐 전쟁을 근대 게릴라전의 원형으로 볼 수 있지만, '유격전' 또는 '게릴라전'과 같은 형태는 근대 들어 새롭게 나타난 군사 전술이 아니라 고대로부터 그 기원을 찾을 수 있을 만큼 오랫동안 존속해 왔다.

해방 이후 한국전쟁 전후 시기 빨치산들은 자신들을 '빨치산(빨찌산)' 또는 '인민유격대'로 인식하고 호칭했다. 대한민국 군경·관·언론은 이들을 '반도(叛徒)', '공비(共匪)'라고 하였다. 이 시기 국내 신문 기사에는 '무장공비', '재산공비(在山共匪)', '입산공비', '잔비(殘匪)', '망실공비(亡失共匪)'와 같은 말이 오르내렸으며, 간혹 '빨치산'으로 쓰이기도 하였다. 지역 민중은 군경이나 언론이 사용하는 호칭 외에 빨치산을 '밤손님'이라고도 하였다. 미군이 남긴 기록에서 빨치산은 '폭도(rioter)', '게릴라(guerrilla)'로 나타났고, 드물게 '파르티잔(partisan)'이라고 쓰였다. '빨치산'이라는 말은 냉전이 완화되고 사회적 환경이 변화한 1980년대 후반부터 언론, 문학작품, 학술 연구의 영역에서 비교적 널리 사용되었다.

3) 여순사건 이후 지리산과 빨치산

한국인은 해방과 동시에 분단을 맞았다. 한반도는 분할되어 미·소 양대 강국이 1948년까지 각각 남과 북에서 3년간 군정을 실시하였다. 미군정 3년 동안 일제의 폭압에서 벗어나 새로운 사회를 지향하는 민중의 열망은 식지 않고 분출하였다.

해방 이후 사회주의 세력의 영향 아래 전개된 빨치산 활동의 기원은 '야산대(野山隊)'로부터 찾을 수 있다. 미군정 시기 1946년 '9월 총파업'과 '10월 항쟁'을 거치며 경찰의 체포를 피해 산으로 들어간 '산사람'이 생겨났다. 대구 인근 경북 지역에서는 '10월 항쟁' 이후 군경 진압으로 입산한 청년 일부가 야산대를 조직하였다. 전남 화순에서는 1946년 11월 화순탄광 노동자 봉기가 미군정의 탄압을 받으면서 노동조합 간부들이 산으로 숨어 들어 야산대 활동을 하였다.

1948년 2월 남조선로동당(남로당)은 남한만의 단독선거에 반대하는 '2·7구국투쟁'과 단선단정 반대운동을 전국적으로 전개했으며, 이를 계기로 지방에서 야산대를 본격적으로 조직하였다. 남로당 지방당의 무장부대인 야산대는 이 시기까지는 당 활동을 보장하는 수단으로 활용되었다. 빨치산의 무장유격투쟁은 1948년 10월 여순사건 발발 이후 본격화되었다. 1949년 겨울부터 이듬해 봄에 걸친 동계진압으로 빨치산 세력은 소멸 직전에 이르렀다가 한국전쟁을 계기로 다시 활동을 전개하였다.

 1948년 10월 19일 여순사건이 일어났다. 전남 여수읍 신월리에 주둔하고 있던 국군 제14연대 병사들이 제주 4·3사건 진압을 위한 파병에 반대하며 봉기를 일으켰다. 14연대 봉기 병사들은 10월 20일 여수와 순천을 장악했으며, 사건은 전남 동부 지역으로 급속히 확산하였다. 10월 21일 14연대 봉기군은 순천 북방 학구리에서 정부 진압군에 패하여 흩어졌다가, 그 후 문수리를 통해 지리산으로 들어갔다.

 정부 진압군은 10월 23일 순천을 탈환하였고, 10월 24일 여수를 공격하였다. 여수에 남아 있던 14연대 병력의 일부는 백운산과 벌교 방면으로 철수했다가, 11월 13일경 섬진강을 건너 지리산 문수골로 입산하였다. 10월 27일 여수가 정부 진압군에게 탈환되자 군의 진압작전은 지리산·백운산 일대의 추격전으로 바뀌었다. 진압군은 여수 점령 후 10월 30일 호남방면전투사령부를 설치했다가 11월에 해체했으나 지리산 일대의 봉기군 진압은 남북지구로 나뉘어 계속하였다. 지리산으로 입산한 14연대 봉기군 세력의 일부는 1949년 상반기 지리산 이현상부대에 결합하여 한국전쟁 전후 남한 지역 유격대의 중요한 구성원으로 활동하였다.

 군은 1949년 3월 호남지구전투사령부와 지리산지구전투사령부를 설치하여 빨치산에 대한 대규모 진압을 실시하였다. 진압의 주요한 방향은 지리산으로 향하였다. 지리산 주변의 하동·산청·함양·거창·합천 지역에서 빨치산의 면사무소와 경찰지서 습격도 빈번하게 일어났다. 1949년 3월 하순, 14연대 봉기군 입산 세력을 지휘하던 김지회와 홍순석은 유격대 500여 명을 이끌고 덕유산으로 이동하였다. 이들은 지리산지구전투사령부와 괘관산 등지에서 교전을 벌인 후 흩어져서 지리산으로 들어갔지만 계속 추격을 받았다. 1949년 4월 9일, 국군 제3연대 제3대대가 남원군 산내면 반선리에서 김지회 부대의 일부를 기습하였다. 이 공격으로 17명이 사망하고 7명이 생포되었으며, 김지회는 부상을 입고 도망치다가 산내면 반선리 부근에서 사망하였다.

이에 앞서 이현상은 1948년 말에서 1949년 3월 사이에 남로당 서울지도부로부터 전남 여수·순천·구례·광양·곡성 5개 군당 사업을 지도할 수 있는 권한을 위임받은 것으로 알려졌다. 1949년 5월경 이현상은 흩어졌던 봉기군 출신 유격대를 수습하고, 구례군당 유격대와 결합하여 유격대를 다시 조직하였다.

1949년 하반기로 넘어가면서 남한 지역 빨치산 활동의 성격이 달라지기 시작하였다. 1949년 들어 남·북로동당은 '국토 완정'이라는 목표 실현을 위해 군사적 활동을 강화시켰으며, 1949년 6월 남로당과 북로당이 조선로동당으로 합당하여 남한 빨치산 활동의 지도 권한은 조선로동당으로 넘어갔다. 현실적으로는 남로당 계열이 남한 유격투쟁을 전담하였다. 1949년 6월 평양에서 열린 남조선민주주의민족전선과 북조선민주주의민족통일전선의 '조국통일민주주의전선' 결성대회에서 통일정부 수립을 위한 평화통일선언서가 채택되었으며, 1949년 9월 남북한 입법기관 총선거를 실시하자는 주장에서 '9월 공세'라는 구호가 나왔다. 이는 1949년 7월부터 9월 사이에 남한 빨치산 활동이 더욱 격렬해지는 배경으로 작용하였다. 다리 파괴, 철도 부분 파손, 변전소와 발전소 공격, 전력사무소 공격, 면사무소 공격, 전화선 절단은 지속적으로 일어났으며, 경찰지서 습격, 금융조합 공격, 열차 습격, 재판소 공격이 감행되었다.

북한에서 훈련받은 무장유격부대가 남하하여 인민유격대 제1병단과 제3병단을 편성하고 활동함으로써 전체 유격전 양상은 더욱 치열해졌다. 인민유격대 제1병단은 이호제를 중심으로 오대산·태백산 일대에서 유격투쟁을 전개했으며, 제3병단은 김달삼과 남도부(하준수)를 중심으로 경북 동해안 일대에서 활동하였다. 지리산의 이현상부대는 인민유격대 제2병단으로 편성되었다. 제2병단은 유격대로 전환한 14연대 봉기군 잔여 세력과 지역 유격대원이 결합한 부대로 지리산·백운산·조계산·덕유산에 근거를 두고 빨치산 활동을 하였다.

1949년 하반기 빨치산 유격투쟁이 격렬해지자 정부는 동계진압을 결정하였다. 군경은 지리산지구전투사령부와 지리산지구 전투경찰대를 남원에 설치하고, 1949년 10월 말부터 1950년 2월 말까지 4개월 동안 동계진압 작전을 실시하였다. 동계진압 과정에서는 산간 지역 주민과 빨치산을 분리하여 고립시키는 '비민분리(匪民分離)' 작전이 구사되었다.

지리산지구에서는 고봉(高峰)을 중심으로 8km 이내 산간

부락이 군 당국에 의해 소개(疏開)되었다. 산간 지역 주민들은 소개를 당해 생활 터전을 잃었으며, 빨치산 활동과 군경 진압 사이에서 생존의 위협을 받았다. 1949년 7월부터 1950년 1월까지, 경남 산청군 시천면·삼장면·단성면 일대에서는 지리산 산간마을 주민들이 빨치산에게 협조했다는 혐의로 국군에 의해 법적 절차 없이 집단 사살당하는 사건이 일어났다. 빨치산과 민간인의 거주지를 차단하려는 군경의 비민분리 전술과 소개 작전으로 피해를 당한 것이다.

동계진압은 산악 지역의 빨치산 전반에 타격을 입혀 1949년 동계진압에서 살아남은 지리산 지구의 빨치산은 100명에서 150명 정도, 호남지구 빨치산은 90여 명 정도로 추산되었다. 남한 지역에서 활동하던 빨치산 세력은 거의 소멸한 듯했으나 1950년 6월 한국전쟁 발발로 상황은 다시금 변모하였다.

4) 한국전쟁기 지리산과 빨치산

한국전쟁 초기의 빨치산

한국전쟁 발발 이후 지리산 이현상부대를 제외한 남한 지역의 빨치산 활동은 인민군 후퇴 시기인 1950년 9월 말부터 다시 조직되었다. 한국전쟁기에는 전황의 변화에 따른 북한 전쟁지도부의 유격대 정책이 남한 지역 빨치산의 활동 방향을 결정하였다. 한국전쟁 발발 후 남·북로동당 합당의 공식화와 북한의 전쟁 지도 체계 수립으로 빨치산 조직과 활동은 동원의 측면과 전쟁 수행 무력의 성격이 강화되었다.

한국전쟁 초기 북한 인민군은 빠르게 남진하여 6월 28일 서울, 7월 23일 전남 광주, 7월 31일 경남 진주를 점령하였다. 전쟁 발발로 산악 지역에서 생존하고 있던 빨치산 활동도 변화를 맞았다. 전쟁 전 인민유격대 제2병단으로 유격투쟁을 벌였던 이현상부대는 무주에서 개전 소식을 뒤늦게 접한 뒤 유격전을 계속하였다. 이현상부대는 생존 인원과 새로 모집한 대원을 합쳐 약 150명 규모였다. 1950년 8월, 이현상부대 중 100여 명이 낙동강을 건너 대구 주변 달성군 가창면과 경남 창녕에서 미군 부대를 습격해 피해를 입혔다. 이현상부대의 유격전은 후방 교란이자 인민군의 낙동강 도하를 지원하려는 시도였다.

지방당 조직과 지역의 빨치산 세력은 북한 인민군이 점령한 연고지로 돌아와 짧은 기간 동안 공개적으로 활동하였다. 인민군이 점령한 지역에서는 당과 인민위원회가 다시 만들어졌으며, 전 사회에 걸쳐 동원정책이 실시되었다. 인민군 점령기의 동원은 다수의 '인민공화국' 협력자를 양산하였다. 이들 중 상당수가 1950년 9월 인민군 후퇴로 인해 새롭게 조직되는 빨치산의 기본적 인적 자원이 되었다.

1950년 9월 15일 인천상륙작전이 성공하였다. 국군과 유엔군은 9월 16일부터 낙동강 전선에서 총반격을 개시하였다. 북한 인민군은 9월 23일 이후 모든 전선에서 후퇴하기 시작하였다. 한반도의 허리를 가로질러 퇴로가 차단되어, 인민군은 산줄기를 타고 북상을 시도하였다. 인민군 점령기의 지방당, 인민위원회, 사회단체 기관원과 협력자들도 후퇴하였다.

1950년 9월 중순, 조선로동당은 각 지방당에 "당을 비합법적인 지하당으로 개편하고, 산간지대의 부락을 접수하여 식량을 비축할 것, 입산 경험자와 입산 활동 가능자를 입산시킬 것, 기타 간부는 일시 남강원도까지 후퇴시킬 것" 등을 지시하였다. 인민군 점령기의 조선로동당 경남·경북·전남·전북·충남도당 조직은 후퇴 이후 산악에서 유격대를 조직하였다.

조선로동당 경남도당은 1950년 9월 24일 인민군 점령기의 임시 도 기관 소재지로 삼았던 진주를 탈출하여 9월 29일 지리산 골짜기인 경남 함양군 휴천면에서 '경상남도 인민유격대'를 조직하였다. 경북 지역 유격대 활동으로는 경북도당이 태백산·일월산을 근거지로 유격투쟁을 전개했고, 동해안 방면과 경남 동부 신불산 근거지에서는 남도부(하준수)가 유격부대를 이끌었다. 전남도당은 1950년 10월 초 전남 화순 백아산에서 '전남인민유격대'를 조직하였다. 전북도당은 전북 순창 엽운산에서 도당 유격대를 조직하고 회문산을 근거지로 삼아 활동하였다. 충남도당은 대둔산에서 유격대를 편성하여 활동하였다.

지방당 조직이 산악 근거지에 자리를 잡고 체계를 정비하면서 인민군 점령 기간의 협력자와 활동가들은 입산하여 생활하거나 유격대로 편성되었다. 퇴로가 막혀 북상에 실패한 인민군 낙오병과 북한에서 파견되었던 기관원·교원·학생 일부도 유격대에 합류하였다. 후퇴 직후부터 산악을 중심으로 빨치산 활동이 다시 조직되기 시작하였다.

지리산의 '경상남도 인민유격대' 또는 '경남 빨치산'

한국전쟁 전후 여러 지역의 산악에서 빨치산이 존재했지만, 그중에서도 전남·북과 경남이 맞닿은 지리산은 빨치산의 주요한 활동 공간이었다. '경상남도 인민유격대'는 남한 지역 유격대 중에서도 이른 시기에 지리산에서 결성되어 지리산을 주요 거점으로 활동하였다. 경남 지역 빨치산에 대해서는 경상남도 인민유격대 사령부가 작성한 「경상남도인민유격대 사업보고서(1950년 10월~1951년 6월)」(1951.7.10)를 통해 이 기간의 유격대 조직과 활동을 살펴볼 수 있다.

1950년 9월 24일, 조선로동당 경남도당, 진주시, 진양군의 활동가들은 후퇴 길에 올라 임시 도 기관 소재지였던 진주를 벗어나 산청을 거쳐 함양에 도착하였다. 경남도당은 1950년 9월 29일 함양군 휴천면 문정리에서 당, 인민위원회, 사회단체, 흩어졌던 인민군, 기관원, 의용군, 지역민들로 도당 유격대를 조직하였다. 경남도당의 사업보고서에 의하면,

「경상남도인민유격대 사업보고서(1950년 10월~1951년 6월)」 표지(NARA, 국립중앙도서관 해외한국관련자료)

이들은 자신들의 후퇴 시기의 임무를 인민군의 후퇴 보장과 유격운동 강화로 인식하였다. 경남도당은 유격대 조직의 방향에 대해 당의 지도와 노선에 의거하며, '인민의 이익을 위하여 싸운다'고 주장하였다. 「경상남도인민유격대 사업보고서(1950년 10월~1951년 6월)」에 보이는 유격대의 공식 명칭은 '경상남도 인민유격대'이다. '경남빨찌산사'를 발행소로 한 『경남빨찌산』이라는 제호의 등사판 산중신문이 남아 있는 것으로 보아 자신들을 '경남 빨치산'으로 인식하고 호칭한 것으로도 보인다.

경상남도 인민유격대 도 사령부의 주요 활동 공간은 지리산과 덕유산이었다. 한국전쟁 시기 경남 지역 빨치산의 활동 범위는 낙동강을 사이에 두고 동부와 서부로 나누어 볼 수 있다. 경남 동부 지역에서는 남도부(하준수)부대가 유격 투쟁을 하였다. 경남 서부 지역에서는 경남도당의 지도하에 경상남도 인민유격대를 조직하였다. 경상남도 인민유격대는 지리산과 덕유산·가야산·황매산을 산악 거점으로 하였고, 진주·구례·남원·김천·사천 등지를 기동 영역으로 삼았다. 지리산 자락에서는 함양군 휴천면·마천면, 산청군 시천면·삼장면·오부면, 거창군 신원면이 거점이 되었다. 1951년 2~3월까지 지리산 인근에서는 경남도당과 군당을 비롯한 각 기관이 부락에 터를 잡고 숙식하였다고 한다.

경상남도 인민유격대 도 사령부 기구는 최초 편제 시 사령부(지휘부)·연락과·후방부·총무과·군의과로 구성했으며, 1951년 6월까지 5차에 걸쳐 편제를 개편하면서 조직과·문화부·정보과·정치부 등의 부서와 경비 인원을 필요시 추가하였다. 경남도당 위원장은 남경우(南慶祐, 1921~1952)였으며, 경상남도 인민유격대 사령부는 안병화·배명훈·노영호·이영회 등으로 이루어졌다. 유격대 제1차 및 5차 편제 시의 사령관은 안병화가, 2차부터 4차 편제까지 사령관은 배명훈이 맡았다.

| 1948년 평양 중앙당학교에서 모스크바 유학을 준비하던 시기의 남경우 (러시아사회정치사기록원)

경남도당 위원장 남경우는 경기도 광주 소작농 집안에서 태어나 보통학교와 직업학교를 나와서 16세부터 철도국 서울 철도공장에 취업해 철도 노동자로 10년간 일했다. 1945년 8월 해방이 되자 노동조합운동에 뛰어들어 1945년 10월 조선노동조합전국평의회 철도노동조합 경성지부 서울기관구 분회를 결성하고 회장이 되었다. 1946년 1월 조선공산당에 입당했으며, 1946년 9월 총파업에서 '남조선철도종업원대우개선투쟁위원회 총본부' 대표자 3명 중의 한 명으로서 미군정 운수부장 앞으로 파업각서를 발송하였다. 모스크바 유학생으로 선발되어 1947년 11월 말 월북했으며, 한국전쟁 발발 후 조선로동당 경남도당 위원장으로 임명되어 활동하였다. 1952년 1월 백야전전투사령부 진압작전으로 지리산에서 사망하였다.

경상남도 인민유격대 주요 지도부 중 한 사람인 배명훈(裵明薰, 1908~1952)은 함경남도 고원 소작농 집안에서 태어나

| 모스크바 노동당 중앙당 학교 유학 시절의 배명훈 (러시아사회정치사기록원)

소년운동을 시작으로 농민조합운동·노동운동·비밀결사운동에 참가하였다. 그는 1934년 11월 4일 함경북도 주요 7개 도시에 러시아혁명 기념 투쟁으로 격문 1만 2천 매를 살포한 '조선공산주의자동맹 사건'에 가담하였다. 배명훈은 이 사건으로 검거되어 치안유지법 위반으로 징역 3년을 언도받고 서대문형무소에서 복역하였다. 1943년 5월 조선공산당 재건을 위해 비밀결사운동을 재개하여 1945년 7월 체포되었다가 해방을 맞아 출옥하였다. 해방 후 북조선공산당·북조선로동당 함경북도당에서 활동했으며, 당의 파견으로 모스크바 당학교에 유학하였다. 그는 한국전쟁 발발 후 북한 인민군 점령기에 경상남도 인민위원회 위원장으로 임명되었다. 인민군 후퇴 이후에는 경상남도 인민유격대 2·3·4차 편제 시 사령관, 5차 편제 시 정치사령관으로 활동하였다. 배명훈은 1952년 1월 백야전전투사령부 진압작전으로 지리산에서 사망하였다.

경상남도 인민유격대 사령부의 군사 지휘자 중에는 여수 14연대 출신 구빨치산 이영회(李永會, 1926~1953)가 있었다. 그는 전남 순천 해룡면 출신으로 1949년 하반기 이현상의 인민유격대 제2병단에서 활약하였다. 한국전쟁 발발 후 이현상부대가 낙동강 전선 부근에서 유격투쟁을 전개할 때 낙오했다가 1950년 11월경부터 경상남도 인민유격대

전투부사령으로 지휘부에 합류하였다. 남부군의 사단제 편성으로 1951년 9월경 경상남도 인민유격대가 남부군 57사단으로 개편될 때, 57사단의 사단장으로 활동하였다. 휴전 이후까지 소규모 경남부대를 이끌었으며, 1953년 11월 서남지구 전투경찰대와의 교전으로 사망하였다.

「경상남도인민유격대 사업보고서(1950년 10월~1951년 6월)」에 따르면, 처음 유격대를 결성했을 때 경상남도 인민유격대 인원은 모두 112명이었다. 유격대가 5차례 편제를 개편하면서 인원을 증가시켜서, 1951년 5월까지 유격대원의 수는 1천여 명에서 1천 5백여 명 사이를 오르내렸다. 1951년 3월 경상남도 인민유격대가 작성한 「성분별통계표」에는 해당 시기 유격대원 1,258명에 대해 성별, 출신 및 사회성분이 집계되어 있다. 1,258명 중 남성은 1,220명, 여성은 38명으로 유격대원의 대다수는 남성이었다. 부모의 직업을 나타내는 출신성분은 1,258명 중 빈농 1,054명, 노동 124명, 중농 60명 등이며, 본인의 직업을 나타내는 사회성분은 1,258명 중 빈농 844명, 노동 230명, 학생 116명, 사무원 45명, 군인 10명 등이었다.

1950년 11월부터는 유격대원 훈련과 간부 양성을 위해 지리산과 덕유산에 군정학교를 설치하고 단기 강습을 실시하였다. 군정학교는 15일 동안 하루 군사 4시간, 정치 4시간의 시간을 정하여 전술·사격·투탄·지형학·제식 등을 교육하였다. 군정학교에서는 새벽 5시 기상부터 밤 9시 취침까지 아침체조-아침식사-학습-낮잠-학습-저녁식사-복습-문화·오락 시간을 짜놓은 일과표에 따라 생활하도록 하였다. 일반부대에도 오전 7시 기상부터 밤 9시 취침까지 아침체조-아침식사-정치학습-점심식사-군사학-저녁식사-무기청소-문화·오락 시간을 정한 일과표가 제시되었다.

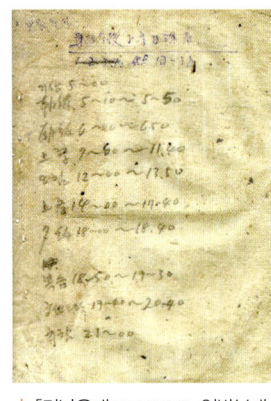
「경남유대(경남유격대) 일반부대 일과표」(NARA, 국립중앙도서관 해외 한국관련자료)

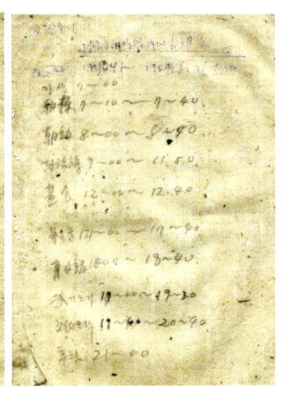
「군정학교 상학 일과표」(NARA, 국립중앙도서관 해외 한국관련자료)

빨치산 활동은 전투 행동, 정치교양과 학습, 대민선전, 생존을 위한 물자 확보 등으로 이루어졌다. 경상남도 인민유격대는 1950년 10월부터 1951년 6월까지 공격, 기습과 같은 여러 전투 행동을 각기 수백여 회 이상 했다고 주장하였다. 정치교양, 학습, 대민선전, 생존 물자 확보 등도 주요한 활동이었다. 유격대가 전투를 나가지 않고 안전한 거점에 있을 때는 부대 내에 반을 편성하여 학습을 실시하였다.

빨치산은 식량을 비롯한 물자를 민간인으로부터의 '보급

투쟁'으로 확보하는 경우가 대부분이었다. 경상남도 인민유격대는 1950년 10월부터 1951년 6월까지 양곡 소비량을 월평균 식사 인원 1,180명에 대해 1인당 하루 백미 6홉(合)으로 계산하였다. 부식은 1인당 하루 소금 1.5작(勺), 간장 1작, 된장 2작 정도였다. 양곡은 1950년 11월 하순부터 1951년 1월 말까지 지리산 주변 농민들로부터 '현물세' 등을 받고, 주민들에게서 '보급투쟁'을 하여 확보하였다. 양복·한복·내복·버선·장갑과 같은 의복류도 대부분 지역 주민에게서 얻었다. '보급' 과정에서 주민에게 사정을 설명하기도 했지만, 후방 보급기지를 갖지 못한 산악 지역 빨치산의 '보급투쟁' 또는 '보급' 활동은 민간인에게 지속적으로 피해를 주고, 민중을 빨치산으로부터 멀어지게 하는 원인으로 작용하였다.

 1950년 9월 이후 빨치산이 다시 조직되어 활동하게 되자, 군은 후방지역 빨치산 진압을 위해 국군 제11사단(사단장 최덕신 준장)을 창설하고, 예하에 9연대·13연대·20연대를 두었다. 제11사단은 1950년 10월 초부터 1951년 3월 말까지 경남 일부와 전남 및 전북 지역에서 진압작전을 전개하였다. 작전개념 '견벽청야(堅壁淸野)'는 빨치산이 보급처로 삼고 인력을 이용할 수 있는 산간 마을을 파괴하고, 주민을 소개시키는 것이었다. 제11사단 진압작전 중인 1951년 2월, 지리산지구인 경남 거창·산청·함양 지역에서 민간인들이 군에 의해 학살당한 거창사건, 산청·함양 민간인 학살사건이 일어났다. 산간 지역 주민들은 빨치산과 군경 사이에서 고통을 받았으며, 빨치산 진압 과정에서 큰 피해를 겪었다.

1951년 하반기에는 남부군 결성으로 남한 지역 빨치산 조직이 크게 변화하였다. 경상남도 인민유격대 체계는 남부군의 57사단으로 편성되었으며, 전투부사령 이영회가 57사단장으로 유격대를 이끌었다. 그 이후 1951년 겨울부터 이듬해 봄까지 실시된 백야전전투사령부 진압작전으로 경남 빨치산은 소수만 살아남았다. 1951년 1월 18일, 빨치산들이 모여들었던 지리산 대성골에 대대적 공격이 가해졌다. 이날 경남도당 위원장 남경우와 경상남도 인민유격대 사령관을 역임했던 배명훈을 비롯한 경남도당 간부 14명이 목숨을 잃었으며, 경남도당과 경상남도 인민유격대는 전멸에 가까운 타격을 입었다.

지리산과 '남부군'

1950년 9월 인민군 후퇴 시기에 낙동강 전선에서 유격전을 벌이던 지리산 이현상부대는 민가에서 정보를 수집하여 인천상륙작전을 알게 되었다. 이현상부대는 9월 말 비슬산을 출발하여 태백산맥 산줄기를 타고 북상 후퇴하던 중, 11월 초 강원도 후평에서 이승엽을 만났다. 이 시기는 중국인민지원군의 참전으로 전세가 변동하고 있었다. 전쟁 초반 인민군 점령기의 서울시 인민위원장이었던 이승엽은 후평에서 후퇴해 오는 인원을 유격부대로 편제하여 남하시키고 있었다. 이현상부대도 이에 따라 후평에서 북상을 중단하고, 대열을 정비하여 1950년 11월 중순 다시 남쪽으로 행군하기 시작하였다. 이들이 다시 남하하게 된 것은 급속한 전세 변화에 따라 남한 지역에서 유격투쟁을 재개하려는 목표에서였다.

이현상부대는 후평에서 남하하면서 1950년 12월부터 '조선인민유격대 남부군'이라는 명칭을 사용하기 시작하였다. 남하를 시작할 때의 지휘부는 지대장 이현상, 정치사령 여운철, 참모장 박종하로 구성되어 있었다. 부대는 승리사단, 혁명지대, 인민여단, 사령부 직속 부대로 편성되었으며, 총 인원 670여 명 정도였다. 승리사단은 여순사건 이후 '구빨치산' 중심으로 편성하였고, 인민여단은 의용군과 민간인으로 새로 조직하였다. 혁명지대는 충청 지역에 침투하기 위해 경기·충청 출신자로 구성한 부대였다. 부대의 조직 편제는 시기와 상황 변화에 따라 변천을 겪었다. 이현상부대는 강원도 양구·홍천·강릉·영월·단양을 거쳐 남쪽으로 내려오면서 1951년 1월 문경경찰서 동로지서 점령, 죽령국도 차단과 같은 유격활동을 벌였다.

남부군이 소백산맥을 따라 내려오면서 1951년 5월 26일 감행한 청주 습격은 신문 보도를 통해 일반에도 알려졌다. 부대는 주요 공격부대와 퇴각로 보장 부대로 나뉘어 전투에 동원되었다. 옛 여수 14연대 출신 김흥복과 송관일을 부대장으로 하는 승리사단 '흥복부대'와 '관일부대' 48명이 공격의 주력을 맡았다. 승리사단 결사대는 청주 부근 야산에 잠복했다가 5월 26일 새벽 도청과 경찰국을 습격하고, 청주

형무소를 파옥하여 수감자를 석방한 후 퇴각하였다.

한국전쟁 전후에 빨치산 부대가 도청소재지를 공격하여 일시적으로 점거했던 경우는 청주 습격이 유일하다. 도청소재지가 빨치산에게 기습당한 사건은 사회적으로 파장을 일으켰다. 국회의원 14명이 청주 습격 사건의 진상을 제대로 보고하도록 하겠다며 국회에 긴급동의를 상정하였다. 국회는 6월 7일, 국회 본회의에서 도지사를 비롯하여 경찰과 각 책임자의 책임을 물을 것 등을 내무·국방장관과 합의하였다.

1951년 6월경 남부군은 남하를 늦추고, 충북과 경북으로 분산해서 후방 교란 활동을 하였다. 그러나 부대는 군경의 추격과 미군의 공중 폭격으로 다시 남하하였다. 1951년 7월 중순 이현상과 여운철은 덕유산에서 6개 도당 수뇌부 회의를 열고, 남한 지역의 유격대를 이현상의 지도하에 일원적으로 개편할 것을 논의하였다. 유격대 통합 논의가 진행된 시기는 주 전선이 교착상태에 들어갔으며, 휴전회담이 시작되던 상황이었다.

이현상과 여운철은 이승엽으로부터 각각 남한 지역의 6개 도 유격대의 지도 권한과 6개 도당에 대한 지도권을 위임받았다고 주장하였다. 각 도당의 지도부가 모두 유격대 통합에 찬성한 것은 아니다. 남부군 중심으로 유격대를 통합 개편하는 것에 대한 논쟁이 벌어졌으며, 이는 남한 지역 빨치산 활동의 지도 권한과 책임 소재에 대한 정치적 갈등으로 볼 수 있다. 유격대에 대한 당 우위를 원칙으로 하는 입장에서 군사간부인 이현상의 지도하에 유격대를 둔다는 것은 수용하기 어려웠을 것이다.

유격대 통합 논의의 결과, 전남도당과 경북도당 유격대를 제외한 경남·충남·전북도당 유격대를 사단제로 개편하여 남부군으로 편제하였다. 전북 북부 및 충남, 전북 남부지구 등 2개의 '전구'를 설정하고 도당 군사부를 사단 체제로 개편해서 배치하였다. 충남 빨치산은 68사단, 전북 북부 빨치산은 45사단, 전북 남부 빨치산은 46사단 및 53사단, 경남 지역은 유격대를 통합하여 남부군의 57사단으로 편성되었다. 이현상부대를 강원도 후평에서 재편성하여 남하한 '조선인민유격대 남부군'은 1951년 8월 중순 지리산으로 들어왔으며, 사단 통합·개편을 거쳐 남부군 직속 81사단과 92사단으로 편성되었다. 한국전쟁 이전부터 '이현상부대'·'인민유격대 제2병단'을 이끌어 온 이현상이 통합 편제된 남부군의 총사령관이 되었다. 사단제 편성 후 남부군은 산청군 삼장면 조개골을 주 거점으로 하였다.

이현상(李鉉相, 1905~1953)은 충남 금산 출신으로 일제강점기 항일운동·공산주의운동을 하였다. 1926년 6·10만세운동에 참가했으며, 1928년부터 조선공산당, 고려공산청년회 활동을 시작하였다. 1928년 9월 '조선공산당 검거 사건'으로 징역 4년을 복역했으며, 1933년 12월 혁명적 노동조합 결성 활동으로 징역 4년을

조선공산당사건으로 1930년 4월 서대문형무소에 수감된 이현상(국사편찬위원회 한국사데이터베이스 일제감시대상인물카드)

복역하였다. 출소 뒤, 1938년 12월 조선공산당 재건 '경성콤그룹'을 결성하여 활동하던 중 1940년 10월 검거되었다가 1942년 10월 병보석으로 석방되었다. 해방 이후 1945년 9월 조선공산당 결성과 1946년 11월 23일 남조선로동당 결성에 참여하였다.

이현상은 여순사건 이후 지리산에서 유격투쟁을 이끌었으며, 한국전쟁이 발발하자 1950년 8월경부터 낙동강 부근에서 유격전을 전개하였다. 1950년 9월 말 북상 후퇴하다가, 1950년 11월 강원도 후평에서 부대를 정비하여 다시 남쪽으로 내려왔다. 1951년 7월 중순 덕유산에서 6개 도당 수뇌부 회의를 열었으며, 남한 지역 유격대를 통합한 남부군의 총사령관이 되었다. 남부군의 사단제 편성이 해제된 이후, 1952년 8월 말 또는 9월 초 결성된 제5지구당의 위원장이 되었다. 1953년 9월 제5지구당을 해체하고 평당원으로 지하에서 활동하라는 결정에 따라 하산하던 중 지리산 빗점골에서 매복에 걸려 사망하였다.

이현상은 덕유산 6개 도당 수뇌부 회의에서 '군사부는 각 병단을 통합, 사단제로 개편, 군사행동으로 남한을 장악할 것', '6개 도당은 군사적 단일화를 위해 지리산에 총 거점을 둘 것', '가급적 약탈 방화를 금지하고 민심 수습에 노력할 것' 등의 투쟁 과업을 제기하였다. 남부군은 1951년 8월 중순 지리산 도착을 앞뒤로 지리산 일대 경남 합천 가회, 산청 시천·삼장, 함양 마천 등지에서 지서 공격을 감행하였다. 남부군은 사단제 개편 이후 1951년 9월 12일부터 14일까지 전남도당 유격대와 연합작전을 펼쳐 전남 구례 산동지서를 공격하였다. 빨치산이 '토치카'[특화점(特火點)]가 구축되어 있는 지서를 기습해 들어가 점거하는 방식이었다. 산동지서를 공격한 빨치산들은 부락 주위의 울타리를 뜯고 들어가 지서를 포위한 후 공격하였다. 주 전선이 아닌 후방 산간 마을에서 벌어지는 작은 전쟁과도 같은 격렬한 양상이었다.

이 즈음의 유격대 활동에 대해 미국 측은 빨치산 활동이 1951년 9월 말부터 새로운 지도력으로 인해 빠르게 진전했으며, 지리산 지역에 빨치산이 집중되어 있고, 1951년 10월부터 지리산 북쪽의 철도를 대상으로 공격을 감행한다고 파악하였다.

지리산 일대 유격투쟁의 규모가 커지고 활동이 격화되면서 결과적으로 빨치산 세력의 약화가 초래되었고, 후방 치안 안정과 '토벌' 여론이 일어나게 되었다. 국회는 1951년 10월 31일 비공개회의를 열어 후방 치안 확보를 결의하였다. 밴 플리트(James Alward Van Fleet) 미8군 사령관은 1951년 11월 중순, 작전명 '쥐잡기(Operation Rat Killer)'로 명명된 백야전전투사령부 진압작전을 지시하였다.

1951년 11월 25일 후방 군사시설 보호와 치안질서 유지의 목적으로 지리산 일대를 중심으로 활동하는 빨치산 진압을 위한 특수임무부대 백야전전투사령부가 창설되었다. 백야전전투사령부 사령관으로는 백선엽(白善燁, 1920~2020) 소장이 임명되었다. 수도사단(사단장 송요찬 준장)과 제8사단(사단장 최영희 준장)의 2개 사단이 진압부대로 설정되었으며,

서남지구 전투사령부, 태백산지구 전투사령부, 지리산지구 전투사령부가 배속되었다. 백야전전투사령부 창설 당시 배치된 미 군사고문관 60여 명은 작전 연락, 통신, 공중 연락, 정찰, 심리전을 담당하였다.

백야전전투사령부는 1951년 12월 2일부터 1952년 3월 14일까지 4기에 걸친 진압작전을 실시하였다. 도서 등 일부를 제외한 전남·전북 지역과 충북·경남·경북의 일부 지역에 1951년 12월 1일 0시를 기해 비상계엄령이 선포되었다. 1기 작전은 지리산지구 공격, 2기는 전북과 경남 지역 거점 동시 공격, 3기는 1·2기 작전 지역 재수색, 4기는 빨치산이 이동한 타지역 진압으로 계획되었다. 군사작전과 선무공작이 병행되어 전단이 대규모로 살포되었다. 지리산을 뒤덮을 정도로 뿌려진 전단은 모두 992만 매에 달했다. 미 군사고문관들이 전단 제작을 전담했으며, 전단은 도쿄 극동군사령부에서 인쇄해서 가져왔다. 전단은 귀순을 유도하는 역할도 했지만, 산중 생활에서 빨치산의 기록 용지·담배종이·휴지 등으로 쓰이기도 했다.

백야전전투사령부 진압작전의 결과로 빨치산 세력은 극심한 피해를 입었고, 활동 범위도 크게 축소되었다. 미 군사고문단은 1951년 12월 2일부터 1952년 3월 14일까지의 진압작전에서 빨치산 사살이 1만 1,472명, 생포가 1만 103명이라고 기록하였다. 국방부 전사편찬위원회의 『대비정규전사』에는 사살 5,009명, 생포 3,968명으로 수록되어 있다. 진실·화해를위한과거사정리위원회 2010년 상반기 조사보고서에서는 사살 6,606명, 생포 7,115명으로 집계되었다. 자료에 따라 차이를 나타내지만, 지리산을 비롯한 백야전전투사령부 진압작전 실시 지역에서 수많은 빨치산과 민간인이 사망하거나 포로로 붙잡혔다. 생포된 이들은 광주중앙포로수용소로 이송되어 심사와 분류를 거쳐 재판에 넘겨졌다. 이곳은 열악한 환경과 민간인 수용 등으로 인해 사회문제로 비화되었으며, 수용소는 이승만 대통령의 지시로 1953년 폐쇄되었다.

백야전전투사령부 진압작전을 겪으며 남부군은 사단제 편성을 해제하고, 부대를 개편하였다. 뒤늦게 접한 '지대화 방안'의 시행과 인원 손실로 대부대 편성을 할 수 없게 된 현실적 이유가 있었다. '남부군'이라는 명칭은 1952년 1월 '조선인민유격대 독립 제4지대'로 변경되었다. 남부군 직속 81사단과 92사단은 '김지회부대'와 '박종하부대'로 개편했으며, 그 이후 두 부대의 인원을 다시 '김지회부대'로 통합하는 과정을 거쳤다.

남부군이 개편한 부대의 명칭은 유격대 지휘관이었던 김지회와 박종하의 이름을 따서 지은 것이다. 김지회는 여수 14연대 봉기군의 지휘자로서 입산 후 유격투쟁을 하다가 1949년 4월 사망하였다. 박종하는 한국전쟁 이전 구례군당 유격대장, 지리산 인민유격대 제2병단의 연대장으로 활동했으며, 전쟁 이후에는 남부군 참모장으로 활약하던 중 1951년 8월 사망하였다.

남한 유격대를 통합하여 운용하려 했던 남부군 체제는 종결되었다. 지역 도당의 잔여 세력은 지대 개편을 거쳐 제5지구당 결성에 참여하며 유격투쟁을 이어갔다. 백야전전투사령부 진압작전 실시 이후에도 국군의 후속 진압은 계속되었다. 국군 제1사단이 지리산, 회문산, 덕유산 등지에서 1952년 7월 중순부터 8월 초까지 진압작전을 실시하였다.

제5지구당 결성과 빨치산의 쇠퇴

조선로동당 중앙정치위원회는 1951년 8월 31일, 5개 지역을 설정하여 당 사업을 하라는 '94호 결정서'를 채택하였다. 결정서에 따르면, 남한에서 유격대 활동이 가장 활발한 낙동강 이서의 경남과 전남·전북 전 지역은 제5지구당에 소속하도록 되어 있었다. 결정서는 남한 유격투쟁을 비판하며 행정 지역에 따른 조직체계를 보류하고, 활동 구역을 5개 지구로 잠정 설정한다고 결정하였다. 유격투쟁 방향을 지시하는 후속 결정서 중 '조선로동당 중앙위원회 정치위원회 결정 제111호'는 산악 지역에서 도시와 농촌으로 진출하여 당 조직을 확장하도록 지시하였다. 실질적으로 유격투쟁을 중단하고 지하당 사업을 강화하라는 뜻으로 볼 수 있다.

'94호 결정서'가 지리산지구에 전달되자 빨치산 지도부는 지리산에서 회의를 열고, 도당을 해체하지 않고 조직을 개편하기로 하여 1952년 8월 말 또는 9월 초 제5지구당이 결성되었다. 제5지구당은 이현상을 위원장으로, 박영발(전남 도당 위원장)을 부위원장으로 선출하였다. 위원장 밑에 조직부·선전부·유격지도부·기요과·통신과·경리과 부서를 두고, 지구당 산하에 소지구당을 조직하였다. 경남도당은 중부와 북부 소지구당을 구성하여 활동에 들어갔다.

제5지구당은 1953년 북한에서 남로당 계열이 실각하면서 해체하였다. 정전협정 체결 후인 1953년 8월 26일 제5지구당 조직위원회는 지리산 빗점골에서 회의를 열어, 이승엽이 여운철과 이현상에게 남부지방 6개 도당 지도사업 권한과 유격대 통합 권한을 위임하여 빨치산 운동이 불합리하게 운영되었다고 비판하는 '제5지구당 결정서 9호'를 채택하였다. 곧이어 1953년 9월 6일 제5지구당을 해체하는 '제5지구당 결정서 10호'를 채택하였다.

산악 지역의 빨치산 일부는 지하당 구축을 목표로 산에서 내려갔으며, 일부는 산에서 생존하였다. 지도부 가운데 지하당 사업을 위해 하산하던 이현상은 1953년 9월 지리산 빗점골에서 사망하였다. 1954년 1월에는 전북도당 위원장 방준표가 덕유산에서 사망하였다. 1954년 2월에는 전남도당 위원장 박영발이 지리산에서, 1954년 4월에는 전남도당 부위원장이자 전남유격대 총사령관 김선우가 백운산에서 사망하였다. 1963년 11월 '최후의 빨치산'으로 알려진 정순덕이 체포됨으로써 지리산의 빨치산 활동은 막을 내렸다.

5) 역사의 아픔을 간직한 지리산이 일깨우는 평화의 소중함

여순사건을 계기로 휴전 이후까지 약 6년여 동안 남한 각 지역의 산악을 중심으로 지속되었던 빨치산 활동은 분단과 전쟁으로 빚어진 아픈 역사의 단면이다. 3개 도를 접하고 있는 지리산은 경상남도 인민유격대를 비롯한 여러 지역의 빨치산이 활동한 공간이었다. 한국전쟁을 전후한 시기 빨치산의 유격투쟁과 그에 대한 군경 진압이 격렬하게 펼쳐지는 과정에서 무수한 살상과 피해가 발생하였다. 빨치산과 진압 군경 사이에 놓여 있던 산간 지역 민간인들은 빨치산 활동과 진압 과정에서 인적·물적으로 크나큰 피해와 희생을 겪었다. 지리산은 빨치산 활동의 시작과 끝을 아우르며 현대사의 비극이 펼쳐졌던 역사의 현장이기도 하다.

  지리산은 긴 시간 동안 한국인의 사랑을 받아왔다. 오늘날에는 연간 수백만에 이르는 이들이 지리산을 찾아 휴식과 위로를 얻는다. 2012년 완성된 지리산 둘레길은 지리산 자락의 100여 개 마을을 옛길, 고갯길, 숲길, 강변길, 논둑길, 농로길, 마을길, 다랭이길, 산사람길 등으로 연결하여 찾아오는 이들을 맞고 있다. 오랫동안 한국인과 함께한 지리산은 분단과 전쟁으로 인한 아픈 기억을 간직하고 있다. 오늘날 평온한 일상을 함께하는 지리산은 이러한 비극이 다시는 일어나서는 안 된다는 것을, 평화의 소중함을 말없이 일깨우고 있다.

<참고문헌>

『경향신문』,『동아일보』,『자유신문』,『조선일보』,『한겨레신문』

김남식,『남로당연구』, 돌베개, 1984.

국방부 전사편찬위원회,『대비정규전사』, 1988.

최장집 편,『한국전쟁연구』, 태암, 1990.

이인모 기록·신준영 정리,「이인모:전 인민군 종군기자 수기」, 월간 말, 1992.

성대경·강만길 편,『한국사회주의운동인명사전』, 창작과비평사, 1996.

한림대학교 아시아문화연구소,『빨치산 자료집』1·2·5·7, 1996.

국방부 군사편찬연구소,『6·25전쟁사 1:전쟁의 배경과 원인』, 2004.

김경현,『민중과 전쟁기억:1950년 진주』, 선인, 2007.

임경석,『잊을 수 없는 혁명가들에 대한 기록』, 역사비평사, 2008.

정관호,『전남유격투쟁사』, 선인, 2008.

정지아,『빨치산의 딸』1·2, 필맥, 2008.

진실·화해를위한과거사정리위원회,「산청 시천·삼장 민간인 희생 사건」,『2007년 하반기 조사보고서』, 2008.

김득중,『'빨갱이'의 탄생:여순사건과 반공 국가의 형성』, 선인, 2009.

진실·화해를위한과거사정리위원회,「경남 산청·거창 등 민간인 희생사건」,『2010년 상반기 조사보고서』05, 2010.

한국역사연구회 현대사분과 편,『역사학의 시선으로 읽는 한국전쟁』, 휴머니스트, 2010.

백선엽,『내가 물러서면 나를 쏴라:백선엽 장군의 6·25전쟁 이야기』 2, 중앙일보, 2011.

이태,『남부군』, 두레, 2014.

정치영 외,『지리산역사문화사전』, 한국학중앙연구원 출판부, 2014.

국립순천대·국립경상대 인문한국(HK) 지리산권문화연구단 편, 『지리산의 저항운동』, 선인, 2015.

박동찬, 『주한미군사고문단 KMAG:한국군 건설의 기획자』, 한양대학교출판부, 2016.

김부식, 이강래 옮김, 『삼국사기』(II), 한길사, 2017.

안대회·이승용 외 옮김, 『완역 정본 택리지』, 휴머니스트, 2020.

정병준 편, 『(한국전쟁기 북한노획문서) 북한신문 연구 해제집』, 선인, 2021.

임경석, 『독립운동 열전』 2, 푸른역사, 2022.

이선아, 『한국전쟁 전후 빨치산 연구』, 성균관대학교 사학과 박사학위논문, 2024.

하준수, 「신판 임꺽정(林巨正):학병 거부자의 수기」, 『신천지』 1권 3~5호, 1946년 4~6월.

김종준, 「한국전쟁기 서부경남지역 빨치산의 조직과 활동」, 『제노사이드연구』 제2호, 2007.

김무용, 「여순사건 진압을 위한 대항 게릴라 작전과 민간인 희생화 전략」, 『역사연구』 31호, 2016.

정찬대, 「전쟁포로의 또 다른 경계:한국전쟁기 빨치산 포로수용소 연구」, 『사회와역사』 제132집, 2021.

임경석, 「혁명에 눈뜬 기관차 수리공, 지리산에 잠들다:엘리트 빨치산 남경우의 불꽃같은 생애」, 『한겨레 21』 1529호, 2024.8.

임경석, 「함경도 '아바이'가 경상도로 간 이유는?:16살부터 해방운동하며 직업적 혁명가로 산 배명훈」, 『한겨레 21』 1531호, 2024.9.

임경석, 「걸어 다니는 '옥편', 대둔산 유격대를 이끌다:반일 농민운동 투사 출신 노동당 충남도당 위원장 박우현」, 『한겨레 21』 1534호, 2024.10.

임송자, 「한국전쟁 전후 여순사건 주도·참여세력의 빨치산 활동(1949.3~1951.7)」, 『사림』 제91호, 2025.

임송자, 「한국전쟁기 덕유산 '송치골회의' 이후 빨치산 활동(1951.7~1954) -여순사건 주도·참여세력의 활동을 중심으로-」, 『한국사연구』 208, 2025.

한국학중앙연구원, 『한국민족문화대백과사전』(https://encykorea.aks.ac.kr).

산천재, 남명묘소, 덕천서원 등의 남명사적지와 천왕봉

산과 사람, 그리고 흔적

1. 지리산과 남명 조식 _ 김경수
2. 가야산과 최치원 _ 노성미
3. 가야산과 가야의 건국신화 _ 남재우
4. 지리산에 전하는 사람 이야기, 각자 _ 강정화
5. 만어산(萬魚山)과 어산불영(魚山佛影) _ 안순형

Ⅲ. 산과 사람, 그리고 흔적

1. 지리산과 남명 조식 _ 김경수

남명의 꿈 지리산

남명은 1558년 4월 10일부터 25일까지 16일간 삼가의 뇌룡정에서 출발하여 다시 그 장소로 돌아오는 두류산 여행의 여정을 「유두류록(遊頭流錄)」이란 명문장으로 남겼다. 이 글을 읽은 퇴계는 「서조남명유두류록후(書曹南冥遊頭流錄後)」라는 글에서, 그의 문장에 대해 진정어린 감탄을 나타내고 있다. 「유두류록」의 끝부분에는 다음 내용이 있다.

제군들이 내가 자주 두류산에 들어가 산중 일을 아는 이라고 하여 나로 하여금 이를 기록하도록 하였다. 나는 일찍부터 이 산을 왕래하였는데, 덕산동(德山洞)에 들어간 것이 세 번, 청학동(靑鶴洞)과 신응동(神凝洞)에 들어간 것이 세 번, 용유동(龍遊洞)에 들어간 것이 세 번, 백운동(白雲洞)에 들어간 것이 한 번, 장항동(獐項洞)에 들어간 것이 한 번이었다. 이는 어찌 산만을 탐하고 물만을 탐하여 왕래함에 번거로움을 마다하지 않은 것이겠는가. 백년 평생 품은 계획이 오직 화산(華山) 반쪽을 빌려서 노년을 마칠 자리로 삼고자했을 따름이었다. 그러나 세상일은 마음과 어긋나기만 하여 결국 머무를 수 없음을 알고는 배회하고 돌아보면서 눈물을 흘리며 나오곤 했으니 이렇게 하였던 것이 열 번이었다. 이제는 매달린 박처럼 시골집에 칩거하면서 걸어 다니는 시체가 되어버려 이런 유람은 또 다시 거듭하기 어려운 일이 되었으니 어찌 가슴이 답답하지 않겠는가.

| 산천재, 남명묘소, 덕천서원 등의 남명사적지와 천왕봉

 이 글에서 다음과 같은 정보를 알 수 있다. 남명은 일찍부터 지리산을 좋아하여 11번에 걸쳐 여러 방면으로 유람을 하였기에 이 산을 매우 잘 알고 있는 인물로 주변 사람들에게 인식되어 있었고, 그가 그렇게 한 이유는 노년을 마칠 자리로 삼고자 했기 때문이지만 결국 그 꿈은 이루기 어렵다고 생각하게 되었다는 사실이다.

 남명이 지리산 이곳저곳을 여러 차례 유람하였지만 천왕봉까지 오른 것은 한 번이었던 것으로 나타난다. 22일의 기록에 신응사의 경관을 묘사하면서 '예전에 성중려(成仲慮)와 함께 상봉을 거쳐 이곳에 온 적이 있는데'라고 하고 있기 때문이다. 성중려는 남명과 가장 절친한 벗이었던 대곡 성운의 바로 위 형인 성우(成遇, 1495~1546)로 을사사화 때 희생되어, 남명이 평생 애통해했던 인물이다. 이때 그들은 남명이 부친의 3년상을 마친 28세에 함께 천왕봉까지 오르는 지리산 등정을 했던 것이다.

위 인용문에 이어서 남명은 그 여행의 끝에서 단편 시 두 구절로 자신의 심경을 압축하고 있다.

> 죽은 소 늑골 같은 두류산을 열 번이나 답파했으나
> [頭流十破死牛脇],
> 겨울 까치둥지처럼 가수에만 세 번 거듭 깃들었네
> [嘉樹三巢寒鵲居].
>
> 몸을 보전할 온갖 계책 모두 다 어긋났으니
> [全身百計都爲謬],
> 방장산에도 이제 이미 은둔 맹세 저버렸네
> [方丈於今已背盟].

여기서 '가수에만 세 번 거듭 깃들었네'라고 한 것은 남명이 어려서 삼가에 살았던 것, 부친의 장례 이후 몇 년간 다시 삼가에 거주했던 사실, 그리고 모친상 이후 김해로부터 돌아와 다시 삼가에 거주하고 있는 당시의 실정을 말하는 것이다. 그리고 다음 구절에서는 노년을 이 산에서 지내려고 했던 마음을 실행할 수 없게 된 심정을 담고 있다. 남명은 지리산이란 용어는 사용하지 않고 두류산이나 방장산이란 명칭을 사용하고 있음도 알 수 있다. 어쨌든 이와 같은 자신의 상황을 묘사하고 있는 내용과는 달리, 그 사이에 어떤 변화가 있었는지는 알려지지 않고 있지만, 그로부터 3년 뒤 남명은 지리산 자락으로 거처를 옮기게 된다.

「유두류록」의 내용 중 한 구절에 대해서 세상 사람들이 잘못 해석하고서 인터넷 등에서 널리 유포되고 있는 것을 지적하고자 한다. 글의 거의 마지막 부분에 등장하는 '看水看山 看人看世'라는 구절이 그것이다. 많은 사람들이 앞뒤 맥락을 무시하고서 이 구절만을 뽑아서 마치 남명의 산수유람에 대한 철학적 관점을 드러내고 있는 것으로 호도하고 있다. '물을 보고 산을 보면서 역사적 인물을 보고 그들이 살았던 세태를 본다'고 해석하고 있기 때문이다. 그러나 이 구절은 그런 뜻이 전혀 아니다. 看이란 눈 위에 손을 얹고서 멀찍이 있는 것을 본다는 뜻이다. 이 구절을 앞뒤의 문장과 연결하면 '海山三百里 獲見三君子之跡於一日之間 看水看山 看人看世 山中十日好懷 翻成一日不好懷'란 문장인데, 번역하면 '바다와 산을 거치는 삼백 리 여정에서 하루 사이에 세 군자의 자취를 보았으니, 물과 산만 보다가 사람과 세상을 보자 산중에서 열흘 동안 즐거웠던 심사가 문득 하루 만에 불편한 심사로 바뀌고 말았다.'라는 말이다. 오해는 무서운 결과를 만들어낸다.

1561년 환갑을 맞이한 남명은 합천 삼가의 토동으로부터 지리산 자락 덕산의 사륜동으로 이사하여 뇌룡사를 지어 살림집으로 삼고, 산천재를 지어 강학의 장소로 하였다. 이때의 심경을 「덕산복거(德山卜居)」에서 다음과 같이 읊었다.

봄 산 어느 곳엔들 향기로운 풀 없으랴만[春山底處無芳草],
다만 천왕봉이 상제와 가까움을 사랑했다네[只愛天王近帝居].
빈손으로 왔으니 무얼 먹고 살거나[白手歸來何物食],
은빛 물결 십리이니 마시고도 남으리[銀河十里喫有餘]!

 이 시는 현재 산천재의 주련으로 걸려 있다. 오직 천왕봉을 사랑하여 그 전경이 잘 보이는 이곳에 자리 잡았다고 하였다. 그런데 시 제목은 '덕산에 살 곳을 점지[占地(卜)]하고서'라고 하여, 단순히 천왕봉을 잘 볼 수 있다는 환경적 요소를 넘어서는 다른 이유가 있음을 암시하고 있다. 남명은 산천재의 이름을 『주역』의 「대축괘」에서 가져왔다. 대축괘는 산 속에 하늘을 가둔 형상으로 보통 '산천대축괘'라 칭한다.

| 산천재

 「대축괘」의 경문은 '대축은 곧으면 이로우니라. 집에서 먹

지 않으면 길하니 큰물을 건넘이 이로우니라[大畜 利貞 不家食 吉 利涉大川]'이며, 단(彖)에 이르기를 '대축은 강건하고 독실하며 휘광하야 날로 그 덕이 새로우니, 강한 것이 위에 있어 어진이를 숭상하고 강건함을 그치게 할 수 있음이 크게 바른 것이다. 집에서 먹지 않음이 길함은 어진이를 기르는 것이요, 큰 내를 건넘이 이로움은 하늘에 응함이라[大畜 剛健 篤實輝光 日新其德 剛上而尙賢 能止健 大正也 不家食吉 養賢也 利涉大川 應乎天也]'고 하였으며, 상(象)에 이르기를 '하늘이 산 속에 있음이 대축이니 군자가 옛말과 지나간 행동을 많이 알아서 그 덕을 쌓음이라[天在山中 大畜 君子 以多識前言往行 以畜其德]'고 되어 있다. 남명이 이곳에 들어올 때 주역점으로 자리를 잡았을 가능성을 유추할 수도 있으며, 아니면 「대축괘」의 뜻을 깊이 받아들였다고 볼 수 있다. 그 배경에는 '집에서 먹지 않고, 큰 내를 건넘이 이롭다.'는 두 가지가 있었다. 또한 '큰물을 건넌다.'는 것은 '큰일을 이룬다.'는 뜻이니, 스스로 만년을 보낼 확고한 계획을 세웠다는 말이 된다. 바로 스스로의 학문을 완성하고 제자를 길러 후일 국가를 위해 헌신할 인재를 양성하겠다는 의지였다. 그것이 바로 '대축'의 의미이다. 이것이 지리산으로 들어온 남명의 꿈 두 가지 중의 하나였다.

참고로 산천재의 원래 위치는 현재의 덕천강변이 아니고 남명의 묘소 아래 산줄기 끝인 지금 여재실, 즉 별묘가 있는 곳이었다. 임진왜란으로 소실된 산천재 유허에 1696년 별묘를 건립하였고, 1818년 남명이 천왕봉을 완상하기 위해 덕천강변에 지었던 상정(橡亭) 또는 초정(草亭)이 있던 자리에 산천재를 중건한 것이다. 4대 봉제사의 기간이 끝나는 시점에 남명에 대한 불천위(不遷位) 제사를 이어가기 위해 지금의 남명기념관 오른쪽 건물 자리에 있었던 남명의 거처이자 사후 종택이었던 뇌룡사(雷龍舍)의 왼쪽 뒤편에 있었던 산천재는 가묘(家廟)의 자리로 최적이었기 때문이다. 살림집 뇌룡사의 벽에는 화공으로 하여금 뇌룡의 모습을 크게 그려두었다고 동강 김우옹은 스승의 「행장」에서 기록하고 있다.

남명이 덕천강변에 지은 '상정'에는 그 이후 세상에 가장 널리 알려진 그의 시 「제덕산계정주(題德山溪亭柱)」가 걸려 있었다.

> 천 석의 쇠로 만든 종을 보게나[請看千石鐘],
> 큰 채가 아니면 쳐도 소리 없네[非大扣無聲].
> 어떻게 하면 두류산 같이[爭似頭流山],
> 하늘이 울어도 오히려 울지 않을까[天鳴猶不鳴]!

이 시는 예로부터 해석이 분분하다. 남명 시의 특징을 잘 모르기 때문이다. 남명의 시는 약 200여 수가 남아 있지만 단 한 편도 음풍농월이 없다. 철저한 전고(典故)와 구체적 사실에 대한 묘사로 깊은 철학적 의미를 함축하고 있다. 남명이 '유종원의 문체를 좋아하여 즐겨 읽었다.'라는 묘사의 뜻이 바로 여기에 있다.

시에 사용된 단어 중에서 문제가 되는 것은 '石'과 '大' 그리고 '爭似'이다. 여기서 '석'은 쇠의 무게 단위로서 120근을 1석이라고 하는 것이고, '대'는『예기』에서 사용한 용례 중에 '叩之以大者則大鳴', 즉 '이를 큰 것으로 두드리면 크게 울린다.'의 뜻으로 한 경우가 있으며, '쟁사'는 당시(唐詩) 중에 흔히 나오는 속어로 즘사(怎似)와 같은 뜻으로 '쟁사+A'를 '어떻게 하면 A와 같이'라고 보아야 한다.

그러면 이 시의 뜻은, 아무리 많은 무게의 쇠로 주조한 큰 종이라도 그에 맞는 큰 채로 치면 울린다. 그러니 어찌 저 두류산이 하늘이 울어도 울지 않는 의연함과 같을까라는 말이 된다. 남명은 세상의 풍파로부터 벗어나 웅장한 자태를 자랑하는 지리산과 같은 삶을 살고자 하는 이상을 이렇게 읊은 것이다. 이것이 지리산을 통해서 남명이 가지게 된 또 하나의 꿈이었던 것이다.

남명의 이러한 꿈은 다음의 시에서도 드러난다. 먼저 「덕산우음(德山偶吟)」 즉 '덕산에서 우연히 읊다.'라는 시를 보자.

우연히 사륜동에 살다보니[偶然居住絲綸洞],
오늘에야 조물주도 속임을 알았네[今日方知造物紿].
일부러 공함 보내 은자 수나 채우려고[故遺空緘充隱去],
임금 교지 이른 것이 일곱 번이네[爲成麻到七番來].

남명은 덕산으로 이거한 후, 보다 정확히 말하면 1565년 문정왕후가 세상을 떠난 뒤부터 인생의 황금기를 맞게 되었다고 할 수 있다. 1555년「을묘사직소」를 올려, 조선시대

여성으로서 7년간이나 수렴청정을 하며 절대 권력을 누렸던 문정왕후를 '생각은 깊으시나 깊은 궁궐 속의 한 과부에 불과'하여 국정을 망친 장본인이라고 비판하여 명종의 노여움을 사게 되었고, 그로부터 10년간은 조정으로부터 거의 소외되어 있었다. 이 시기에 이르러 다시 왕의 부름을 받게 되었고, 그 다음 해인 1566년에는 상서원 판관에 제수되어 상경하여 사정전(思政殿)에서 명종과 독대도 했지만 벼슬에는 나아가지 않았다. 그러나 이듬해에 명종이 졸하고 선조가 즉위하자 연이어 벼슬과 여러 가지 은전이 내렸다. 이 시는 바로 이런 시점에 지은 것으로 보인다.

이 시를 분석해 보면, 첫 구의 사륜동이란 산천재가 있는 산청군 시천면 사리(絲里)를 말한다. 사륜(絲綸)은 『예기』 「치의(緇衣)」편의 "임금의 말은 실과 같아도[王言如絲] 그것이 나오면 밧줄과 같다[其出如綸]."는 구절에서 나온 말로 군왕의 조서를 지칭한다. 2구 조물주의 속임은, 조물주가 바른 이치대로 행하지 않는다는 의미로, 사륜은 현자나 고사에게 내려지는 것인데 남명 자신은 현자가 아님에도 교지를 받게 되었다는 표현이다. 3구의 '공함'은 실속 없는 형식적인 서찰로 출사하지 않을 줄 뻔히 알면서 벼슬을 내리는 의례적 교지를 말하고 있고, '충은(充隱)'은 동진(東晋)나라 환현(桓玄)이 명망 높은 은사가 없는 것을 불만으로 여겨 은사도 아닌 황보희지(皇甫希之)를 억지로 은사로 만든 고사에서 나온 말로, 남명에게 사양할 줄 알면서도 관직을 제수하여 자신을 벼슬에 관심 없는 은자로 호도한다는 뜻으로 쓴 말이다. 4

구 원문의 '마(麻)'자는 임금의 교지나 조서를 말하는 것으로 당송 때 조서는 황색과 백색의 마지(麻紙)를 사용한데서 유래하였다. 1566년 이후 남명이 세상을 떠나기까지 몇 번의 교지 또는 유지가 있었는지는 정확하지 않다. 하지만 남명이 이 시를 지을 당시까지 일곱 차례의 교지가 있었던 사실은 알 수 있다. '세상일과 사절한' 남명이 자신의 수양과 제자 양성에만 몰두한 이 시기에 오히려 조정에서는 허명으로 남명을 부르는 역설적인 현상이 연속된 것이다.

다음은 「두류작(頭流作)」 즉 '두류산에서 짓다.'라는 시이다.

천척의 높은 회포 걸어보기 어렵더니[高懷千尺掛之難],
방장산 꼭대기 제일 높은 장대에 걸어볼까[方丈于頭上上竿].
옥국에는 삼생의 명부 책이 있으리니[玉局三生須有籍],
뒷날의 내 이름자 몸소 볼 수 있겠지[他年名字也身看].

남명이 자신의 고상한 뜻을 지리산 천왕봉에 비겨 표현하고 있다. 이승에서 다 펴지 못하는 뜻을 후일 저승의 선계에서 명부책으로 확인하여 전생과 내세에서 어떻게 펴고 살았을 지를 보고 싶다고 하였다. 천왕봉과 합일하고자 하는 그의 열망이 드러나는 시라고 하겠다.

남명은 덕산으로 거처를 옮긴 그해 12월에 자형인 이공량(李公亮, 1500~1565)이 지은 정자인 영모당(永慕堂)의 기문을 지었다. 그 끝에 자신의 이름을 '방장노자(方丈老子) 남명 조식'이라고 썼다. '방장산 늙은이 남명 조식'이라는 말이다. 덕산으로 거처를 옮기면서 남명은 그 자신을 지리산과 일체화시키고 있었던 것이다. 그 속에 담은 그의 꿈은, 안으로는 지리산과 같은 흔들림 없는 성취를 이루는 것이었고, 밖으로는 자신이 나라와 백성을 위해 크게 기여한 바가 없음을 아쉬워하면서 제자들을 길러 다음 세대에 국가의 동량이 되게 하겠다는 것이었다.

남명이 지리산에서 만난 것들

남명은 지리산에서 청학동을 만났다. 남명에게 청학동은 어떤 의미였는가? 그는 청학동에 대하여 두 편의 시를 남기고 있고, 「유두류록」에서는 산문으로 묘사하고 있다. 시기적으로 보아 두 편의 시가 먼저 지어진 것으로 보인다. 먼저 「청학동」을 보자.

> 외로운 학 구름 뚫고 천상으로 돌아가고[獨鶴穿雲歸上界],
> 시냇물은 옥을 흘리며 세간으로 내달린다[一溪流玉走人間].
> 누가 없는 이곳에 누를 끼치는 일인 줄 알지만[從知無累翻爲累],
> 심중의 산하를 어찌 얘기만 하고 구경하지 않을 수 있으랴
> [心地山河語不看].

1구와 2구는 청학동으로 불리는 일대의 경관을 묘사하고 있다. 3구의 '루(累)'는 속루(俗累)나 세루(世累)와 같은 말로 세속의 누추함이나 잡스러움을 의미한다. 청학동은 신선이

사는 선경이므로 일행의 유람 행차가 이곳을 더럽히는 일이라고 한 것이다. 4구는 일행 중 이공량과 이정(李楨)은 예전에 한 번 보았다면서 아프다고 동행하지 않은 것을 빗대어 선경도 인연에 따라 볼 수 있다는 의미로 쓴 표현이다.

다음은 오늘날 불일폭포로 불리는 폭포의 장관을 보면서 느낀 감상을 표현한 「영청학동폭포(詠靑鶴洞瀑布)」이다.

굳센 적이 층층 절벽 기어오르니[勍敵層崖當],
내리 찧으며 싸우기를 쉬지 않는다[舂撞鬪未休].
요 임금의 벽옥 버림이 못마땅한지[却嫌堯抵璧],
삼켰다가 토하기를 쉼 없이 반복한다[如吐不曾休].

1-2구는 2단으로 60미터가 넘는 높이의 폭포에서 쏟아지는 물줄기가 마치 절벽을 타고 올라오려는 적을 물리치기 위해 쉬지 않고 내리 찧는 형상을 묘사한 표현이다. 3구

| 불일폭포(하동군청)

의 '저벽(抵璧)'은 벽옥(璧玉)을 버린다는 뜻이다. 『통감절요』 「당기(唐紀)」 '정관 9년'조에 '옛날에 요순은 벽옥을 산중에 버리고 진주를 골짜기에 던졌다[昔堯舜 抵璧於山 投珠於谷].'는 구절이 있는데, 이는 진귀한 보물을 버림으로써 방탕하고 사치한 욕심을 막기 위함이라고 하였다. 벽옥은 층암에 떨어지는 폭포의 물방울을 비유한 표현이다. 4구는 요임금이 방탕과 사치의 욕망을 발동시키는 벽옥을 청정한 산중에 버린 것을 못마땅하게 여겨, 폭포가 이 같은 모습을 끊임없이 한다는 뜻으로 쓴 말이다. 선비가 자신을 수양하는 자세를 폭포에서 보고 있는 것이다.

「유두류록」에서 묘사하고 있는 청학동의 모습은 다음과 같다.

19일. 아침을 재촉하여 먹고 청학동에 들어가려고 하는데 인숙과 강이는 모두 병 때문에 물러났다. 참으로 최고의 절경에는 최고의 진결이 있지 않으면 신명이 받아주지 않음을 알겠다. 인숙과 강이가 예전에 한번 들어와 보았다는 것은 바로 꿈을 꾼 것이지 진짜로 온 것이 아니라 하겠다. ……돌아보건대 나는 일찍이 세 번이나 들어왔지만 속세의 인연을 아직도 완전히 없애지 못하였다. 이에 "팔십 먹은 늙은이가 벼슬 품계는 없지만, 예전에 세 번이나 봉황지에 다녀왔다."고 한 송(宋)나라 재상 장사손(張士遜)에게는 오히려 부러울 것이 없음을 알겠지만, 만약 "세 번이나 악양(岳陽)에 들어와도 사람들이 알아보지 못한다."고 한 당나라 신선 여동빈(呂洞賓)에게 비교한다면 그보다는 못하다고 하겠다. …… 중간에 큰 바위가 하나 있었는데 이언경(李彦憬) 홍연(洪淵)이란 글자가 새겨져 있었고 오암(㹳巖)에도 또한 시은 형제(枾隱兄弟)라고 새긴 글자가 있었다. 짐작컨대 썩지 않는 바위에 새겨서 억만년토록 전하려는 뜻일 것이다. 대장부의 이름은 마땅히 청천백일과 같아서 사관이 역사책에 기록하고 온 세상 사람들 입에 새겨져야 한다. 그런데도 구구히 수풀 속의 짐승들이 사는 곳에 이를 돌에 새겨서 썩지 않기를 구하는 것은 막연하기가 날아가는 새의 그림자만도 못하니 후세 사람들이 과연 그것이 무슨 새인 줄 어찌 알겠는가. 두예(杜預)가 이름이 전해지는 것은 물속에 가라앉힌 비석 때문이 아니라 오직 일단의 사업이 있었기 때문이다. 열 걸음에 한 번 쉬고 열 걸음에 아홉 번 돌아보면서 비로소 불일암이라는 곳에 도착했으니 이곳이 바로 청학동이다. 바위산이 허공에 매달려서 내리뻗은 듯하여 굽어볼 수가 없었다. 동쪽에 가파른 산이 우뚝하게 돌출하여 조금도 물러서지 않고 있는 것은 향로봉이고 서쪽에 푸른 벼랑이 깎은 듯이 솟아 만 길 높이 서 있는 것은 비로봉이다. 청학 두세 마리가 그 바위틈에 깃들어 살면서 때대로 날아 나와 빙빙 돌면서 하늘로 올라갔다 내려오곤 하였다. 그 아래에는 학연(鶴淵)이 있는데 검푸르고 어두워 바닥이 보이지 않았다. 좌우와 상하에는 절벽이 둘러 있고 층계가 층층이 이루어져 문득 돌기도 하고 문득 합쳐지기도 하였다. 그리고 초목이 무성하게 덮여있어 물고기나 새들도 또한 왕래할 수 없었으니 그 아득하기가 천 리 먼 약수(弱水) 정도일 뿐만이 아니었다. 바람 소리와 우레 소리가 서로 싸우면서 땅은 닫히고 하늘만 열려 낮도 아니고 밤도 아닌 상태인지라 문득 물과 바위도 구분할 수 없었다. 그 가운데 신선의 무리나 거대한 영물이나 기다란 교룡이나 짤따란 거북이 그들의 은신처에 숨어서 만고토록 꾸짖어 물리치고 지키면서 사람들로 하여금 접근하지 못하도록 하는 것은 아닌지 알 수 없다. 어느 호사가가 나무를 베어 다리를 만들어 놓았기에 겨우 그 입구로 들어가 이끼 낀 돌을 긁고서 더듬어보니 '삼선동(三仙洞)'이란 세 글자가 있었는데 또한 어느 연대인지 알 수 없었다. …… 처음 위로 올라갈 적에는 한 걸음에 다시 한 걸음을 내딛기가 어렵더니 아래로 내달릴 때는 단지 발을 들기만 하여도 몸이 저절로 따라 내려갔다. 이것이 바로 "선(善)을 좇는 것은 올라가는 것과 같고 악(惡)을 좇는 것은 내려가는 것과 같다."는 말이 아니겠는가?

내용에서 보이듯이, 남명은 이미 청학동과 신응사를 잇는 이곳은 세 번이나 가 본 곳이었다. 일행 중에 몸이 좋지 않아 함께 가지 못하는 사람에 대해서는 절경을 보는 것도 참된 인연이 있어야 함을 말하고 있다. 이 경치를 보면서 남명은 스스로 자신을 되돌아보기를, 북송 인종 때 재상을 세 번이나 지낸 장사손의 고사를 들면서 그런 벼슬을 한 사람은 부럽지 않지만, 신선 여동빈의 고사에서 악양을 세 번 갔지만 갈 때마다 세대가 달라져 있으므로 아무도 그를 알아보지 못했던 이야기와 같이 자신은 세속의 인연을 완전히 끊지 못한 삶을 살고 있음을 해학적으로 언급하고 있다.

남명이 인식한 청학동은 동으로는 향로봉과 서로는 비로봉 사이의 지역이며, 불일암이 위치하고 있는 주변 일대이다. 그 골짝에는 폭포가 쏟아지고 푸른 학 두세 마리가 서식하고 있기에 부르는 명칭이었다. 험한 지형으로 사람이 접근하기 어려운 위치로 일찍부터 그 입구에는 三仙洞(삼선동)이란 글씨가 바위에 새겨져 있는 곳이었다. 남명은 이곳에서 사람들이 자신의 이름을 만고에 남기려고 바위에 써둔 것을 보고서 대장부는 마땅히 그가 이룬 사업으로서 역사책에 이름을 남겨야 함을 두예의 예를 들어 설파하고 있다. 험한 지형을 따라 움직이는 형상을, 위로 오르는 어려움을 선을 좇는 것에 비유하고 아래로 내려가기 쉬움은 악을 좇는 것과 같음에 비유하고 있다. 이 뒤에 이어지는 글에서는 이와 같이 깊은 산속의 암자인 불일암에 살고 있는 승려들도 세금의 과중함에 시달리는 고통을 언급하면서 국가가 민초를 가혹하게 착취하는 실정을 폭로하고 있기도 하다. 남명은 청학동에서 선계와 인간계의 기로를 보았음에도 결국은 자신이 인간으로 살 수밖에 없는 현실을 반성하고 있는 것으로 볼 수 있다.

남명은 지리산 자락의 몇몇 유명한 사찰들도 둘러보았다. 쌍계사와 신응사 그리고 단속사 등이다. 먼저 쌍계사에 대한 서술을 보자.

홍지와 강이가 먼저 석문에 도착했다. 이곳이 바로 쌍계사 동문(洞門)이다. 푸른 벼랑이 양쪽으로 열려 한 길 남짓 되었는데 옛날 학사 최치원이 손수 네 글자를 써서 그 오른쪽에는 쌍계라 하고, 그 왼쪽에는 석문이라 하였다. 자획은 크기가 사슴 정강이뼈만하고 새긴 것이 바위의 골수까지 들어가 지금 이미 천 년이

지났지만 앞으로도 몇 천 년이나 더 내려갈지 알 수 없었다. 서편에서 한 시냇물이 벼랑을 무너뜨리고 돌을 굴리면서 아득히 백 리를 흘러온 것은 곧 신응(神凝)의 의신동(擬神洞) 물이고, 동편에서 한 시냇물이 구름 속에서 새어 나와 산을 뚫고 아득하게 흘러 그 내려온 곳을 알 수 없는 것은 불일(佛日)의 청학동 물이다. 절이 이 두 시내 사이에 있으므로 쌍계사라 하는 것이다. 십 척의 높은 비석과 귀부가 절문 밖 수십 보 떨어진 곳에 우뚝 서 있는데 이것이 바로 최치원의 비이다. 앞에는 높은 누각이 있어 현판에 팔영루(八詠樓)라 쓰여 있고 뒤에는 비전(碑殿)이 있어 다시 짓는 중이라 기와를 덮지 않았다. 절의 중인 혜통(惠通)과 신욱(愼旭)이 다과를 올렸는데 산나물도 섞여 있었다. 손님과 주인의 예로 우리를 접대하였다.

쌍계사라는 이름의 유래와 이 절과 깊은 인연이 있는 최치원의 흔적에 대해서만 기록하고 있다. 쌍계사의 원래 이름은 맑은 샘이 솟아나는 것에서 취해 옥천사(玉泉寺)라고 하였다가, 나중에 남명이 묘사한 것과 같은 경관으로 인하여 쌍계사로 바꾸었다. 쌍계사에 전해오는 전설인 육조 혜능

| 하동 쌍계사 진감선사탑비(국가유산청)

과 얽힌 이야기 등은 전혀 언급하지 않고 오직 최치원이 쓴 비석만을 말하고 있다. 이 비석은 최치원의 유명한 사산비(四山碑) 가운데 신라 후대의 고승인 진감선사(眞鑑禪師) 혜소(惠昭)의 행적을 기리는 진감선사비를 가리킨다. 절의 승려들이 남명 일행을 극진히 대접하는 실상도 서술하고 있지만 사실 당시 승려들은 제대로 사람대접을 받지 못하는 신분이었음을「유두류록」의 여러 곳에서 확인할 수 있다.

다음은 신응사에 대한 내용을 보자.

20일. 신응사에 들어갔다. 절은 쌍계사에서 십 리쯤에 있었고 간간이 낡은 주점 몇 집이 있었다. 절문 앞 백 보쯤의 칠불(七佛) 냇가에 이르러 말에서 내려 둘러앉았다. 시냇물이 세차게 흐르므로 모두 말에서 내려 다른 사람의 등에 엎여 냇물을 건넜다. 절의 주지인 옥륜(玉崙)과 지임(持任)인 윤의(允誼)가 나와서 우리 일행을 맞이하였다. 절에 왔으나 문안으로 들어갈 겨를도 없이 곧장 앞 시냇가의 반석에 가서 그 위에 죽 벌여 앉았다. ……
막 내린 비에 물이 불어나 바위를 치면서 솟구쳐 부서지니, 때로는 만 섬의 영롱한 구슬을 다투어 토했다가 삼키는 듯하였고, 때로는 천 갈래 번갯불로 내리치는 벼락이 연이어 우르릉거리는 듯했으며, 또 흡사히도 하늘의 은하수가 가로 잘려 숱한 별들이 쏟아지는 것 같았고, 서왕모의 요지(瑤池) 잔치가 파한 뒤에 비단 방석이 어지러이 널려진 것 같기도 하였다. 시퍼렇게 못을 이루어 용이나 뱀이 비늘을 숨기고 있는 곳은 너무 깊어 엿볼 수가 없었고, 우뚝우뚝 솟은 바위가 소나 말처럼 형상을 드러낸 것은 서로 뒤섞여 셀 수가 없었다. 중국의 구당협(瞿塘峽) 협구 정도가 바야흐로 그 변화하여 출몰하는 형상을 비유할 만할 것이니 참으로 이는 조물주의 노련한 솜씨가 장난을 숨김없이 드러낸 곳이라 하겠다. …… 또 사람들에게 경계하여 말하기를 "명산에 들어 온 이는 누군들 그 마음을 세탁하지 않겠으며 누군들 스스로 소인이라 이르는 것을 달가워하겠는가. 그러나 결국 군자는 군자가 되고 소인은 소인이 되었으니 열흘 추위에 하루 햇볕 쬐는 것이 무익함을 볼 수 있다."고 하였다.

신응사는 쌍계사로부터 십리쯤 더 들어간 곳, 그리고 칠불사로부터 흘러 내려오는 계곡물과 만나는 위치에 있었고, 중간에 없어졌다가 근년에 다시 작게 중건한 것으로 알고 있다. 위의 인용문에서 우리는 당시 신응사 주변의 경관이 어떠했는지 눈으로 보고 귀로 직접 듣는 것처럼 상상할 수 있다. 남명은 이곳의 풍광을 자신이 직접 가 보지는 않고 책에서만 본 중국의 삽협 중 하나인 구당협에 견주고 있다. 그 입구에 유명한 염여퇴(灩澦堆)가 있는 곳이다.

남명은 이곳에서도 수양의 필요성을 강조하는 것으로 마무리하고 있다. 군자와 소인의 차이를 말하면서 군자가 되기 위해서는 한시도 자신을 반성하고 수양함을 게을리 해서는 안 된다는 점을 강조하고 있다.

더불어 그는 예전에 이곳에서 공부하던 시절에 지었던 시 「독서신응사(讀書神凝寺)」 즉 '신응사에서 책을 읽다'에서 다음과 같이 읊었다. 그가 신선을 추구하는 것이 아니라 세속에서 살 수밖에 없는 상황을 담았다.

> 진귀한 풀로 봄 산에는 푸르름 가득한데[瑤草春山綠滿圍],
> 옥 같은 시냇물 사랑스러워 늦도록 앉아 있다[爲憐溪玉坐來遲].
> 세상에 살면서 세상 얽매임 없을 수가 없기에[生世不能無世累],
> 수운만 수운이 돌아가는 대로 부쳐둔다[水雲還付水雲歸].

4구의 수운은 수운향(水雲鄕)을 줄인 말이다. 물과 구름의 고장이란 뜻으로 강호(江湖)의 은자들이 거처하는 곳을 지칭한다. 산과 물이 선계와 같은 곳에 있지만, 그 자신은 '세루' 곧 세상의 얽매임을 떨쳐버릴 수 없는 현실을 드러내고 있다.

다음은 단속사와 얽힌 이야기를 보자. 단속사는 신라시대 구산선문의 하나였던 대찰이었다.『남명집』에는 단속사와 관련한 시가 두 수 수록되어 있다. 먼저「단속사정당매(斷俗寺政堂梅)」를 보자.

> 절도 부서지고 중도 야위고 산도 옛 같지 않으니[寺破僧羸山不古],
> 전조의 임금이 국난을 감당하지 못했기 때문일세
> [前王自是未堪家].
> 조화옹은 참으로 한매 일을 그르쳤구나[化工正誤寒梅事],
> 어제도 꽃을 피게 하고 오늘도 피게 하였으니[昨日開花今日花].

| **정당매**(이호신 그림, 작가 제공)

2구의 '미감가(未堪家)'는 『시경』「주송(周頌)」〈방락(訪落)〉·〈소비(小毖)〉 편의 "未堪家多難(미감가다난)"에서 유래한 말이므로 이렇게 풀이된다. 4구의 뜻은 시도 때도 없이 꽃을 피우는 정당매의 지조 없음을 꼬집는 표현이다. 정당매는 고려말기 인물인 통정(通亭) 강회백(姜淮伯)이 경남 산청군 단속사에서 어린 시절 공부할 때 심은 매화를 가리킨다. 그의 벼슬이 정당문학에 이르렀으므로 이 매화를 '정당매'라 불렀는데, 그가 고려에서도 벼슬하고 조선에서도 벼슬한 것을 두고 비유적으로 말한 것이다.

다음은 「증산인유정(贈山人惟政)」이니, 승려인 유정 즉 사명당에게 준 시다.

꽃이 지는 조연 바위[花落槽淵石],
봄이 깊은 古寺 누대[春深古寺臺].
작별시기 모름지기 기억하라고[別時勤記取],
정당매 푸른 열매 맺었구나[靑子政堂梅].

1구의 조연은 우리말로 '구시못'인데 단속사 아래쪽에 있다. 2구의 고사는 단속사를 지칭하는 것이다. 사명당과 헤어지면서 선물로 이 시를 준 시점이 매화가 열리는 봄이라고 하고 있다. 남명과 사명당이 언제 만났는지 정확한 기록은 없다. 다만, 유정(1544~1610)은 17세에 직지사에서 출가했고, 다음해에 승과에 합격하였으며, 32세에 서산대사를 찾아 문하에서 수행했다.『남명선생편년』을 보면 66세 2월 단속사에서 구암(龜巖) 이정(李楨)을 만났다는 기록이 있으므로, 이와 연관하면 사명당이 23세이던 해에 단속사에서 공부하고 있었거나 들렀던 것이 아닐까 추측된다.

이와 연관하여 한 가지 더 이야기 해 보면, 남명은 일찍이 서산대사(1520~1604)와도 만났던 적이 있다.『청허당집』권3에「상남명처사서(上南冥處士書)」에 '월일(月日)에 모(某)가 아뢰옵니다. 강변 정자에서 한 번 이별한 뒤로 날아다니는 반딧불을 다섯 번이나 보게 됨에, 멀리서 사모하는 간절한 회포는 실로 어찌할 수 없습니다. 저는 멀리서 은혜로운 빛을 입고 옛날과 다름없이 산골짝을 지키고 있을 뿐입니다. 집자(集字)의 보축(寶軸)과 친히 쓰신 단장(短章) 한 폭을 받자온대, 글씨는 건실하고 그 뜻은 맑아 뒷사람의 마음을 열기에

족하오니 매우 감사합니다. ……'라는 내용이 있다. 아마도 남명이 덕천강변에 지었던 정자로 찾아와 만난 적이 있었는데, 그로부터 5년 뒤에 남명이 다른 사람을 통하여 글씨와 시 한수를 적어 선물로 보낸 것에 대한 감사의 편지를 올린 듯하다.

서산대사 휴정도 단속사와 밀접한 인연이 있다. 그는 『삼가귀감』이란 책을 저술하여 그 책의 목판이 1566년 당시 단속사에 보관되어 있었다. 당시 진주목사 정응룡이 관내의 유생들에게 시험을 보아 10명을 선발하여 단속사에서 공부할 수 있는 특혜를 주었는데, 부사 성여신(成汝信)이 1등으로 뽑혔다. 가을에 단속사에서 공부하던 중 21세인 성여신의 눈에 『선가귀감』목판이 보였고, 그 내용의 순서배열에서 유가를 마지막에 둔 것을 보고서 마침 절에서 새로 조각하고 있던 사천왕상들과 함께 뜰에서 이를 모두 불살라 버렸던 것이다. 그러므로 이 시점에 조금 앞서 휴정이 단속사를 찾았을 가능성은 매우 높고 그 무렵에 남명을 예방했을 확률도 충분하다고 하겠다.

남명은 서산대사 휴정과 60대 초중반 무렵에 덕산에서 만났고, 불과 몇 년 안에 단속사에서 사명당 유정을 만난 것이다. 휴정과 유정은 1575년 사제의 인연을 맺었다. 그들은 임진왜란을 당하여 승의병을 일으켜 국난 극복에 크게 기여하였고, 뒤에는 유정이 승의병도대장을 맡아 임진왜란 전체 과정과 그 이후 포로 송환 때 대단한 공을 세운 인물이다. 이들이 거의 비슷한 시기에 따로 남명을 만났었고, 남명의 제자들이 임진왜란에 창의한 것과 마찬가지로 그들도 승의병을 일으켰다는 점은 우연의 일치라고 해도 시사하는 바가 없지 않다고 하겠다.

이제 마지막으로 오대사(五臺寺)에 대한 내용이 있다. 『남명집』에 수록된 「제오대사주(題五臺寺柱)」부터 보자.

> 이름자를 부끄럽게도 월협에 적었다가[名字曾羞題月脇],
> 모기 주둥이들 웃으면서 절간으로 내려왔다[笑把蚊觜下蟬宮].
> 사람의 인연이란 삼생에 얽혀 있는 것[人緣舊是三生累],
> 반일 만에 돌아와 적송자 비겨본다[半日歸來擬赤松].

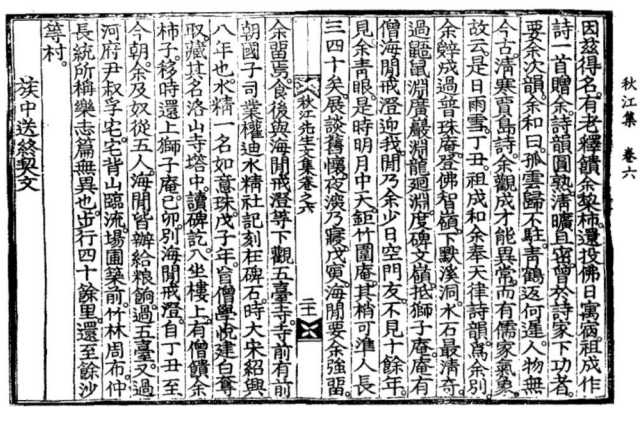

| 『추강집』권6 「지리산일과」(한국고전종합DB)

오대사는 지리산 자락 오늘날의 하동군 청암면에 있던 절의 이름이다. 지금은 폐허만 남아 있어 그 자취를 확인하기 어렵지만 당시 그 규모가 대단했던 사찰로 알려지고 있다.

특히 고려시대 불교부흥을 위한 '결사' 중에서 가장 먼저 만들어진 것으로 알려진 '수정결사(水晶結社)'의 본원지로 알려지고 있다. 남효온이 1487년 9월 27일부터 10월 13일까지 지리산을 유람하고 남긴 『지리산일과』라는 유람록을 보면, "12일(무인). 해한이 나에게 굳이 머물기를 청하므로 어쩔 수 없이 묵기로 하였다. 식사를 마친 뒤 해한·계징 등과 함께 아래로 내려가 오대사에 들렀다. 절 앞에는 고려시대 국자사업(國子司業)을 지낸 권적(權適)의 수정사기(水精社記)가 새겨진 비석이 있었는데, 송나라 소흥(紹興) 8년(1138)에 세운 것이었다. 수정은 일명 여의주라고도 한다. 무자년에 맹승(盲僧) 학열(學悅)이 임금에게 아뢰어 탈취해서 그 명품을 낙산사의 탑 속에 숨겼다."는 내용이 있다. 이를 보면 수정결사는 보조국사 지눌 등이 1190년에 조직한 '정혜결사' 보다 50년 이상 앞선 것이다. 고려시대 당시 오대사의 위상을 알 수 있는 부분이다.

시 1구의 '題月脇(제월협)'은 과거시험에 응시함을 비유하는 말이다. 송나라 왕정규(王庭珪)의 「희유세신중미급제(喜劉世臣仲美及第)」시 중 "청운에 함께 올라 옥 계단을 밟더니, 월협을 뚫고서 계수나무 가지를 꺾었다[同上靑雲踏玉梯 仍穿月脇取蟾枝]."라는 구절에서 그 용례를 볼 수 있다. 여기서는 '부끄럽게도'란 표현과 2구의 의미로 보아 남명이 과거에 낙방한 것을 의미한다. 2구의 '문자(蚊觜)'는 '문뢰(蚊雷)'와 같은 의미로 보아야 할 듯하다. 문뢰는 '취문성뢰(聚蚊成雷)'의 준말로 사람들이 모여 온갖 말로 떠들면서 남을 비방하거나 시비를 따지는 것을 비유하는 말이다. 남명은 젊은 시절 30세 이전에 3차에 걸쳐 과거에 낙방한 이력이 있다. 남명이 어떤 인연으로 오대사의 기둥에 이 시를 쓰게 되었는지 알 수는 없지만 이 절에다 과거에 낙방한 자신의 심경을 쓴 것은 어떤 의미가 있을 것으로 보인다.

다음은 「증오대승(贈五臺僧)」이니, 오대사의 승려에게 준 시다.

> 산 아래 외론 마을 잡초 덮인 대문에[山下孤村草掩門],
> 날이 막 저물 무렵 스님이 찾아왔다[上人來訪日初昏].
> 근심 얘기 다하고도 잠 못 들고 있으니[愁懷說罷仍無寐],
> 앞개울엔 달빛 가득 밤은 자정 되려한다[月滿前溪夜欲分].

이 시는 남명이 산천재에 있을 때에 지은 것으로 보인다. 산천재와 오대사는 그리 멀지 않은 곳이다. 아마도 오대사로 들어가려는 승려가 밤이 되어 산천재에서 하루 묵고 가고자 들른 듯하다. 남명은 평소 승려들과 더러 교분을 가지고 있었고, 그 시절에 선비들은 승려들을 서신을 주고받는 교통수단으로 이용한 경우가 많았다. 오대사의 승려인지 아니면 오대사를 방문하려는 승려인지는 모르지만 남명은 그를 재워주면서 늦도록 회포를 이야기했다. 승려들에게 시를 지어주거나, 잠을 재워주거나, 편지의 전달을 부탁하거나, 세금의 고통을 경감시키는 부탁의 글을 써주거나 하는 경우로 남명은 그들을 인간적으로 대하고 있음을 알 수 있는 내용이다.

남명의 고종신(考終身)

두류산이나 방장산이라는 이름이 각각 어떤 의미가 있듯이, 지리산이란 명칭은 '智(지)가 異(리)한 산'이란 뜻이다. 慧(혜)가 特(특)하다는 것과 다르다. 우리는 지혜나 정신, 그리고 특이라는 단어를 사용하지만, 이 말들은 하나의 대상을 지칭하는 것이 아니다. 지와 혜, 정과 신, 그리고 특과 이는 뜻이 다르다. 지혜는 굳이 표현하자면 예지와 혜안으로 나누어진다.

지리산이란 수도의 장소로서 예지를 기르는 산이다. 혜안을 길러 세속에서 잔재주를 부리려는 사람들이 수도하는 산은 아니다. 그래서 지리산으로 수도하러 간 사람은 한 번 들어가면 잘 나오지 않는다. 남명은 만년에 그러한 지리산을 은거의 장소로 택하여 들어간 것이다.

조선 초기 이순지가 처음 만들었다가 나중에 서경덕과 이지함이 힘을 합하여 다시 보충했다고 전해지는, 한반도의 전 지역을 동서남북 28개 별자리 중 어디에 해당하는지를 정한 '이십팔수배당표'가 있다. 이에 따르면, 지리산이 포함하고 있는 지역 중 산청과 하동은 북방칠수의 첫 번째인 두수(斗宿)에 해당하고, 남원 함양 장수는 동방칠수의 두 번째인 항수(亢宿)에 해당되며, 구례 곡성은 남방칠수의 일곱 번째인 진수(軫宿)의 관할에 해당된다. 세종 때의 위대한 천문학자 이순지가 편찬한 『천문류초』에 의하면 두수는 현무인 거북과 뱀이 서리를 틀고 있는 형상이고, 항수는 창룡의 목에 해당하며, 진수는 주작의 꼬리에 해당된다.

남명이 지리산을 유람하면서 언급한 불행한 선배 유학자가 세 명 있는데, 고려의 한유한을 제외하면 일두 정여창과 지족당 조지서이다. 정여창(1450~1504)은 함양에서 태어나 김종직의 문하에서 수업하고, 하동의 악양에 잠시 거주하다가 다시 함양으로 돌아간 후 벼슬길에 나아갔다가, 결국은 무오사화에 연루되어 종성으로 귀양 가 그곳에서 죽고, 다시 갑자사화에서 부관참시를 당하였다. 뒤에 신원되어 우의정에 추증되었다. 항수의 영향을 받는 함양 출신의 정여창이 그렇게 된 이유를 설명하면서, '용의 목에는 역린이 있고, 이를 건드리면 누구도 살아남지 못하는 것 아닌가'라는 이야기로 풀어보면 어떨까?

조지서(1454~1504)는 하동의 옥종에서 태어나 세 번의 과거에서 장원하여 그 동네가 삼장으로 불리게 된 인물이다. 남명의 할머니 동생이다. 연산군이 세자로 있을 때 사부로서 항상 공부를 질책하여 크게 미움을 받았는데, 이후 갑자사화에 억지로 연루되어 참혹한 형을 받고 죽었다. 그 부인이 흘러오는 강물의 피를 치마폭에 받아 장사지냈다고 한다. 두수의 영향을 받는 하동에서 태어난 조지서가 임금을 잘 만나지 못하여 그 수명을 온전히 하지 못한 것이라고 한다면 황당한 이야기일 뿐일까?

이 두 인물은 지리산 자락에서 태어나 속세의 치열한 현장 속으로 나가 그 뜻을 펼치려 하다가 오히려 그 천명을 온전히 하지 못한 경우이니, 지리산의 의미와 다른 삶을 살았던 결과는 아닐까? 남명은 이들의 삶을 참으로 안타까워하였다.

 이와는 달리, 남명은 합천에서 태어나 한때 김해에서 살다가 중년에 다시 합천의 삼가로 돌아와 거주하다 환갑의 나이에 지리산 아래 산청의 덕산으로 들어가 생을 마친 인물이다. 그는 평생 벼슬에 나가지 않고 오직 제자 양성에만 힘을 쏟았다. 남명이 지리산으로 들어간 마음은 오로지 여기에 있었으니, 그 풍파의 와중에서도 지리산의 품속에서 일신을 온전하고 편안하게 고종신 한 것이 아니겠는가? 그로부터 지금까지 그리고 앞으로도 남명은 지리산자락에서 역사를 지켜보리라!

〈참고문헌〉

조식, 『南冥集』.

휴정, 『淸虛堂集』.

휴정, 『三家龜鑑』.

성여신, 『浮査集』.

남효온, 『秋江集』.

이순지, 『天文類抄』.

2. 가야산과 최치원 _ 노성미

가야산은 예로부터 해동 10승지, 또는 조선 팔경 중 하나로 이름이 높았다. 소백산맥의 한 줄기로, 경북 성주군과 경남 합천군, 거창군에 걸쳐 있다. 1972년 국립공원으로 지정되었으며, 면적은 76.256㎢, 높이는 1,433m에 달한다. 가야의 산신제당이었고, 가야가 신라에 편입된 이후에도 국가에서 제사를 지낸 명산대천 중 하나로 알려져 있다. 합천군 가야면 치인리에 위치한 해인사는 유네스코 세계기록유산인 팔만대장경과 세계문화유산인 장경판전이 있어 법보사찰로서 불교의 성지로 여겨진다. 또한, 신라시대 대표 지성으로 꼽히는 고운 최치원의 유적이 있어 풍부한 문화경관을 지니고 있으며, 오늘날에도 많은 이들의 사랑을 받고 있다.

가야산과 최치원

가야산은 고운 최치원(857~?)과 관련된 많은 이야기를 품고 있다. 고운 선생은 남북국 시대에, 당(唐)에 유학하고 통일신라 때에 활동한 학자이자 문장가, 관료이다. 그는 12세에 조기 유학생으로 당에 건너가 '인백기천(人百己千)'의 노력으로 6년 만에 빈공과 진사시에 급제하였고, 선주 율수현위에 임명되었다. 이후 병마도통 고변의 휘하에서 도통순관으로 출사하며 감찰과 문한의 임무를 담당하였고, 이때 '토황소격문'을 써서 문장으로 이름을 날렸다.

885년(헌강왕 11)에 신라로 돌아온 최치원은 『계원필경』을 엮어 헌강왕에게 바쳤다. 이 책은 현존하는 우리나라 최초의 개인 문집으로서 문학사적 위상이 높다. 그는 정강왕에서 진성왕 대까지 국왕 측근의 문한으로 왕실에서 주관하는 불사의 글을 짓고, 왕명을 받아 비명을 찬술하였다. '사산비명(四山碑銘)'으로 불리는 성주사 대낭혜화상탑비(국보, 1962년 지정), 쌍계사 진감선사탑비(국보, 1962년 지정), 봉암사 지증대사탑비(국보, 2010년 지정), 초월산 대숭복사비는 최치원이 남긴 기념비적인 문화유산이다.

최치원은 외직으로 나가 진성여왕에게 신라 개혁안인 〈시무 10여조〉를 올렸으나 실행되지 못했다. 이 시기에 양길, 궁예, 견훤 등이 궐기하여 세력을 키워나갔고, 원종과 애노 등은 농민 반란을 일으켜 중앙정부의 지방 통제력이 약화되었다. 당과 신라에서 난세를 모두 목격한 그는 벼슬을 버리고 자유의 길을 선택하였으며, 가족을 이끌고 가야산 해인사로 들어갔다. 이 시기에 해인사 중창 불사의 기문과 〈법장화상전〉, 〈석순응전〉, 〈부석존자전〉 등 화엄 승전을 찬술하였고, 909년 〈신라수창군호국성팔각등루기〉 찬술을 끝으로 그의 생애를 마쳤다.

신선이 된 최치원

최치원이 남긴 문학적 유산과 행적의 독보적 특성으로 인해 그는 고려와 조선 시대에 많은 학자들의 관심을 받았다. 특히 〈제가야산독서당〉 시와 계곡 바위에 새긴 '紅流洞(홍류동)' 친필 각석, 그리고 치원대 바위에 새긴 시석(詩石)은 그를 회고하는 표지가 되어 많은 차운시(次韻詩)와 가야산 유람록을 탄생시켰다. 이로 인해 가야산 홍류동 일대는 가야산 유람객들이 가장 주목하는 공간이 되었으며, 그 관심의 중심에는 최치원의 은둔과 선화의 이야기가 자리하고 있다.

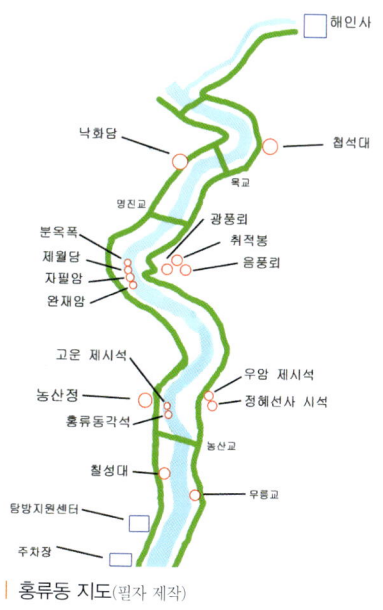
| 홍류동 지도(필자 제작)

  최치원의 은둔 이야기는 '절의(節義)' 문제와 마주하게 되며, 유람객들은 각기 다른 담화를 풀어냈다. 이는 담화의 층위에서 다양한 해석을 이끌어내는 근거가 된다. 고려의 입장에서 "계림황엽(鷄林黃葉) 곡령청송(鵠嶺靑松)"의 구절은 태조의 건국에 대한 최치원의 찬조로 해석되어 '문창후'라는 시호를 부여하는 근거가 된다. 그러나 '절의'의 문제에 직면하게 되면 상반된 해석이 가능해진다. 고려에 대한 찬조는 결국 조국 신라에 대한 의리를 저버린 것으로 해석될 수 있기 때문이다.

가야산을 유람한 선비들은 최치원을 회고하고 담론을 펼치며 그의 은둔의 의미를 찾으려 했다. 53편의 가야산 유람록이 존재한다는 것은 조선 선비들의 가야산 사랑이 그만큼 열렬했음을 보여주는 증거이다. 고려와 조선을 거치면서 최치원의 삶에 대한 역사적 사실은 신화적 세계로 편입된다. 『삼국사기』 열전에 기록된 역사적 사실은 작은 이야기 조각으로 문학적 상상의 세계 속에서 재창조되며, 특히 그의 죽음을 신선과 연결한 것은 그의 은둔과 죽음에 대한 상상의 결과물이라 할 수 있다.

　최치원의 죽음을 선화(仙化)로 해석한 기록은 『신증동국여지승람』에 처음 등장한다. 이 기록에 따르면, "세상에 전하기를 최치원이 가야산에 은둔했는데 하루는 아침에 일찍 일어나 집을 나갔고, 갓과 신발을 수풀 사이에 남기고 돌아온 바를 알지 못한다."고 했다. 이 내용은 이인로의 『파한집』 「문창공 최치원」에서도 언급되며, "가야산에 숨어 살았는데 하루아침에 일어나 집을 나가서는 돌아온 바를 알지 못한다."고 기록하고 있다. 또한, 서유구는 「교인계원필경집서」에서 "혹은 우화등선(羽化登仙)했다고 기록되었다."고 하였다. 모두 최치원의 죽음을 선화(仙化)로 해석하여 가야산 신선이 된 이야기로 만들었다.

　최치원 서사에서 유람객들은 은둔과 선화의 이야기를 선택한다. 그러나 역사적 실제로서의 최치원의 은둔과 유람객의 담화 내용 사이에는 필연적인 연결고리가 존재하지 않는다. 유람이라는 문화적 경험 속에서 스토리는 담화를 촉진

하며, 담화는 경관의 확인으로 이어진다. 이러한 스토리의 흐름은 다시 경관이 담화의 장소가 되고, 담화는 은둔과 선화의 이야기를 낳으며, 결국 스토리는 유람록이라는 서사물의 구성으로 귀결되는 흥미로운 현상이 생겨난다.

축화천(逐化川)~홍류동문(紅流洞門)

가야산 홍류동은 '해인사 소리길' 조성으로 많은 도보 관광객이 찾는 명소가 되었다. 이 길은 총 7.3km로 4구간으로 나뉘며, 구간마다 고유한 이름이 있다. 1구간은 소리길 입구에서 홍류문까지 4.2km로 '홍류동 여행'이라고 불리며, 2구간은 홍류문에서 명진교까지 1.5km로 '발자취를 찾아서'라는 이름을 가지고 있다. 3구간은 명진교에서 영상교를 거쳐 치인교까지 1.6km로 '비경을 찾아서'로 명명되었고, 4구간은 영산교에서 해인사까지 1.2km로 '천년의 길'로 되어 있다.

1구간은 축화천에서 홍류동문까지 이어진다. 이 구역의 특색을 가장 뚜렷하게 보여주는 것은 무릉교 건너편 바위에 새겨진 '禁牌(금패)'라는 표지석이다. 바위에 "大地 界內(대지계내) 勿入宅墓(물입택묘)"라는 글자를 새겨, 경계 안에 집과 묘를 두지 말라는 금지의 메시지를 전달하고 있다. 또 글씨 옆에는 관찰사의 수결을 새겨 이 금패의 공적 지위를 알려준다. 이 구역은 해인사로 들어가는 입구이므로 여기서부터 신성을 훼손하지 말라는 강력한 경고를 담고 있다.

조금 더 계곡을 따라 올라가면 오른쪽 암벽 정중앙에 큰 글씨로 "下敎藍輿筆罷(하교남여필파)'라는 글이 새겨져 있다. 이것은 가마를 타고 다니는 것을 금지한다는 관찰사의 명령을 대신한다. 이로 인해 1구간은 세속에서 신성으로 들어가는 경계의 의미를 지니고 있다. 축화천, 멱도원, 무릉교, 칠성대, 홍류동문, 금패 등이 배치된 이 구역은 '세속과 신성의 경계'로서 독특한 특색을 가지고 있다. 소리길에 명명된 '홍류동 여행'이라는 이름은 홍류동 여행의 시작을 의미한다. 여기서 '시작'은 아직 본격적인 '안(홍류동)'에 도달하지 않았음을 말한다. 무릉교는 '이상적인 신선 세계인 무릉(武陵)으로 들어가는 입구'라는 의미와 '홍류동문(紅流洞門)'의 '홍류동으로 들어가는 문'이라는 의미가 결합되어 이 공간의 특색을 규정한다.

| 축화천

축화천과 먹도원을 지나 만나게 되는 무릉교는 1781년 태풍 '카눈'의 피해를 입었고, 2002년에는 태풍 '루사'로 인해 잔교마저 사라졌다. 현재 남아 있는 것은 다리 이름이 새겨진 바위와 다리를 놓을 때 기부한 사람들의 공덕비뿐이다. 무릉교의 예전 모습은 돌을 이어서 공중에 다리를 만들었고 기다란 무지개 모양으로 축조되었다. 돌로 용 세 마리를 만들어 거꾸로 머리를 늘어뜨려 물을 마시는 형상을 하고, 용의 입에는 풍경을 매달아 바람이 불면 소리가 나도록 설계되었다.

정식(1683~1746)의 〈가야산록〉(1725)에는 무릉교에 대해 "사방의 산이 옹립한 가운데 푸른 물이 흐르는 소리가 마치 하늘에서 우레와 천둥이 치는 것 같았다. 그제야 비로소 사람 사는 세상 밖에 이러한 별세계가 있는 줄을 알았다. 마음과 몸이 편안해지고 고요해지니 마음속에 아주 작은 더러운 생각도 없어졌다."고 적고 있다. 정식은 무릉교에 대한 묘사를 통해 홍류동이 이미 세상 밖에서 상상하지 못하는 지경이라는 뜻을 전하고 있다. 박윤묵(1771~1849)의 〈무릉교에서 최고운의 시에 차운하다〉에는 "구불구불 오솔길에 첩첩 산들 십리 길 수석 사이 지나가네. 한 번 끊어진 신선교는 다시 잇지 않은 것이 마치 속리들이 날마다 산 찾는 걸 싫어해서인 듯"이라고 표현하였다. 이 시기 무릉교는 이미 수재로 인해 유실된 상태였으나, 그 존재감은 '신선교'라는 명칭으로 유람객들에게 분명히 인식되었던 것으로 보인다. 따라서 무릉교는 가야산 입구에서 안의 신선 세계와 밖의 세속 세계를 구분 짓는 표지이다.

홍류동~농산정(籠山亭)

2구간은 농산정 주변의 홍류동이다. 이곳의 문화자원은 대부분 최치원의 독서당 시에서 재생산된 것들이다. 최치원의 친필 시석(詩石)과 '紅流洞(홍류동)' 각석(刻石)은 물론, 이곳을 방문한 사람들의 방명이 환선대(喚仙臺)를 중심으로 빼곡하다. 이 구역은 최치원의 은둔과 관련된 공간이므로, 그 특색은 '은둔의 공간'으로 정의할 수 있다. 이곳은 최치원의 독서당, 고운영당, 농산정으로 이어지는 역사적 공간이다.

| 홍류동

여기에는 농산정, 고운최선생둔세지비, 치원대, 독서당 시석, 홍류동 각석, 홍류동문, 우암서(尤庵書) 독서당 시석, 바위와 현판에 새긴 한시, 은둔의 전설 등이 배치되어 있

다. 농산정 앞에 위치한 치원대 위에는 최치원의 친필 독서당 시가 새겨져 있었다. 많은 유람객들이 이 글씨를 확인하기 위해 홍류동으로 들어왔고, 너럭바위에 앉아 최치원의 은둔에 대해 담론을 펼쳤다. 그들은 이곳에 자신들의 방명을 새기는 것을 명예롭게 여겼다. 이호윤(1777~1830)은 〈유가야산록〉에서 "한 모퉁이를 돌아 나가자 겹겹이 쌓인 돌 표면은 모두 청운의 귀한 객이 이름을 새기고 쓴 것이었다. 이것이 이른바 '돌 면에 조정 인물의 반이 다 있다.'라는 것이다."라고 했다. 얼마나 많은 사람들이 이곳을 찾고 자신의 답사 흔적을 남기려 했는지를 알 수 있다.

최치원의 친필 '紅流洞(홍류동)' 각석과 군수 김순(1648~1721)이 쓴 '紅流洞門(홍류동문)'이 있으며, 홍류동 가운데 환선대에 새긴 '紅流洞(홍류동)'과 바로 옆 계곡 쪽에도 초서체의 '紅流洞(홍류동)' 각석이 있다. 특히 최치원 필적의 각석과 〈제가야산독서당〉 시석은 이곳 경관의 핵심적인 이미지를 만들고 있다.

김시습(1435~1493)은 〈해인사〉 시에서 독서당 시를 새긴 바위를 '서암(書巖)'이라고 언급하였다. "서암이 있는 기각에 어떤 사람이 살았다."는 구절에 "고운이 노닐던 곳이다."라는 해설을 붙였다. 서암 옆의 바둑 두는 집은 독서당 또는 농산정의 전신이었던 어떤 집을 의미한다. 왜냐하면 최치원의 독서당이 고운영당으로 바뀌고, 그마저 퇴락하여 무너지자 그 자리에 농산정을 지었기 때문이다. 최치원 시의 마지막 구인 "고교유수진농산(故教流水盡籠山)"에서 '농산'을 빌어

정자를 세우고 이름 붙였다. 이로써 최치원은 홍류동의 주인으로 자리 잡게 되고 홍류동은 하나의 상징이 되었다.

최치원의 은둔에 대한 관심은 유람객들의 발길을 이곳으로 이끌었고, 유람 도중 서원이나 숙소에서 만난 사람들은 밤을 새우며 최치원에 대한 담론을 나누었다. 홍류동에 도착한 후, 그들은 간밤의 담론을 반추하며 다시 생각을 정리하기도 했다. 이순상(1550~1625)은 '환선대'에 와서 바위마다 빼곡하게 새긴 이름들을 목격하고는 생각에 잠긴다. 그리고는 자신의 이름을 새기지 않기로 한다. 이름을 남긴 사람 중에 알려질 리 없는 사람이 많은 것을 알고는 그만 둔 것이다. 스스로를 '청한한 선비[淸閑士]'라고 하며 굳이 돌에 이름을 남기지 않는다고 했다. 홍류동은 방문객에게 이와 같이 다양한 사유의 동기를 부여했다.

이곳이 은둔의 공간으로 명명되는 이유는 최치원의 독서당 시와 이곳을 유람한 사람들의 의식 속에 자리한 중심 주제가 '은둔'이기 때문이다. 최치원의 친필 시석이 있으며, 오랜 세월 동안 계곡의 물살에 마모되어 사라진 글씨의 흔적을 남기기 위해 깊이 쪼아 남긴 글씨가 있다. 또한, '고운최선생둔세지' 비석이 세워졌고, 최치원의 시석에 '치원대'라는 이름이 부여되었다. 우암 송시열은 마모되어 사라진 최치원의 시를 농산정 맞은편 벼랑에 다시 새겼다. 농산정 주변에는 많은 차운시 시석들이 존재한다. 이곳을 찾은 사람들이 남긴 한시 또한 모두 은둔의 주제에 수렴된다.

음풍뢰(吟風瀨)~회선암(會仙岩)

3구간은 음풍뢰에서 회선암에 이르는 2.5km 구간으로, '절승대(絕勝臺)'가 있을 정도로 아름다운 풍광이 돋보인다. 따라서 이 구역의 특색은 '절승의 풍류'이다. 주요 명소는 옥류동천, 취적봉, 광풍뢰, 완재암, 음풍뢰, 제월담, 분옥폭, 체필암, 낙화담, 첩석대, 회선암 등이다.

허목(1595~1682)은 〈가야산기〉에서 "천석 사이에는 홍류동, 취적봉, 광풍뢰, 음풍뢰, 완재암, 분옥폭, 낙화담, 첩석대, 회선암이 있다. 골짜기를 나오면 무릉교와 칠성대가 있으니, 모두 학사의 큰 글씨를 돌에 새기었다."고 하였으며, 위계창(1861~1943)은 〈가야산기〉에서 이들 경관을 소개하며 모두 최치원이 글씨를 돌에 새긴 것이라고 언급하였다. 이로써 최치원이 명명한 해인사 13명소와 함께 자연경관의 아름다움과 선계, 무릉도원을 상상할 수 있는 절승(絕勝)을 즐기는 풍류의 공간으로서의 의미가 있다. 그래서 이곳에 '최고의 경치를 바라보는 곳'이라는 뜻의 '절승대'가 있다. 절승대에는 '沙門幻鏡書(사문 환경서)'라는

| 회선암

글씨가 새겨져 있어 승려 환경이 글씨를 썼음을 알 수 있다.

 현전하는 최초의 가야산 유람록은 김일손(1464~1498)의 〈조현당기〉(1490년)이다. 이 유람록에서는 조현당에서 스님과 김일손이 대화를 나누며 최치원을 '현인(賢人)'으로 부르고 있다. 김일손의 유람록은 독서 과정을 통해 후대 가야산 유람객들의 지표가 되었다. 가야산 유람은 '최치원 이해하기'라고 할 정도로 최치원에 대한 담론이 집중적으로 전개되었다. 허돈(1586~1632)은 〈유가야산기〉에서 "여러 승경들은 차례대로 찾아서 볼 만하였다. 눈을 이리저리 돌리며 신선 세계에서 노니니, 사람으로 하여금 어느덧 세상을 떠나 신선이 되어 날아가고 싶은 마음을 갖게 한다."고 하였다. 이는 홍류동의 절승에 취하여 신선이 되어 노는 느낌을 받았다는 뜻이다. 이런 감흥은 이이(1537~1584)의 〈유가야산부〉에서 극치를 이룬다. 그는 "돌다리를 건너 곧장 나가다가 아홉 구비를 거쳐 비로소 휴식하니, 송백이 늘어선 긴 오솔길을 놀면서 거닐"다가 "꿈에 어떤 신선이 학을 타고 내려와" 자신과 함께 노닐며 대화를 나눈다는 환상적인 상상의 세계를 그리고 있다.

 심일삼(1615~1691)은 〈가야산에 노닐며 어촌 양훤과 최학사의 시에 차운하다〉에서 세 개의 구역에 걸친 구체적인 경관을 노래했다. 그는 "한가로이 말을 몰아 겹겹산 지나서 취적 광풍 제월 사이로 가네. 백학 한 쌍이 왔다가 또 가니 아마도 신선 사는 곳 가야산이 아닌지."라고 읊었다. 여기서 '취적(吹笛)'은 피리를 부는 행위가 아니라 '취적봉'이라는 구체적인 경관을 의미한다. 취적봉 아래의 계곡에는 제월담이 있으며, 상류에서 하얗게 작은 폭포를 이루며 떨어지는 분옥폭이 있다. 그 뒤로는 붓을 씻는다는 체필암이 있고, 포장도로 옹벽에 반쯤 묻힌 광풍뢰가 있다. 그 옆에는 완재암과 음풍뢰가 있다. 심일삼은 이 경관을 즐기던 중 취적봉에서 백학 한 쌍이 날아오르는 모습을 보았다고 한다. 그 백학은 가야산 신선의 존재로 상상력을 키웠고 유람객은 상상이 현실로 펼쳐지는 순간의 환희를 경험한다. 홍류동, 첩석대, 회선대를 거쳐 낙화담에 이르면 시원한 폭포를 만나게 되고, 아름다운 경관에 취하여 잠시나마 현실의 고뇌를 잊게 된다.

묘길상탑(妙吉祥塔)~학사대(學士臺)

4구간은 일주문 앞의 부도군에 위치한 묘길상탑에서 학사대에 이르는 1.2km 구간이다. 이 구역은 소리길에서 '천년의 길'로 명명되고 있으며, 최치원의 학자로서의 정체성을 확인할 수 있는 '학자의 길'이라는 특색을 지니고 있다.

일주문으로 들어가 해인사에 이르는 길은 천년 역사를 찾아가는 길이라는 이름이 붙여졌다. 만약 이 구역이 해인사로 들어가는 길이라는 의미만 가진다면, 4구역에 있는 문화자원에 대한 스토리텔링은 불가능할 것이다. 일주문 앞의 묘길상탑, 유상곡수, 절 안의 학사대, 그리고 해인사와 관련된 최치원의 저술 등은 최치원의 '학자의 길'을 스토리텔링할 수 있는 문화자원들이다. 이러한 자원들의 내용이 4구역의 정체성을 결정짓는다.

해인사 일주문에서 약 50미터 거리에 부도군이 있으며, 그 가운데 전형적인 신라 3층 석탑 양식의 '묘길상탑(보물)'이 있다. 묘길상탑은 895년(진성여왕 8)에 통일신라 말기의 혼란 속에서 도적떼로부터 해인사를 지키기 위해 희생된 스님들의 영혼을 달래기 위해 세워졌다. 묘길상탑에는 〈해인사묘길상탑기〉와 〈운양대길상탑기〉가 앞뒤로 음각된 탑지석, 〈오대산사길상탑기〉와 〈곡치군(哭緇軍)〉이 앞뒤로 음각된 탑지석, 〈해인사호국삼보전망치소옥자〉 탑지석, 〈백성산사전대길상탑중납법침기〉 탑지석 등이 봉안되어 있었다. 도굴당한 탑 내 봉안물이 1966년에 발견되어 세상에 알려졌다.

최치원이 지은 기문에는 "억울하게 죽어 고해에 빠진 영혼을 건져냈으니 제사를 지내 복을 받고 영원히 썩어 없어지지 말고 여기 있으라."는 축원의 내용이 담겨 있다. 당시의 상황에 대해 "굶어 죽고 싸우다 죽은 시체가 들판에 별처럼 흩어져 있다."고 언급한 부분

| 묘길상탑

은 그 시기의 처참함을 잘 보여주는 역사적 기록이다.

또한, 일주문 앞의 유상곡수(流觴曲水) 곡수거(曲水渠)는 최치원이 조성한 것이다. 이는 천년 역사를 증명하는 문화자원임에도 불구하고, 내용에 대한 이해와 인지 부족으로 현재까지도 관광자원으로 활용되지 못하고 있다.

이곳이 최치원의 역사적 행적과 관련된다는 사실은 김시습(1435~1493)의 〈유상곡수구지(流觴曲水舊址)〉 시에서 처음 확인된다. 시 제목의 주해에는 "절 앞에 옛 터가 있는데 초목이 무성하여 황폐해져 언덕이 되어버렸다. 주지인 죽헌이 절문의 터를 쌓기 위해 깊이 파다가 그 터를 발견했으니, 바로 고운이 놀던 곳이다."라고 기록되어 있다. 또한, "회계에서 계를 하고 난정에서 술을 마신 천고의 풍류는 이미 아득한 일이니, 고운이 신선들을 모아 가야산 골짜기에서 몸도 잊고 마시던 것과 어찌 같으리."라고 읊었다.

| 유상곡수 유적

시 제목에 주해를 달았던 것은 이곳이 최치원이 놀던 곳이라는 역사성을 확정하기 위한 것으로 보인다. 최치원이 유상곡수를 즐기던 일을 중국 진나라 때 회계산의 북쪽 난정에서 계연(禊宴)을 베풀고 시를 짓고 술을 마셨던 왕희지 일행의 일에 비유했다. 왕희지는 당대 문인들과 계를 열었으니 인간의 일이지만, 최치원은 가야산에서 신선들을 불러 모아 놀았으니 그 둘은 비할 수 없다고 했다.

이후 이행(1479~1534)의 〈남유록〉과 허돈의 〈유가야산기〉 등에도 유상곡수의 옛터에 대한 설명이 보인다. 이들은 유상곡수에서 세월의 흐름, 옛터의 모습, 그리고 최치원의 자취에 대한 감회를 떠올리며 이를 유람록에 남겼다. 즉, 유상곡수의 옛터는 땅 속에 묻혀 있다가 세상에 드러난 천년 문화의 기록이며, 여기에는 가야산 은둔 시기 최치원의 풍류가 담겨 있다.

학사대(學士臺)는 최치원이 심은 나무가 있던 곳이다. 해인사 비로전과 독성각 위에 위치하고 있다. 본래의 나무는 태풍의 피해를 입어 부러졌고, 1757년에 최흥원(1705~1786)이 학사대의 후계목을 심었다. 최치원은 학사대 뒤에 학문과 지혜를 상징하는 나무인 회화나무를 심었다. 신필청(1656~1729)의 〈유가야산록〉(1681)에는 해인사 스님과 최치원이 심은 회화나무에 대한 기록이 남아 있다. 또, 최흥원은 〈유가야산록〉(1757)에서 자신이 심은 학사대의 후계목이 후대 사람들로부터 '최치원이 한 것을 배웠다.'는 칭찬을 받을 것이라는 기대를 표현했다.

최치원이 회화나무를 심었다는 사실은 그가 해인사에서 여러 저술을 남긴 것과 관련하여, 학자로서의 정체성을 잊지 않았음을 말해준다. 회화나무는 세월 따라 없어졌고, 전나무는 2012년 국가지정문화재 천연기념물로 지정되어 관리되어 왔다. 그러나 2019년 태풍 '링링'의 피해로 나무가 부러져 지금은 넘어진 나무의 밑동을 좌대로 만든 최치원상이 조성되어 학사대를 지키고 있다.

다시 가야산과 최치원을 생각하며

가야산은 빼어난 자연경관과 함께 해인사라는 독보적인 문화자원을 품고 있다. 여기에 더하여 통일신라 말 최고의 지성이자 우리나라 문화사에 뚜렷한 족적을 남긴 고운 최치원의 문화유산이 풍부하게 남아 있다. 가야산을 찾는 사람들이 이러한 문화자원의 아름다움과 감동을 깊이 음미할 수 있다면, 가야산의 격조는 더욱 높아질 것이다.

〈참고문헌〉
종현, 『보장천추 비밀의 계곡』, 해인사출판부, 2015.
노성미, 『가야산에서 최치원을 낚다』, 고운국제교류사업회, 2019.
노성미 외, 『최치원의 風流를 걷다』, 도서출판 바오, 2020.
문화콘텐츠닷컴 문화원형 백과사전(http://www.culturecontent.com).
한국고전종합DB(http://db.itkc.or.kr/).

강정화, 「지리산 유람록으로 본 최치원」, 『한문학보』 25, 2011.
이구의, 「한시에 나타난 가야산의 형상」, 『한국사상과 문화』 70, 2013.
노성미, 「〈제가야산독서당〉 차운시 연구」, 『한국문학논총』 76, 2017.
노성미, 「가야산 홍류동과 최치원의 관광스토리텔링 방안 연구」, 『문화와융합』 43(8), 2021.
노성미, 「최치원 서사와 해인사 문화경관의 상호텍스트성 연구(Ⅱ)」, 『한민족어문학』 91, 2021.

3. 가야산과 가야의 건국신화 _ 남재우

우리나라에도 건국신화가 있다. 신화 속에 건국의 주인공들이 등장한다. 단군, 주몽, 박혁거세, 김수로 등이 그들이다. 이들의 모습을 통하여 고대국가 형성과정을 유추해 볼 수 있다. 하지만 그 내용을 그대로 믿을 수 없기도 하다. 신화의 내용은 고정되어 있지 않으며, 시대를 거치면서 다시 꾸며지기 때문이다. 따라서 건국신화를 역사적 사실의 반영으로 볼 수는 있지만 현재 남아있는 내용의 전부를 역사적 사실로 받아들여서는 안 된다. "신화는 허구가 아니다"라는 전제도 중요하다. 하지만, 고대국가 완성기의 지배층이 시조 전승에 신성성을 부여하기 위해 의도적으로 창조했던 부분에 대한 재해석도 필요하다. 그리고 여러 시대를 거치는 동안 이루어졌던 후대의 윤색도 걸러져야 한다.

우리의 건국신화, 북방신화와 남방신화

기록으로 남아있는 우리 신화는 국가 창건을 주도한 개국시조의 이야기인 건국신화이다. 건국시조는 공통적으로 하늘과 관련되어 있다. 다만 그 시조가 직접 하늘로부터 내려오든지, 아니면 하늘에서 내려온 사람이 낳은 존재인지로 구분될 뿐이다. 즉 천부지모(天父地母)형과 천남지녀(天男地女)형이다. 천부지모형은 하늘과 땅의 결합에 의한 탄생이며, 단군신화와 주몽신화가 대표적이다. 천남지녀형은 하늘에서 직접 내려와 나라를 통치하는 왕이 되는 경우이다.

박혁거세신화와 수로신화이다. 지역으로 볼 때 천부지모형은 북방지역신화이고, 천남지녀형은 남방지역신화이다.

신라와 가야의 건국신화는 남방지역신화이다. 신들의 이야기가 매우 소략하고 처음부터 실질적인 건국자인 혁거세왕과 수로왕이 등장한다. 왕이 되는 정당성의 근거로서 신성성은 비교적 약하고, 6촌장이나 9간이 추대했다는 점이 부각된다. 이러한 이야기는 왕을 중심으로 한 지역의 결속과 통일적 지배의 필요성을 느꼈던 지역민들이 이주민계의 사람에게 권위를 부여하는 과정에서 나타난 신화로 보인다.

하지만 신라와 가야의 건국신화는 차이도 있다. 가야의 건국신화는 가락국의 수로왕신화와 대가야의 정견모주(正見母主)신화라는 두 개의 독자적인 신화로 전승되고 있다. 이것은 가야의 여러 나라가 하나로 통합되지 못한 결과를 반영하고 있다. 특히 토착세력인 9간들이 추천한 배필을 거부하고, 주술적 노래인 구지가가 나타나고 있는 것은 신라와 다른 점이다.

가야, 두 종류의 건국신화

가야 건국신화의 전형적인 모습을 전하는 기록은 『삼국유사』「가락국기」의 수로(首露)신화와 『신증동국여지승람』의 고령군 건치연혁조에 기록된 정견모주신화이다. 이 두 기록은 신화이지만 역사적 사실을 반영하고 있어 가야사연구에 커다란 도움을 주고 있다. 현재까지의 가야사 줄거리가 이 두 신화에 의존하고 있다고 해도 과언이 아니다. 즉 가야를 전기와 후기로 시기구분하고, 전·후기가야의 중심국이 가락국과 대가야라고 하는 근거가 건국신화에 근거를 두고 있다고 해도 지나치지 않다.

두 종류의 건국신화 중 무엇이 가야건국신화의 처음 모습인지는 알기 어렵다. 일반적으로 수로왕의 건국신화가 초기국가단계의 선민사상에 기반한 제1단계 건국신화이고, 형제 관계의 설정을 통해 초기국가가 결합한 연맹왕국의 성립을 전하는 대가야 건국신화를 제2단계 건국신화로 이해하고 있다. 하지만 민간전승으로 전하는 정견모주신화가 가야 전 지역의 시조신화였다는 주장도 있다. 성모가 알의 형태로 형제를 낳았다는 것은 가야사의 특수성, 즉 연맹체 내의 여러 집단이 역학관계에 따라 이합집산했음을 반영하는 것으로 이해하는 것이다. 한편, 두 형제 신화인 대가야의 건국신화가 천강난생 이야기인 수로왕신화로 계승되었다는 입장도 있다.

하지만 수로신화나 대가야신화가 김해지역이나 고령지역을 벗어나 가야 전체를 포용할 만한 보편성을 가지고 있지는 못하다. 일반적으

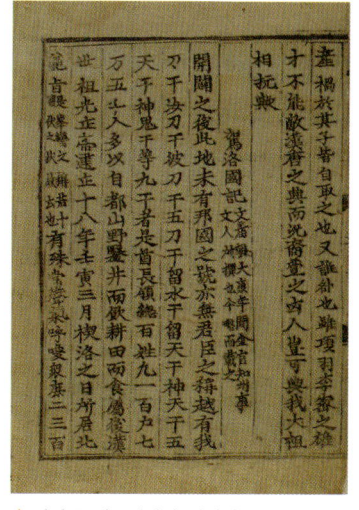

| 가락국 건국신화가 실려있는 가락국기의 내용(국사편찬위원회)

로 대가야신화가 후대의 것으로 이해하는 이유는 가야의 발전과정을 전기가야와 후기가야로 나누면서 전자의 중심을 가락국, 후자의 중심을 대가야로 규정했던 결과였다. 따라서 대가야신화는 5세기대 이후의 정치적 발전과정에서 '대가야'를 표방하며 주변지역 전체의 정통성을 계승하고자 한 의미를 반영한 것일 뿐이다. 나머지 여러 가야, 아라가야, 소가야, 비화가야 등에도 건국신화는 존재했을 것이다. 가락국이나 대가야처럼 전승되던 신화가 기록으로 전환될 수 있는 계기가 없었던 것으로 이해하는 것이 옳다.

대가야 건국신화

가락국의 수로신화와 함께 가야의 건국신화의 하나로 남아있는 것이 대가야의 정견모주신화이다.

> 고령군은 본래 대가야국으로서 시조 이진아시왕[내진주지라고도 한다]으로부터 도설지왕까지 무릇 16세 520년이었다. 진흥대왕이 쳐서 멸망시키고, 그 땅을 대가야군으로 삼았다. 경덕왕이 이름을 바꾸었고, 지금도 그대로 따르고 있다.(『삼국사기』 지리1 고령군조)

> 본래 대가야국(大伽耶國)이었다.[(신증동국여지승람) 김해부의 산천조에 자세히 보인다]. 시조 이진아시왕(伊珍阿豉王)[내진주지(內珍朱智)라고도 한다]으로부터 도설지왕(都設智王)에 이르기까지 모두 16세, 520년이었다.[최치원의 석리정전(釋利貞傳)

에 이르기를 "가야산신 정견모주(正見母主)가 천신(天神) 이비가(夷毗訶)에게 감응되어 대가야왕 뇌질주일(惱窒朱日)과 금관국왕 뇌질청예(惱窒靑裔) 두 사람을 낳았다."라고 하였다. 그러므로 뇌질주일은 곧 이진아시왕의 별칭이 되고, 청예는 수로왕의 별칭이 된다. 그러나 (최치원의 말은) 가락국 고기의 여섯 알 전설과 더불어 모두 허황되어 믿을 수 없다. 또 (최치원의) 석순응전(釋順應傳)에 이르기를, "대가야국 월광태자(月光太子)는 정견(正見)의 10세손이다. 아버지는 이뇌왕인데 신라에 구혼하여 이찬 비지배의 딸을 맞아 태자를 낳았다."라고 하였다. 그러므로 이뇌왕은 곧 뇌질주일의 8세손이다. 그러나 역시 확인할 수 없다] 신라 진흥왕이 멸하고, 그 땅을 대가야군으로 삼았다.(『신증동국여지승람』고령현 건치연혁조)

두 신화의 관계를 혈연적 형제관계로 보거나, 가야제국의 연맹체적 결성을 설화적으로 구성한 것이라는 견해 등이 있다. 하지만 일반적인 견해는 대가야 건국신화를 고령의 대가야가 후기가야연맹의 맹주로 대두하는 5세기 후반의 역사적 사실을 반영한 것으로 이해해 왔다.

대가야는 562년 신라에 의해 무력으로 멸망되었기 때문에 건국신화는 민간전승으로만 전해졌을 것이다. 대가야의 건국신화가 정리될 수 있었던 것은 정견모주의 '정견'이나 '월광태자'라는 불교적 인명으로 보아 불교적 윤색이 베풀어질 수 있었던 시기였다. 이 시기는 대가야가 신라와 결혼동맹을 맺은 522년 이후 562년 멸망하기 전까지의 기간과 석순응과 석리정을 중심으로 해인사를 창건하던 9세기 초로 볼 수 있다. 또한 경덕왕대(742~765)의 지방제도 개편 및 지명 개정 때 『삼국사기·지리지』의 원전이 만들어지는데, 이때 민간전승으로만 남아있던 대가야의 건국신화가 가락국의 건국신화를 참조하여 윤색되었을 가능성도 있다.

신라의 중앙 정치무대에서 가락국 출신의 김유신계가 몰락하고, 가야산에 해인사가 창건되는 시기인 혜공왕에서 애장왕대(765~808)까지의 시기가 주목된다. 대가야가 신라와의 관계 속에서 불교가 수용되었을 가능성을 근거로 대가야 멸망 전에 건국신화가 정리되었을 가능성도 없지는 않다. 그러나 '가야'라는 불교식 나라 이름이 가야가 존재했던 시기에는 보이지 않으며, 가야산이라는 이름이 등장하는 것으로 보아 대가야의 건국신화가 정형화된 것은 해인사의 창건과 관련되는 9세기 초로 보는 것이 타당하다. 최치원 편찬의 석순응전과 석리정전은 최치원이 가야산 해인사 화엄원에 은거했을 때 해인사 개창의 두 승려를 위하여 엮은 것이므로 9세기 말엽에 문자화되었을 것으로 보여진다. 대가야 신화가 해인사 창건의 두 주역인 석순응전과 석리정전에 실리고 있는 것은 두 승려의 출신지에 대한 관심이 깊어짐에 따라, 이 지역 최초의 정치집단인 대가야의 시조와 그 무대가 되는 가야산까지 언급하게 된 것이다.

대가야 건국신화, 지모신의 강조

대가야 신화의 특징은 지모신이 강조되고 있는 것이다.

가야산신인 정견모주(正見母主)가 바로 그 사람이다. 천신보다 가야산신이 먼저 등장하고 있다. 대가야의 마지막 태자인 월광태자를 '정견의 10세손'이라 하여 정견을 중심으로 세대수를 헤아리고 있는 것도 마찬가지다. 가락국 건국신화의 경우, 수로가 건국신화의 중심에 있으며, 수로를 중심으로 세대를 결정하는 것과는 확연히 다르다.

천신이 그 중심에 서있지 않고 가야산신인 정견모주가 강조되고 있는 것은 신화가 전승되고, 체계화되는 과정과 밀접한 관련이 있다. 대가야는 562년 신라에 의해 무력으로 멸망당했기 때문에 대가야의 역사 혹은 건국신화는 전승으로만 전해질 수밖에 없었다.

대가야의 건국신화가 해인사의 창건과 관련되어 기록되었기 때문에 해인사가 위치했고, 대가야의 건국의 무대였던 가야산이 강조되었을 가능성이 높다. 또한 대가야의 건국 과정에서 하늘에서 내려온 이주족보다 해인사가 위치한 가

정견모주(고령군제작 표준영정)

야산지역에 자리잡은 토착세력을 중시했던 결과였을 가능성도 있다.

정견모주가 낳은 두 아들, 뇌질주일과 뇌질청예

대가야의 건국신화에는 천신과 지모신이 낳은 두 아들이 있다. 첫째인 뇌질주일은 대가야왕이 되고, 둘째인 뇌질청예는 가락국왕이 된다. 뇌질청예는 곧 수로이다. 근데 이러한 신화의 내용은 일반적으로 이해되고 있는 가야의 역사와는 다르다. 가야의 이른 시기에는 대가야보다 가락국의 성장 정도가 빨라서 가락국이 전기가야의 중심국으로 이해되고 있기 때문이다.

| 해인사 국사단 내, 정견모주와 뇌질주일, 뇌질청예의 모습(출처)

그런데도 대가야의 건국신화가 이러한 모습으로 남아있는 것은 대가야의 정치적 발전이 왕성했던 5세기대의 사실

을 반영하고 있다. 대가야를 표방하며 가야지역 전체를 아우르고자 했던 의도를 표현한 것이다. 즉 대가야의 전신인 반파국이 건국되는 과정에서 만들어진 건국신화를 5세기대에 후기가야 연맹체의 맹주, 혹은 강력한 국가로 성장했던 대가야 현실을 반영하는 내용으로 고쳤던 것으로 이해할 수 있다.

| 해인사 국사단 안내문

5세기 이전에 고령지역에는 반파국의 시조인 이진아시가 있었고, 김해지역에 김수로가 있었으므로 이것을 근거로 5세기 후반의 시기에 두 사람을 형제 관계로 설정하였다. 이것은 가야연맹의 복원, 혹은 가야의 중심세력으로 자리 잡으려는 대가야의 의도를 표현한 것으로 볼 수 있다. 그들은 친형제도 아니었고, 가야 내부에서 진행된 가야를 대표하는 정치집단의 교체를 형제 관계로 설정하였을 뿐이다.

해인사에 남아있는 정견모주

'정견(正見)'은 불교에서 실천 수행하는 중요한 덕목인 8정도(正道)의 하나로서, 열반에 이르는 불교의 이상을 실현하기 위해서는 무엇보다 부처가 깨달은 바른 견해를 잘 생각하지 않으면 안 된다는 뜻이다. 물론 가야산신이 정견모주라는 이름으로 남은 것은 불교적으로 윤색된 결과이다.

해인사는 우리나라 3대 사찰로서 법(法)의 상징인 팔만대장경이 보관되어 있으므로 법보사찰이다. 하지만 가야산은 해인사가 들어서기 전에는 대가야의 건국신화의 중심 무대였다. 대가야가 자리 잡았던 중심지인 고령의 지산동고분과도 가깝다. 그래서인지 지금의 해인사에는 '정견모주의 상'이 불화로 그려져 있다. 대가야 건국신화의 중심인 정견모주가 가야산신이었기 때문일 것이다.

〈참고문헌〉

남재우, 『가야, 그리고 사람들』, 선인, 2011.

남재우, 「가야의 건국신화와 제의」, 『한국고대사연구』39, 한국고대사학회, 2005.

4. 지리산에 전하는 사람 이야기, 각자 _ 강정화

1) 지리산에 남은 사람의 흔적

지리산은 예나 지금이나 많은 사람이 오르내리는 우리 민족의 영산(靈山)이다. 삼국시대부터 남악(南嶽)으로서의 위상을 유지하였고, 조선시대에는 사전(祀典)에 올라 국제(國祭)가 행해지기도 하였다. 그뿐인가. 1487년 9월 30일 지리산 천왕봉에 올라 아래를 조망하던 추강(秋江) 남효온(南孝溫, 1454~1492)은, 함양·산음[산청]·안음[안의]·단성·진주·하동·구례·남원·운봉 등 9개 고을이 지리산 주변에 포진하여 백성들이 그 품 안에서 삶을 영위한다고 하였고, 1611년 3월 29일부터 9일 동안 지리산을 유람했던 어우(於于) 유몽인(柳夢寅, 1559~1623)은 지리산 주변에 12개 고을의 백성이 지리산을 삶의 터전으로 삼아 살아간다고 하였다. 이처럼 지리산은 수천 년 이래 인간의 삶과 더불어 만들어 낸 역사와 문화의 중심이었다.

| 삼신동

| 세이암

| 용유담 | 백운동

　지리산 권역에는 지금도 수백 년 세월을 견뎌낸 인간 삶의 흔적이 다수 현전하는데, 각자(刻字)도 그중 하나이다. '각자'는 '글자를 새기다'는 뜻이다. 지리산 권역 바위에는 수많은 각자가 현전하고 있다. 인명(人名)이 압도적으로 많고, '삼신동(三神洞)·백운동(白雲洞)·용유담(龍游潭)·세이암(洗耳嵒)' 등 동천(洞天)이나 명승 이름 등도 많이 보인다. 남명(南冥) 조식(曺植, 1501~1572)이 지리산 권역에서 가장 아름다운 골짜기라 칭송했던 삼신동에는, 반반한 바위엔 모두 이름이 새겨 있어 내 이름 두 자를 새길 데가 없을 정도이다. 그만큼 산행이나 유람에서 '각자'는 문인들이 즐겨 하던 행위 중 하나였다.

　그러나 이들 각자에 대한 상세한 정보는 확인하기가 쉽지 않다. 그중 가장 많은 '인명'은 유람을 왔다가 새기는 경우가 대부분인데, 이마저도 개별 문집에서 유람 기록을 확인할 수 있는 사례가 많지 않다. 따라서 지리산에 산재하는 수많은 각자 중에서 우리가 확인 가능한 몇 안 되는 석각은 그 자체만으로도 매우 흥미롭고 귀중한 자산이라 할 수 있다.

그것은 과거 지리산을 오른 사람의 흔적이자 삶의 이야기이기 때문이다.

본고에서는 조선시대 문인의 지리산 유람 기록에서 수백 년 동안 거론된 몇몇 각자를 중심으로 소개해 보려 한다. 특히 지리산의 각자는 이런저런 이유로 오랜 시간 유람 기록에서 사라졌다가 근년에 발견되는가 하면, 지금도 어느 모퉁이나 바위 면에서 새로운 각자가 끊임없이 드러나고 있다. 지금부터 지리산의 각자에 투영된 '사람의 산, 지리산'을 소개한다.

2) 지리산의 각자들

천왕봉 일대

『산청석각명문총람(山淸石刻銘文總覽)』에 의하면, 지리산 천왕봉 일원에는 3백여 개의 석각이 있다고 한다. 물론 이는 인력과 시간의 부족으로 제대로 조사하지 못했고, 조사된 것도 제대로 반영하지 못한 수치라 밝히고 있다. 그만큼 지리산 천왕봉 일대에는 많은 사람이 올라갔고, 그만큼 중요한 위상을 지닌 명산이라는 의미이기도 하다.

조선시대 문인이 천왕봉에 올라 가장 많이 거론하는 각자는 '일월대(日月臺)'이다. 현 천왕봉 표지석이 있는 곳에서 중산리 방향으로 바라보고 서면 오른쪽 끝의 바위 아래에 여러 사람의 이름과 함께 새겨져 있다. 1643년 8월 천왕봉에 올랐던 구당(久堂) 박장원(朴長遠, 1612~1671)의 「유두류산기(遊頭流山記)」에 처음 등장하니, 그 이전부터 있었음을 알 수 있다. 그로부터 1백여 년이 지난 1752년 8월 13일, 니계(尼溪) 박래오(朴來吾, 1713~1785)는 일월대에 올라 일출을 보았다. 그리고는 "이곳에 올라야만 해와 달이 뜨고 지는 것을 제대로 볼 수 있으니, 옛사람들이 일월대라 이름하였구나."라고 하였다. 이후 지리산 천왕봉에 오른 조선조 문인들은 일월대에서 일출과 일몰, 월출과 월몰을 다 보았다.

선인들이 일출을 맞이한다는 것은 단순히 떠오르는 해를 보며 자신의 소망과 염원을 비는 행위와는 사뭇 다른 의미를 지닌다. 천문(天文)을 살펴 백성이 농사를 잘 짓고 평안히 살아가길 염원하는 성왕(聖王)의 일로 인식하였다. 그러므로 천왕봉에 올라 특히 일출을 보는 데에 큰 의미를 두었으며, 일월대는 바로 그들의 염원이 집약된 곳이었다.

| 일월대 각자

그런데 '일월대' 각자 옆에 '정태현서(鄭泰鉉書)'라는 글씨가 쓰여 있다. '정태현이 쓰다'라는 뜻이다. 정태현(1858~1919)은 자(字)가 여칠(汝七)이고, 호는 죽헌(竹軒)이며, 일두(一蠹) 정여창(鄭汝昌, 1450~1504)의 14대손이다. 현 경상남도 함양군 지곡에서 태어났다. 1886년 한성부 주부(漢城府主簿)가 되었고, 1897년 이후 중추원 의관(中樞院議官)·비서원 비서승(秘書院秘書丞)에 임명되었으나 모두 나아가지 않았다. 1901년 충청북도 관찰사에 임명되어 선정을 베풀었다. 만년에 귀향하여 도숭산(道崇山, 1,044m) 남쪽에 숭양정(崇陽亭)을 지었고, 1906년에 전 재산을 기증하여 사립함덕학교(현 지곡초등학교 전신)를 창설하였다.

앞서 살펴보았듯, 일월대 각자는 정태현보다 2백 년 전에 박장원이 보았고, 그 이후 천왕봉에 오른 수많은 유람자가 기록하고 있지만, 새긴 이의 이름은 아무도 언급하지 않았다. 정태현은 1886년 모친상을 당해 삼년상을 치른 후 고향에 머물렀는데, 이즈음 지리산과 덕유산을 유람하였다. 현 각자로 보면 그가 지리산 천왕봉에 올라 '일월대' 글자를 새긴 것임이 분명한데, 정태현이 본 것이 박장원과 박래오 등이 본 그 '일월대' 글자인지는 명확하지 않다. 왜냐하면, 선현들은 천왕봉에서 '일월대' 각자에 대해 언급하지만, 그 위치를 명확히 기록하고 있지 않기 때문이다. 그렇지만 현재 지리산 천왕봉 일원에서 '일월대' 각자는 이것이 유일하니, 이전의 글씨가 수백 년의 세월에 마모되어 정태현이 그 자리에 다시 새겼다고 보는 것이 그나마 타당할 듯하다.

이 외에도 지리산 천왕봉에 오르면 남주헌(南周獻, 1769~1821) 일행이 새긴 그들의 이름 각자도 확인해 보기를 권한다. 남주헌

| 남주헌 일행의 이름 각자
(지리산국립공원 경남사무소 제공)

은 자가 문보(文甫), 호는 의재(宜齋)이며, 본관은 의령이다. 할아버지는 남공보(南公輔)이며, 종조부는 당대의 대표적인 관각문인 남공철(南公轍)이다. 함양군수로 재직하던 1807년 3월 24일 함양 사근역(沙斤驛)을 출발해 9일 동안 지리산을 유람하였다. 동행자는 경상도 관찰사 윤광안(尹光顔, 1757~1815), 진주 목사 이낙수(李洛秀), 산청 현감 정유순(鄭有淳) 등이다. 경상감사의 행차였던 만큼 유람 행렬이나 그들을 접대하는 관할 지역의 예우 또한 최고 수준이었다. 현재까지 발굴된 지리산 유람 기록 가운데 가장 화려하면서도 많은 인원이 동원된 유람이었다.

그들 일행은 3월 29일 천왕봉에 올랐고, 다음 날 일출을 보고 바위에 자신의 이름을 새겼다. 남주헌의 글씨이다. 글씨의 원문은 네 사람의 이름인 "尹光顔·李洛秀·南周獻·鄭有淳(윤광안·이낙수·남주헌·정유순)"과 "崇禎三丁卯暮春(숭정삼정묘모춘)"이라 쓰여 있고, 맨 왼쪽에 세 글자가 더 붙어 있으나 필자는 읽어내지 못하였다. '숭정'은 중국 명나라 마지막 황제인 의종(毅宗)의 연호(年號)이고, '숭정 정묘년'은 1627

년이다. 임진왜란 때 구원한 명나라에 대한 의리를 지키고자 조선 문인들은 기록에서 의종의 마지막 연호를 써서 표기하였다. '숭정삼정묘'는 숭정 정묘년을 기점으로 세 번의 갑자(甲子)가 지난 정묘년, 곧 1627년부터 180년이 지난 정묘년이니, 남주헌 일행이 지리산을 유람한 1807년을 가리킨다. '모춘'은 음력 3월이다. 따라서 '1807년 3월'이라는 뜻이다.

남주헌의 「지리산행기(智異山行記)」에 의하면, 30일 아침 일출을 보고 하산하면서 그들의 이름을 새기게 했는데, 그가 써 준 글씨는 이보다 많은 '관찰사 윤광안, 진양백 이낙수, 방장수 남주헌, 회계위 정유순(觀察使尹光顏 晉陽伯李洛秀 方丈守南周獻 會稽尉鄭有淳)'과 '숭정삼정묘모춘'이었다. 대개 조선시대 산행에서 유람자는 글씨를 새기는 석공(石工)을 대동하였고, 글자 수가 많을 때는 기다리지 못하고 새길 곳과 글씨를 써주고 떠나곤 하였다. 위에서 보듯 실제 석각에서 이들 네 사람의 직위가 모두 빠진 건 석공이 새길 때 자리가 비좁아 생략한 것으로 추측된다. 이 글씨는 현 천왕봉 헬기장에서 정상으로 가는 길 정면에 사람의 발길이 많이 닿는, 비교적 완만한 바위에 새겨져 있다.

청학동 일대

조선시대 지리산 청학동은 현 경상남도 하동군 화개면 쌍계사와 그 위쪽의 불일폭포 일대를 말하며, 범주를 넓히면 그 안쪽의 삼신동까지 포괄한다. 이 골짜기가 지리산

청학동으로 일컫게 된 것은 고려시대 문인 이인로(李仁老, 1152~1220)가 찾아왔기 때문이다. 이인로는 고려의 정치가 위태로워질 것을 예견하고, 예전에 들었던 지리산 청학동을 찾아 이 골짜기로 왔다. 그는 '쌍계(雙磎)'와 '석문(石門)' 글씨를 보았고, 더 안쪽의 삼신동까지 들어갔다가 청학동을 찾지 못하고 돌아갔는데, 그때 지은 칠언율시 한 수가 『파한집(破閑集)』에 실려 있다. 이후 조선시대 문인은 그의 영향으로 수백 년 동안 지리산 청학동을 찾아 이곳으로 들어왔다.

청학동 유람에서 빈번하게 거론하는 석각은 '쌍계석문' 외에 '환학대(喚鶴臺)', 그리고 남명 조식이 언급한 '을묘추 이언경·홍연(乙卯秋 李彦憬洪淵)', '완폭대(翫瀑臺)' 글씨이다. 먼저 쌍계사로 들어가는 입구에 바위 두 개가 있는데, 그 각각에 '쌍계'와 '석문' 두 글자씩 새겨져 있다. 이 바위는 조선시대 지리산 청학동으로 들어가는 관문이라 할 수 있다. '환학대'는 '학을 부르는 바위'라는 뜻으로, 청학동의 주인 고운(孤雲) 최치원(崔致遠)이 청학을 불러서 타고 날아가는 바위라는 이야기가 전해온다. '환학대' 석각은 1744년 8월 청학동을 유람했던 황도익(黃道翼 1678~1753)의 「두류산유행록(頭流山遊行錄)」에 처음 등장한다. 그는 환학대에 올라 "누군가 학을 불렀는데 유람하는 이들이 그 소리를 듣고서 누대의 이름을 실감나도록 지은 듯하다."라고 하였다. 이후 청학동으로 오르는 유람기록에는 어김없이 환학대가 등장하였다.

1558년 4월 19일 쌍계사에서 청학동으로 오르던 남명은 바위에 새겨진 '이언경·홍연'이라는 이름을 보고 역사에 길이 남을 일침을 던졌다. 대장부가 자기 시대에 큰 업적을 세워 이름을 남겨야지, 아무도 찾지 않는 이런 산골 바위에 이름을 새겨 남기려는 것의 허망함은, 날아가는 새의 그림자만도 못하다는 가르침이었다. 그 역사적 현장이 지금도 청학동을 오르는 길목에 고스란히 남아 있다. 이들 각자는 논자의 선행연구에 자세히 수록되어 있으므로 참고를 요한다. 여기서는 '완폭대' 각자를 소개한다.

| 쌍계석문

| 환학대

| 이언경·홍연 바위 글씨

환학대에서 위쪽으로 1.3km를 더 올라가면 바로 청학동의 정상인 불일암(佛日庵)과 불일폭포가 나타난다. 그곳에 완폭대가 있었다. 완폭대의 '폭'은 불일폭포를 가리키며, '불일폭포를 완상하는 바위'라는 뜻이다. 완폭대는 청학동을 찾

아 불일암에 들렀던 유람자가 불일폭포를 감상하기 위해 올랐던 바위이다. '완폭대' 세 글자가 석각되어 있었고, 그 위에서 불일폭포를 완상한 기록이 조선후기까지 지속해서 나타난다. '완폭대' 글씨 또한 최치원이 썼다는 일화가 줄곧 전해졌다. 불일암과 불일폭포 등 청학동

| 완폭대에서 불일폭포를 완상하다
(황정빈 그림)

주변의 절경을 완상할 수 있는 최고의 장소로 애용되었으며, 유람 기록에 자주 언급함으로써 더욱 알려지게 되었다.

1618년 4월 14일 불일암에 올랐던 현곡(玄谷) 조위한(趙緯韓, 1567~1649)은 "절 앞에 10여 명이 앉을 만한 너럭바위가 있었다. 그곳에 '완폭대' 세 글자가 새겨져 있었으니, 또한 최고운(崔孤雲)이 직접 쓴 것이다. 다섯 사람이 그 위에 둘러앉아 술잔을 씻어 술을 따랐다. …… 완폭대 앞에 오래된 나무들이 나열해 있는데, 이전에 유람 온 사람들이 껍질을 벗기고 이름을 새긴 것이 매우 많았다. 30년 전에 남긴 자취인데도 뚜렷하게 남아 있었다."라고 하였다. 이로써 완폭대는 10여 명이 앉아 술자리를 펼 수 있을 만큼 널찍한 바위이고, 그곳에 '완폭대' 외에도 유람 온 자들의 이름이 여럿 새겨져 있었음을 알 수 있다.

그런데 완폭대는 1884년 5월 청학동에 오른 김성렬(金成烈, 1846~1919)의 「유청학동일기(遊靑鶴洞日記)」를 마지막으로 유람 기록에 등장하지 않는다. 이곳을 오른 유람자도 '완폭대' 글씨를 찾았으나 찾지 못했다고 하였고, 이후에는 기록조차 보이지 않았다. 논자 또한 완폭대의 위치에 대해 오랫동안 고심했다. 유람 기록에 등장하는 완폭대 위치는 거의 일치하는데, '불일암 바로 앞에 있고, 그 아래에는 용소(龍沼)와 학추(鶴湫)로 불리던 못이 있다.'라고 하였다. 실제로 불일암 앞쪽은 비좁은 공간이고, 산 또는 언덕이라 할 만한 건 불일암에서 폭포를 향해 돌아가는 그 모퉁이의 산뿐이다. 그러나 이 또한 이미 많은 나무가 자라 있고, 흙으로 덮여서 사람이 앉기는커녕 서 있을 만한 공간도 없었는지라, 완폭대 글씨를 찾는 건 엄두도 내지 못할 상황이었다.

그러던 2018년 5월, 지리산국립공원 경남사무소가 역사문화자원 조사 도중 '완폭대' 석각을 발견하여 비로소 세상에 다시 드러내었다. 폭 150㎝, 높이 140㎝의 암석에 음각으로 '翫瀑臺' 세 글자가 새겨져 있다. 발견된 장소는 이전의 예상에서 크게 벗어나지 않았지만, 발견된 '완폭대' 글씨는 마모 정도가 매우 심각하였다. 오랜 세월 흙과 돌, 나무

| 완폭대 (지리산국립공원 경남사무소)

에 눌리고 덮여 있었기에 많이 훼손된 상태였다. 위치도 애매하고 달리 보호할 방법이 막연하여, 지금도 거의 방치 상태로 놓여 있다. 완폭대는 지리산 청학동 유람의 마지막 캠프이자 정점이었다. 유람 기록에서 사라진 지 130여 년 만에 세상에 나타난 것은 참으로 다행이나, 앞으로 이를 보호하고 그 의미를 되새기며, 후세에 다시 전해줄 과제도 만만치 않다.

백운동 일대

산청군 덕산은 남명 조식의 만년 강학처이다. 남명이 삼가 토동(兎洞)의 뇌룡정(雷龍亭)에서 61세에 덕산 산천재(山天齋)로 옮겨와 살았던 것은 지리산 천왕봉 때문이었다. 천왕봉을 자기 학문의 도반(道伴)으로 삼아 구도(求道)하기 위해, 어느 곳에서도 천왕봉이 훤히 올려다보이는 덕산으로 들어온 것이다. 남명과 지리산에 관해서도 여러 선행연구에서 이미 밝히고 있으므로 참조를 요한다. 여기서는 남명의 정신을 본받고자 했던 후학의 절절한 마음이 담긴 석각을 소개해 본다. 바로 백운동(白雲洞)에 있는 '남명선생장구지소(南冥先生杖屨之所)'라는 각자이다.

백운동은 지리산대로를 따라 덕산으로 들어가다가 4km 남짓 못 미쳐 우회전하여 3km를 가면 나타나는 계곡이다. 그곳의 계곡을 따라 위쪽으로 올라가면 경관이 빼어난 폭포에 이르는데, 그곳이 백운동 경관의 중심인 용문폭포이다. 따라서 이곳은 용문동천(龍門洞天)이라고도 부른다. 남명이 지리산 권역에서 가장 아름답고 살 만한 곳으로 칭송했으며, 최종적으로 덕산을 만년 거주지로 결정할 때 마지막까지 경쟁했던 공간이라 전해진다. 남명이 세 번 유람했다고 하여 삼유동(三遊洞)이라고도 한다. 이곳에는 '백운동·용문동천'이라는 석각이 현전하며, 훗날 지역의 후학들이 이곳의 빼어난 경관을 사랑하여 '영남제일천석(嶺南第一泉石)'이라 새긴 석각도 남아 있다.

남명은 백운동에서 한시 1수를 지어 지조 없이 명예와 이익만을 따라 이리저리 다니는 세태(世態)를 비판했다. 또한, 일생 타협을 모른 채 살았던 꼿꼿한 기개를 대변하듯, 백운동에는 그의 소나무 한 그루가 있었다고 한다.

| 남명선생장구지소 바위 각자

남명이 세상을 떠나고 삼백 년이 흐른 1893년 단옷날, 강우지역 남명의 후학들이 이곳에 모여 매우 의미 있는 작

업을 진행하였다. 바로 용문폭포 위의 바위에 '남명선생장구지소'라는 여덟 글자를 새긴 것이다. 19세기의 강우문인 물천(勿川) 김진호(金鎭祜, 1845~1908)는 「백운동에 남명선생 유적을 새기고 쓴 기문[白雲洞 刻南冥先生遺蹟記]」에서 "백운동 입구에는 남명 선생이 손수 심은 고송(古松)이 있는데, 선생이 돌아가신 뒤로 지금까지 322년이나 된다. 그런데도 울창한 소나무는 의젓하게 추위에도 꿋꿋하여 인인(仁人)이나 지사(志士)가 병화(兵火)와 시운(時運)이 바뀌는 변화를 겪으면서도 강건하고 굳세게 꺾이지 않은 기상이 있는 듯한 풍모가 있다. 그러니 또한 우러러 공경할 만하다."라고 하였다. 이 시기는 국내외적으로 나라가 위태로운 상황이었고, 이들은 비록 지역의 재야 문인이었으나 남명 정신을 통해 당대의 어려움을 타개하려 했다. 그들은 백운동에 있는 남명송(南冥松)과 함께 이 여덟 글자를 새기고 그 가르침을 잊지 않기 위해 그곳에서 정기적인 회합을 가졌다.

 잘 알려져 있듯, 일제강점기에 일본은 우리나라의 정기를 말살하기 위해 명산대천을 찾아다니며 이와 유사한 글귀들을 마구 훼손하였다. 그런데 이 글귀는 용케도 살아남아 지금도 그 자리를 지키고 있다. 글씨가 바위 정면이 아닌 측면에 쓰여 있고, 바위 규모에 비해 글씨 크기가 작은 편이다. 현재 '운리~덕산' 간 지리산 둘레길 가에 위치하나 사계절 중 겨울을 제외하면 나뭇잎에 가려서 잘 보이지 않으며, 따라서 미리 알고서 찾아가지 않으면 지나치기에 십상인 각자이다. 이에 지금은 위처럼 입간판을 세워, 이곳이 남명의 발자취가 남아 전하는 역사문화의 현장임을 알리고 있다.

3) 나가는 말

2024년 8월 중순, 지리산 천왕봉(1,915m) 언저리에서 역사적인 사건이 일어났다. 바로 지리산 1,900m 높이의 바위 면에서 한자 392자의 각자가 발견된 것이다. 천왕봉에서 불과 15m 남짓 아래에서 발견되었다. 각석의 전체 폭은 4.2m, 높이 1.9m이고, 글자는 총 25행으로 1행 글자 수는 15~16자이다.

여러 방법을 동원해 조사한 결과, 1924년 7월 1일 고죽(孤竹) 묵희(墨熙, 1875~1942)가 짓고, 화산(花山) 권륜(權倫)이 쓴 것으로 판명되었다. 묵희는 노백헌(老柏軒) 정재규(鄭載圭 1843~1911)의 문인으로, 현 경상남도 고성군 동해면 장기리에 살았다. 그는 신필(神筆)로 이름난 서예가이고, 일제강점기에는 의병으로도 활동하였다. 묵희는 상해 임시정부와 통하는 연락책을 맡았는데, 일제에 체포되어 3년 남짓의 옥고를 치르기도 하였다.

| 천왕봉 의병 석각(지리산국립공원 경남사무소)

위 석각의 내용은, 앞쪽은 중국의 역대 왕조가 일어났다가 망한 것을 간추려 기록하였고, 끝부분에서야 짧게 본인의 감회를 서술하였는데, "오늘날 천지가 크게 닫혔다고 하는데, 다시 열리는 기미는 언제쯤일까? 오랑캐를 크게 통일하여 문명이 밝게 빛나고 넓게 퍼져가는 날을 반드시 다시 볼 수 있을 것이다. 그러나 스스로 울분과 원통함을 금치 못하고서 피를 토하고 울음을 삼키며 이 지리산 천왕봉에 올라 만세 천왕(天王)의 대일통(大一統)을 기록한다. 아! 슬프다."라는 내용이다. 묵희는 공자의 『춘추』 대일통을 주제로 하여, 천왕을 상징하는 지리산 천왕봉의 위엄으로 오랑캐인 일제를 물리치고 새로운 세상이 오기를 갈망했으며, 나라를 빼앗긴 울분도 비분강개하게 토로하였다. 우리는 묵희가 민족의 정신이자 염원을 지리산 천왕봉에 새긴 이유에 주목할 필요가 있다. 왜냐하면, 그 이유야말로 지리산이 지닌 위상과 정체성이라 할 수 있기 때문이다.

〈참고문헌〉

金富軾, 『三國史記』 권32, 祭祀志.
南孝溫, 『秋江集』 권4, 「遊天王峯記」.
柳夢寅, 『於于集』 後集 권6, 「遊頭流山錄」.
鄭泰鉉, 『竹軒集』 권7, 「行狀」.
曺植, 『南冥集』 권1, 「遊白雲洞」.
산청문화원, 『산청석각명문총람(山淸石刻銘文總覽)』(1-2책), 2016.
강정화, 「지리산의 각자」, 『오늘의 가사문학』 권16, 2018.

5. 만어산(萬魚山)과 어산불영(魚山佛影) _ 안순형

| 만어사 전경(밀양시청)

　고려 후기의 문인 임춘(林椿, 1149~1182)은 「밀주를 유람하며 일을 적다[遊密州書事]」라는 작품에서 밀양지역을 "산이 많은 고을에 아름다운 곳 많거니와, 명성이 높기로는 한 지방에 으뜸이네. …… 많은 선비는 촉군(蜀郡)과 같고, 빼어난 경치는 여항(餘杭)을 능가하네."라고 하였다. 밀양지역은 동북쪽의 가지산 줄기에서 뻗어 내린 산세가 곳곳에서 아름다운 풍광을 연출하고, 사림의 종주(宗主)로 불렸던 점필재 김종직의 출생지로 유학의 고장이면서 임진왜란 때 승병장(僧兵將)이었던 사명대사 유정(惟政)의 출생하였던 불교의 고장이다. 밀양의 곳곳에는 일찍부터 불교와 밀접한 관련을 지닌 곳도 많은데, 그중에서 만어산이나 만어사는 가야의 수로왕이나 가야불교와 일정한 관련을 지닌 곳으로 언급된

다. 비록 구전 설화에 근거하여 신빙성이 미흡할지라도 이미 『삼국유사』권3 「어산불영」편에 만어산이 불교와 밀접한 연관성이 있다고 전하므로 유구한 불교 전통이 깃든 곳이라 할 수 있다.

일만의 물고기가 산을 이루고

만어산(669.5m)은 삼랑진읍 우곡리·용전리와 단장면 법흥리의 경계에 위치한다. 동남쪽으로는 우곡리를 사이에 두고 구천산(595.6m)과, 남서쪽으로는 뻗어 내려 청용산(362.8m)과, 서북쪽으로는 자씨산(376.2m)·칠탄산(497.4m)과 접한다. 멀리 북쪽으로는 단장천이, 서쪽으로는 밀양강이, 남쪽으로는 낙동강이 흐른다.

만어산에 대한 기록은 『삼국유사』에 처음 보이는데, 「어산불영」편의 '고기(古記)'에 의하면 만어산은 옛날에 '자성산(慈成山)' 혹은 '아야사산(阿耶斯山)'이라 했다고 한다. 하지만 자성산에 대해서는 『삼국유사』에 한 차례 언급될 뿐 이후의 다른 기록에서는 보이지 않는다. 1530년 증보된 『신증동국여지승람』권26 「밀양도호부」 산천조에서도 "자씨산이 부의 동쪽 15리에 있다.", "만어산이 부(府)의 동쪽 20리에 있다."며 자성산 대신에 만어산이란 명칭을 사용하였다. 반면, 자씨산에 대해서는 이제현(李齊賢)이 찬술했던 '유원 고려국 조계종 자씨산 영원사 보감국사 비명 병서(有元高麗國曹溪宗慈氏山瑩源寺寶鑑國師碑銘幷序)'에서 처음으로 보인다. 보감국사[속성 김씨, 휘는 혼구(混丘)]는 충숙왕 때 왕사를 역임했는데, 자씨산 영원사로 물러나 주석하였다. 위의 『신증동국여지승람』의 기록 뿐만 아니라 조선후기에 제작된 「지승(地乘)」밀양부를 포함한 여러 지도에서도 대개 부성(府城)의 남문을 지나는 응천(凝川)의 동쪽에 자씨산이 표시되어 있

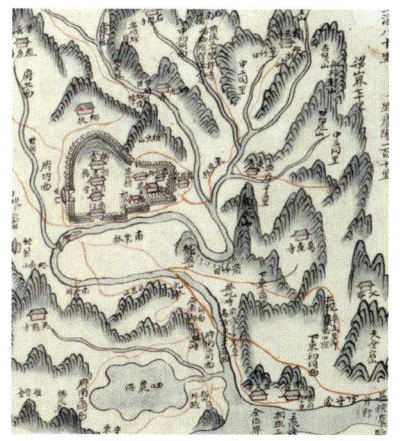
| 「해동지도」 밀양부 (규장각한국학연구원)

고, 그 동쪽에 만어사가 표시되어 있지만 만어산은 생략된 것이 많다.

여기서 만어산, 자성산, 자씨산은 동일한 산의 다른 이름인가? 아니면 별개의 산인가? 먼저, 일연은 일찍이 만어사에 머물렀기 때문에 만어산의 유래나 이칭 등에 대해 기록이든지, 전문(傳聞)이든지 확인했을 것이다. 이 때문에 만어산과 자성산이 동일한 산이라고 한 그의 기록은 신빙성이 있다고 할 수 있다. 다음으로, 자성산과 자씨산의 관계에 대한 문제인데, 두 산은 동일한 산의 이명일 가능성이 크다. 그 이유는 첫째, 자성산의 '成(성)'자와 자씨산의 '氏(씨)'자는 자획이 유사하여 전근대시기의 필사나 판각에서 오류가 발생할 수 있다. 『삼국유사』권3 「어산불영」편의 첫 문장에 '萬魚山(만어산)'을 '萬魚寺(만어사)'라고 했던 것도 그 사례

229

라고 할 수 있는데, 전근대시기에 이런 오류는 빈번하게 보이고 있다. 둘째, 고려는 불교가 성행했던 시기였기 때문에 불교의 성지라고 할 수 있는 만어산은 '자성산'보다는 불교적 색채가 짙은 자씨산이었을 가능성이 많다. 자씨(慈氏)는 마이트리아(Maitreya)로 미륵의 의역이며, 지금도 만어사에서는 어산불영의 설화가 깃들어 있는 바위를 '미륵바위'로 부르고 있다. 「어산불영」편에 자성산으로 표기된 만어산도 원래 자씨산이었던 것이 '자성산'으로 잘못 표기되었다가 후에 '자씨산'으로 교정된 것이 아닌가 생각된다. 셋째, 만어산과 자씨산은 매우 가까운 거리에 위치한다는 점이다. 『신증동국여지승람』에 의하면 자씨산과 만어산의 격차는 '5리'에 불과하고, 『여지도서』권하 「밀양도호부」 산천조에서는 "(자씨산은) 부의 동쪽 15리에 있는데, 만어산으로부터 온다."고 하였다. 현대 지도에서도 두 산의 이격거리는 직선상으로 약 5.4km인데, 그 가운데에는 그다지 유명세를 지닌 산은 없다. 이런 상황하에서 전근대 시기에는 만어산이나 자씨산, 특히 자씨산이 그 인근의 산인 만어산을 포괄했을 것으로 보인다.

일찍부터 만어산에는 만어사 아래쪽으로 흘러내린 바위로 이루어진 '덜경'이 유명하였다. 만어산 덜경의 유래에 대해서는 『삼국유사』의 가야 수로왕 관련설, 동해 용왕 아들 관련설, 진나라 시황제와 관련설 등이 있다. 먼저, 『삼국유사』 「어산불영」편에는 고기(古記)를 인용하여 덜경의 유래에 대한 설화를 전한다. 이에 의하면, 가야의 수로왕 때에 국경 내의 옥지(玉池)에 독룡이 살았는데, 만어산의 다섯 나찰녀가 왕래하며 그와 정을 통하니, 번개가 치고 비를 내려 4년 동안 곡식이 자랄 수가 없었다. 왕이 주술로 금하려 했으나 할 수가 없어 부처님께 설법을 청하여 나찰녀들이 5계를 받고서야 재해가 없어졌다. 그러므로 동해의 물고기와 용이 마침내 골짜기를 가득 채운 돌로 변했는데, 이 돌에서는 쇠북과 경쇠의 소리[鍾磬之聲]가 난다고 하였다.

다음으로 옛날 동해 용왕의 아들이 목숨이 다할 것을 알고, 김해의 무척산(無隻山) 신승(神僧)을 찾아가 새로 살 곳을 물었다. 신승은 가다가 멈추는 곳이 인연의 터라고 일러주었다. 그가 길을 떠나자 무수한 물고기도 떼를 지어 뒤를 따랐는데, 그가 머물러 쉰 곳이 만어산이었다. 후에 용왕의 아들은 커다란 미륵돌로 변하였고, 고기떼는 크고 작은 돌로 변해 버렸다고 하였다.

| 만어사 앞 경석(밀양시청)

그다음으로 시황제와 관련설은 구전으로 전승되어 온 것이다. 시황제가 천하를 통일하고 난 후에 북방의 흉노를 방비하기 위해 만리장성을 쌓는데, 방방곡곡에서 돌을 모았

다. 당시 마고할미도 돌을 모아 물고기로 만들어 장성을 쌓는 곳으로 몰아가는데, 만어산쯤 와서 "만리장성을 전부 쌓았다."는 말을 듣고 멈추게 된다. 그러자 물고기들은 원래의 모습인 돌로 변하게 되는데, 모두 머리를 북쪽으로 두게 되었다고 한다. 이 세 가지의 유래설은 '물고기'가 변하여 만어석이 되었다는 공통점이 있는데, 인근의 낙동강이나 혹은 멀리 남쪽 바다와 어떤 관련이 있는 것인가?

이러한 설화적 내용은 후세 문인들의 작품 소재로도 종종 활용되었다. 조선후기 이영제(李濟永, 1799~1871)는 만어산의 덜겅에 대해 「만어사」라는 작품을 남겼다.

> 태고적 산에 어찌 물이 있어서[太古山其水],
> 신령한 물고기가 하늘에서 내려왔나[神魚或降天]?
> 아둔하여 사람들이 교화되지 않아[頑然不化物],
> 무엇으로 와전되었나[何者以訛傳]?
> 빗줄기는 천겁동안 문지르고[雨骨磨千劫],
> 구름 뿌리는 구천까지 닿았겠네[雲根徹九泉].
> 진시황의 채찍이 다 몰아가지 못하고[嬴鞭驅未盡],
> 해동 변방을 머물게 하였구나[許鎭海東邊].

그는 「만어사」라는 시에서 만어산 덜겅의 유래에 대한 여러 설을 활용하여 자신의 심정을 표현하고 있다. 비록 덜겅의 유래설은 설화적 요소가 농후하여 신뢰성이 부족하지만 수로왕 관련설의 '쇠북과 경쇠의 소리가 난다.'라는 마지막

부분은 전근대시기 음악, 특히 악기 제작의 연구에 참고자료가 된다. 만어산 덜겅의 바위는 전통 악기 중에 타악기인 특경(特磬)과 편경(編磬)을 만들 수 있는 '경석(磬石)'이라 할 수 있다. 『세종실록』150권 지리지 경상도 밀양도호부 토산조에는 "(경석이) 부의 동쪽 만어사동(萬魚寺洞)에서 생산된다."고 하였다. 일찍이 한반도에서는 악기를 만들 수 있는 고급의 경석이 발견되지 않아서 고려, 혹은 조선 초기까지 그것으로 만든 모든 악기는 중국으로부터 들어왔다. 『세종실록』에는 고려 때 편경의 도입과 조선 초기에 편경의 자체 제작에 대해 자세히 언급하고 있다. 이에 따르면, 1116년(고려 예종 11) 북송 휘종 때 아악(雅樂)을 들여올 때 제악(祭樂)에 필요한 악기를 함께 전해 받은 것에서 처음으로 편경의 존재가 확인된다. 이후 1406년(조선 태종 6)까지 널리 경석의 산지를 물색했으나 찾지 못하여 명나라 영락제로부터 하사받을 수밖에 없었다. 세종 때 아악을 정리했던 박연(朴堧)도 "경석을 얻는다는 것은 예로부터 어려운 일이므로, 우리나라[조선]에서 질로 경을 만든 것[瓦磬]은 역

『세종실록』 47권 남양 경석으로 석경을 제작한 내용(국사편찬위원회)

시 부득이했던 것입니다."라고 언급하고 있다. 1427년(세종 9)에 마침내 남양부(南陽府)의 동쪽 사나사(舍郡寺[舍那寺])의 서쪽 산에서 푸르고 흰 빛이 섞인 문채가 있는 좋은 경석을 찾아내어 박연에게 편경을 만들도록 했더니, 그 소리가 매우 맑고 화평하여 당경(唐磬)보다 못하지 않았다고 하였다.

하지만 만어산에서 생산되었던 경석은 그다지 뛰어난 재질은 아니었던 것 같다. 조선후기에 제작되었던 「해동지도」 밀양부의 주기(注記)에는 만어산의 경석에 대해 "산중에는 골짜기가 하나 있고, 골짜기의 크고 작은 암석은 모두 종경(鐘磬)의 소리가 있었다. 세상에서는 동해의 어룡들이 돌로 변했다고 전한다. 우리 세종 때에 그것을 캐내어 편경을 만들었으나 음률이 맞지 않아서 마침내 폐했다."고 한다. 만어산의 경석이 비록 악기를 만들 정도로 고급의 재질은 아니지만 바위가 겹겹이 싸여서 만들어낸 덜겅의 아름다운 풍경은 일찍부터 사람들의 발길을 끌어들였다. 만어산의 아름다운 풍광을 노래한 사람들 중에는 20여 년 동안(1801~1824) 김해에서 유배생활을 했던 이학규(李學逵)도 포함되는데, 그는 '영남악부' 중에 「만어석(萬魚石)」이란 시를 남겼다.

> 만어산의 정기가 일만의 바위로 비었으니[魚山之精 萬石之空],
> 대롱대롱 엮어 달아 미풍에 끝이 없네[織襪㫃曳 微風㵋洞].
> 휘잉 크게 울려 종경 소리 진동하니[谽然大鳴 鍾磬震動],

풍산이 어울리지 않아 사빈으로 갔네[豊山不諧 泗濱矢往].
시원스러운 본 바탕 밀고 끌기를 사절하니[泠然天質 謝彼推捫],
오는 사람 우러러 보니 구름을 뭉게뭉게 피우네
[來人仰止 出雲瀚瀚].

| 만어사에서 바라본 운해(밀양시청)

 이 시에서 이학규는 '일만의 바위', '종경'이라는 만어산의 특징과 '구름'의 몽환적인 풍광을 잘 드러내고 있다. 피어오른 구름의 아름다움은 '만어사 운해'란 이름으로 밀양팔경의 여섯 번째 풍광으로 손꼽히고 있다. 뿐만 아니라 『여지도서』 권하 「밀양도호부」 산천조에는 "만어산은 부의 동쪽 20리에 있는데, 고야산(姑射山)으로부터 오며 기우제단이 있다."고 전한다. 만어산의 기우제단은 '물고기와 용'이 변하여 경석이 되었다는 설화와 관련이 있는 것으로 보이는데, 물고기는 물이 없으면 생존할 수 없는 존재하고, 용은 '물'을 관장한다고 믿어졌던 존재이다. 이로 말미암아 조선후기까지 만

어산은 화악산·영현(鈴峴)·용두산 등과 더불어 밀양지역의 대표적 기우제 장소였다.

바위 속에는 부처님의 그림자가

만어산이나 그 인근지역에는 일찍이 가야시대부터 불교가 영향을 미치고 있었다고 전한다. 동쪽의 천태산에는 가락국 2대 왕이었던 거등왕이 수로왕을 위해 부암(父庵, 현재의 부은사)을 세웠다는 설화가 있다. 앞에서 이미 수로왕이 부처님께 설법을 청하여 만어산 나찰녀들의 악행을 굴복시켰다는 설화와 이에 근거하여 일부 사람들이 남방불교, 혹은 가야불교의 전래를 말하기도 한다고 언급하였다. 또한 최근에 제작된 디지털밀양문화대전 '만어사' 항목에서는 "『세종실록지리지(世宗實錄地理志)』에 의하면 신라의 왕들이 불공을 드리는 장소로 이용되었다고 한다."고 하였다. 하지만 실제로 『세종실록지리지』에는 만어사와 관련해서 토산조에 '경석'이 생산된다고 한 기록만 있고, 밀양지역의 사찰에 대해서는 영원사와 엄광사의 기록만 보일 뿐이니 재검토할 필요가 있다. 『삼국유사』권3에 의하면, 실제로 만어사의 창건은 이보다 훨씬 후대인 고려 때의 일이다.

고려 중기가 되면 만어산을 포함한 주변 지역에는 만어사를 포함한 다수의 사찰이 활동하고 있었다. 만어사 삼층석탑, 자씨산 영원사터에 일부 남아 있는 보감국사 묘응탑비와 승탑, 삼랑진읍 숭진리 절터의 삼층석탑 등이 이러한 사실을 잘 반영해 준다. 『삼국유사』권제3 「어산불영」편에는 명확하게 경자년이었던 1180년[대정(大定) 20, 명종 10]에 보림(寶林)이 처음으로 만어사를 세웠다고 전한다. 또한, 「비변사인방안지도」 밀양부에는 "(만어사는 부성의) 관문으로부터 35리에 위치한다."고 그 위치를 정확하게 기록하고 있다. 『삼국유사』에서 보림은 만어산의 인근 양주(梁州) 경계의 옥지에 독룡이 살고 있다고 한 것, 강변에서 일어난 구름 기운이 산정에 이르면 그 속에서 음악 소리가 난다고 한 것, 불영(佛影)의 서북쪽에는 항상 물이 끊이지 않는 반석이 있어 부처가 가사를 빨았던 곳과 같다고 한 것 등의 3가지 기이한 자취들이 일찍이 북천축 가라국(訶羅國)의 불영과 서로 부합한다고 하였다.

만어사의 창건 100여 년 후에 일연도 만어사를 친히 방문했었는데, 그는 골짜기의 바위 2/3가 쇠와 옥의 소리[金玉之聲]를 내는 것, 멀리서 보면 드러나고 가까이서 보면 드러나지 않는 불영의 기적은 분명히 믿을만한 것이라고 하였다. 일연은 『삼국유사』에서 『불설관불삼매해경(佛說觀佛三昧海經)』 권7 「관사위의품(觀四威儀

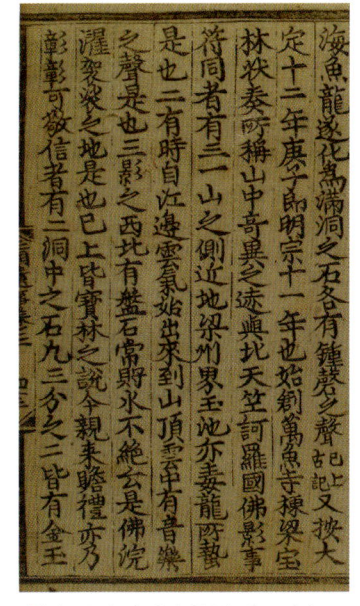

| 『삼국유사』권3 「어산불영」에 보림의 만어사 창건(국사편찬위원회)

品)」의 야건 가라국 고선산(耶乾訶羅國古仙山)의 불영 기적, 『고승전』권6「진 여산 석혜원전(晉廬山釋慧遠傳)」의 북천축 월지국 나갈가성(那竭呵城) 남쪽 고선인의 석실 중에 있었다는 불영, 석법현의 『불국기』에 나오는 나갈국의 불영, 현장의 『대당서역기』권2에 나오는 독룡을 굴복시킨 불영의 기적 등을 널리 인용하여 서술하면서 만어산 불영의 근거를 마련하고, 부처의 위엄과 불교의 영험함을 강조하였다. 만어사 경석의 맑은 쇠소리는 지금도 덜겅의 곳곳에서 확인이 가능하여 사찰을 찾는 방문객들이 바위틈 곳곳에 모여서 바위를 두드리는 모습을 볼 수 있다.

조선은 건국 이래로 국가적 차원에서 유교를 국시로 하여 숭유억불 정책을 펼쳤지만 세조 연간에는 전국적으로 여러 사찰에서 전각의 중수, 불경의 간행 등 다양한 불사를 행하였다. 만어사도 규모는 비교적 작은 사찰이었지만 조선전기부터 밀양 지역에서 불전의 유포와 포교에 중요한 거점 역할을 하였다. 당시 불교계에서는 빈번하게 수요가 많은 불경들을 모아서 한권으로 간행했는데, 만어사에서도 1466년(세조 12)에 '육경합부(六經合部)'을, 1468년(세조 14)에

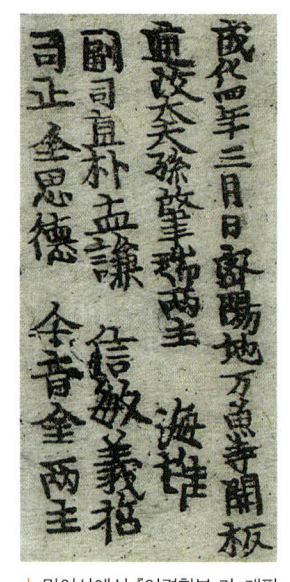
| 만어사에서 『이경합부』가 개판되었다는 간기(국립중앙도서관)

'이경합부(二經合部)'를 각각 개판하여 간행하였다. 특히, 이경합부 가운데 하나인 『불설대보부모은중경』은 불교계의 '효경'이라 불릴 정도로 '효'를 강조하고 있는데, 이 경전이 자발적으로 널리 간행·유포되었다는 것은 숭유억불책의 시행 속에서 불교계가 생존을 도모했던 방편이었다고 할 수 있다.

만어산 정상부 근처의 편벽한 만어사에서 이처럼 불전을 간행할 수 있었던 것은 만어사가 낙동강변과 가까운 곳에 위치하고, 또한 밀양강(응천)이 합수하던 삼랑진은 일찍부터 물산의 집중지이자 교통의 요충지였기 때문이다. 그 결과 낙동강 수계를 타고 삼랑진으로 몰려 들었던 인적·물적 자원은 만어사에 공급되었을 것이고, 육경합부의 개판에는 80여 명의 승속이, 이경합부의 개판에는 50여 명의 승속이 동참함으로써 경전의 간행도 원활하게 완료할 수 있었을 것이다. 밀양지역에서 이처럼 불교계의 거점 역할을 했던 만어사는 당연히 지방관들에게도 주목의 대상이 되었다. 1547년에 밀양부사에 임명되었던 안주(安宙, 1495~?)도 직접 만어사를 방문하여 자신의 소회를 작품으로 남겼다.

복사꽃으로 무릉의 봄을 이야기 말자[桃花休說武陵春],
만 골짝 천 바위에 서리내린 나무 새롭다[萬壑千巖霜樹新].
들 새들도 귀한 손을 맞이할 줄 알고[野鳥亦能迎上客],
계곡의 구름은 노는 사람 곁에만 많네[溪雲偏自傍遊人].
누각 머리 비올듯한 푸른 산이 잠겨들고[樓頭雨色沈靑嶂],

나무 끝엔 강물 빛이 흰 마름을 띠었구나[木杪江光帶白蘋].
비구승과 함께 패엽경을 뒤적이나니[一共比丘披貝葉],
그대들 아겠는가 지방 관원 신세임을[諸君知現宰官身].

임진왜란과 병자호란 등의 전란을 거친 조선 후기에는 성리학적 질서가 강화되면서 전국적으로 사찰들이 점차 황폐되었다. 『범우고(梵宇攷)』가 편찬된 1799년 무렵에는 밀양지역에서 영원사 등의 고찰이 폐사가 되었지만 만어사는 여전히 명맥을 유지하며 법등을 밝혀 현재에 이르고 있다.

| 만어사 삼층석탑 전경(밀양시청)

현재 만어사에는 다양한 문화유산과 기념물이 있다. 만어사를 대표하는 유산으로는 이미 앞에서 살펴보았던 2011년 천연기념물로 지정된 '밀양 만어산 암괴류(일명 만어산 경석, 규모 115,149㎡)'와 1996년에 경상남도 기념물로 지정된 '만어산 어산불영'이 있다. 특히, 부처의 영상(靈像)이 깃들었다

고 전해지는 어산불영의 바위(일명 미륵바위)는 근래에 미륵전이 지어져 보호되고 있다. 1968년에 보물로 지정된 '밀양 만어사 삼층석탑(높이 약 3.7m)'도 주목되는 문화유산이다. 이 탑은 지붕돌받침이 3단으로 줄어들었고, 지붕돌 낙수면의 위쪽은 밖으로 볼록하다가 끝부분이 다시 살짝 솟아오르는 독특한 형태를 하고 있다. 탑의 구조나 제작 수법이 고려 중기의 형식을 갖추고 있는 것으로 보아 1180년 절이 창건될 무렵에 함께 조성된 것으로 생각된다.

이외에도 만어사 대웅전에는 1880년에 화승 정행(正涬)과 정첨(正添)이 제작했던 '밀양 만어사 아미타오존도(가로 121×세로 142㎝, 경상남도 문화유산)'와 조각승 승호가 17세기 후반에 제작한 '밀양 만어사 석조여래좌상(높이 71㎝, 경상남도 문화유산자료)'이 있다.

만어산은 그다지 높지가 않지만 멀리 낙동강과 밀양강을 조망할 수 있는 뛰어난 풍광을 자랑한다. 그 속에 깃든 만어사도 그다지 크지 않으나 어산불영의 설화를 간직한 유서 깊은 곳이다. 이러한 풍광과 이야기들이 어우러짐으로써 만어산 인근의 사람들은 심적인 평온을 기반으로 풍요로운 삶을 살 수 있었다.

〈참고문헌〉

『세종실록』47권 세종 12년 2월조.
『세종실록』150권 지리지 밀양도호부.

『여지도서』권하 「밀양도호부」 산천조.
『이경합부(二經合部)』(1468년, 만어사 개판).
임춘(林椿), 『서하선생집(西河先生集)』권2 「유밀주서사(遊密州書事)」.
이학규(李學逵), 『낙하생집(洛下生集)』6책 [영남악부] 만어석(萬魚石)」.
「해동지도」 밀양부.
최영호, 「세조 때 密陽 萬魚寺에서 조성된 불교기록유산의 역사·문화적 성격」『문물연구』, 동아문화재단, 2021.

지리산 제석봉 고사목

문학 속의 산

1. 문학으로 본 지리산 _ 정미진
2. 사천 와룡산의 장수 전설 _ 한양하

Ⅳ. 문학 속의 산

1. 문학으로 본 지리산 _ 정미진

지리산은 인간의 길고 긴 역사 속에서 세속적인 가치와는 동떨어진 이상향으로서, 산을 중심으로 살아가는 사람들에게는 삶의 터전으로서, 지난한 상황에서 '나'를 숨길 수 있는 은둔과 도피의 공간으로서, 역사적 상황으로 인한 대립과 갈등 그리고 저항의 공간으로서 거기에 있었다. "지리산은 자연으로선 웅장 숭엄한 아름다움을 가지고, 역사에 있어선 한량없는 슬픔을 지닌 산이다.(이병주, 『산을 생각한다』, 서당, 176쪽)"라는 소설가 이병주(1921~1992)의 술회에서처럼 지리산은 신비스러움과 아름다움을 가진 자연 그 자체로, 혹은 한국전쟁 당시 빨치산 활동의 중심지였다는 역사적 맥락에서 문학 작품의 배경으로 자주 등장했다. 멀게는 삼국시대의 「지리산가(智異山歌)」나 「우적가(遇賊歌)」부터, 가깝게는 문순태의 『피아골』(1985), 조정래의 『태백산맥』(1989), 박경리의 『토지』(1994) 등의 소설, 고은의 「지리산」(1977), 김지하의 「지리산」(1982)과 같

이병주의 『지리산』1 앞표지(2019)

은 시편에 이르기까지, 지리산은 같고 또 다른 방식으로 이야기되었다.

이병주의 『지리산』(1978): 지리산이 품은 역사의 한[1]

어린 시절을 지리산 자락에서 보낸 이병주에게 지리산은 일상의 공간이었다. 그러나 한국전쟁 당시 지리산에서 생사를 오가는 경험을 한 이후 지리산은 '한(恨)'의 공간이기도 하였다. 그래서일까. 이병주는 대하 장편소설 『지리산』에서 "지리산의 흙과 물로 만들어진 소년"(1권, 58쪽) 박태영과 이규를 정면에 등장시켜 일제 말기부터 한국전쟁에 이르는 한국 현대사의 격동기를 배경으로 비극적 시대를 살아야 했던 다양한 인간 군상들의 행보와 현실 인식을 담아낸다. 특히 박태영이라는 전도유망한 젊은 청년이 빨치산이 될 수밖에 없었던 과정과 그 사이의 고뇌, 그리고 위기에 빠진 나라를 구할 희망처럼 믿었던 공산주의에 절망하고도 지리산에서 빨치산으로 죽을 수밖에 없었던 박태영의 운명을 역사적 사실을 중심으로 서사화하고 있다.

가난한 농군 부모를 둔 청년 박태영은 일본 유학 중 학병 소집 통지를 받고 이를 거부하는 한편 나라를 위할 결심을 하고 지리산으로 숨어든다.

---

[1] 해당 내용은 정미진, 「공산주의자, 반공주의자 혹은 휴머니스트: 이병주 사상 재론」(『배달말』 63, 배달말학회, 2018.)의 일부 내용을 수정하여 수록한 것임을 밝혀둔다.

이 무렵, 칠선동에 몰려 있는 보광당의 도령들은 함양경찰서를 습격할 준비를 하고 있었다.
　칠선골은 장장 30리를 심산 속에서 굴곡하고 있는 깊은 계곡이다. 계류는 흘러 크고 작은 폭포로 쏟아지기도 하고, 기암과 괴석을 스쳐 급한 흐름이 되기도 하고, 잠시 괴어서 신비의 못을 이루기도 한다. 계곡 언저리는 깎아 세운 듯한 절벽이기도 하고 울창한 숲이기도 하다. 지리산의 정상 천왕봉은 그 계곡을 거슬러 오른 데 있다.(이병주, 『지리산』 2권, 한길사, 2006, 263~264쪽)

　일본의 강제 징병과 징용을 피해 지리산으로 모여든 박태영과 청년들은 조국 독립을 위한 결사인 '보광당'을 조직해 생활한다. 그러던 중 일본 경찰의 습격을 받아 은신처를 옮기게 되는데 그곳이 '칠선골'이다. '칠선골'은 지리산에서 가장 험하고 긴 계곡으로 알려져 있다. 『지리산』에서 박태영을 비롯한 학병 기피자들이 다름 아닌 지리산을 선택한 것은 그들에게 지리산이 친밀한 장소이기 때문이며, 동시에 넓고 깊은 골짜기를 가진 '지리산'의 지형적 조건이 학병을 피해 몸을 숨기기에 적당했기 때문이다. 그리하여 지리산은 '은신의 장소'이자 일본 제국주의에 동조하지 않겠다는 자신들의 신념을 지켜줄 '저항의 장소'로 정체성을 가지게 되는 것이다.
　박태영이 공산당이 된 것은 "보다 인간적인 사람을 만나기 위해", "보다 인간적인 사람이 되기 위해"(5권, 76쪽)서였다. 그렇지만 지리산에 모여든 빨치산들이 생존을 위해, 혹은 신념을 지킨다는 명목으로 벌였던 투쟁은 지리산 인근의 지역민들에게 '빨갱이'라는 부정적인 인식을 심었다. 여순사건(1948) 당시 지리산 인근 지역인 하동 곳곳에는 반군을 저지하기 위해 군인과 경찰, 한국청년회 등이 포진하였고, 지역 바깥으로의 이동을 금지시키는 통행 금지령이 내려지는가 하면 산악 지역의 소개(疏開)로 인해 많은 주민들이 집을 잃고 걸식을 한 것으로 알려져 있다. 뿐만 아니라 빨치산 진압을 위한 전투 과정에서 많은 민간인이 무고하게 학살당하기도 했다. 그래서 당시에 '지리산'은 공산당의 활동무대이자 집결지인 것처럼 인식되기도 했으며, 그 인식은 꽤 오랫동안 바뀌지 않았다.

| 지리산 칠선계곡(국립공원공단)

박태영은 대구 10·1사건(1946.10.1.), 제주 4·3사건

(1948.4.3.), 여수·순천사건(1948.10.19.)을 겪으며 공산당이 진리를 추구한다는 명목으로 민중을 선동하여 많은 민간인 피해자를 냈으면서도 사건의 결과에 책임지지 않으려는 비인간적인 모습을 발견하고 공산당에 대한 실망과 함께 죄의식을 느끼게 된다. 이후 그는 공산당에서 축출당했으면서도 한국전쟁 이후 시대의 흐름에 등 떠밀려 다시 지리산으로 들어간다. 그곳에서 마주한 것은 이제 생존을 위해 민중을 약탈하는 공산당이었다. 그러나 박태영은 지리산에서 내려오는 대신 사상이나 대의명분이 아닌 '자신만을 위한 파르티잔'이 되어 홀로 끝까지 싸우다가 지리산 기슭에 묻힌다.

지리산이란 곳에서 수 많은 사람들이 죽지 않았습니까? 그 많은 죽음은 순전히 흑백의 논리 때문에 죽어간 것이라 해도 과언이 아니겠고 그 비극이란 것은 거의 이데올로기가 빚은 비극이라 해도 틀린 말은 아닐 겁니다. 그러니까 그 지리산의 비극을 그림으로써 우리가 이데올로기를 갖더라도 얼굴이 있고 개성이 있는 그러한 것이라야 되고 또 진실을 위해서는 이데올로기가 양보해야 되며 생명을 위해서는 그것이 생명을 희생시키는 것이 아니라, 생명을 위해 그것을 희생시켜야 한다는 그러한 점에 우리는 어디까지나 집착할 필요가 있지 않은가 싶습니다.

말하자면 휴머니즘이라고 하는 것은 센티멘탈에 그쳐서는 안되는 것이고 반인간적인 것에 대해서는 어디까지나 철두철미하게 싸워야 하는 휴머니즘이라야 합니다. 그래서 반인간적인 조건이나 상황, 제약에 대해서는 누구보다도 강한 투사가 될 수 있는 사상이라야 옳은 사상이지 않겠느냐 하는 것을 저는 제 소설에서 나타내려고 하고 있습니다.(이병주·남재희 대담,「회색군상의 논리」,『세대』, 1974.5.)

 이병주는 조국의 독립과 평화를 위해 몸을 내던져 싸웠던 유능한 청춘들의 순수한 애국심이 자신들의 야망을 달성하려는 공산당의 목적에 이용당했다고 생각했다. 공산주의가 비난받아야 하는 것은 그 사상 자체가 아니라 사상을 실천한다는 명목으로 반인간적인 행위를 일삼았기 때문이며, 관념적인 사상과 이데올로기라는 미명 아래 무수히 많은 삶들이 허망하게 죽어야 했기 때문이라 여긴다. 그러므로 이병주가『지리산』을 통해 기록하려고 했던 것은 '공산당의 빨치산 활동기'가 아니라 정치화된 이데올로기에 의해 희생당했던 무수히 많은 개인들과 그들이 살았던 역사적 현실 그 자체라고 할 수 있을 것이다. 그렇기에『지리산』에서 지리산은 '인간'이 '인간'을 잃었을 때 뒤따르는 희생과 비극을 품은 공간으로 더 큰 의미를 가지게 된다.

| 지리산 자락에 있는 이병주 문학관(하동군청)

서정인의 「철쭉제」(1983): 역사의 정리와 화해의 가능성

서정인(1936~)의 「철쭉제」는 지리산을 오르는 과정에서 우연히 동행하게 된 여대생 철순과 현애, 포장마차 마담 '윤'과 '장'의 대화로 구성된 중편소설이다. 서정인의 소설은 전통적인 소설과는 다른 낯선 형식과 새로운 작법으로 독자들로 하여금 새로운 읽기 방식을 요구한다는 평가를 받아왔다. 특히 「철쭉제」는 서정인 특유의 '대화' 형식 소설의 시작점에 놓인 작품으로 지리산 종주길을 따라 '철쭉제-장터목-세석-한신계곡-백무동'의 다섯 개의 장으로 이루어져 있다. 소설에서 네 인물은 철학과 현실, 선과 악, 악당과 바보, 자유인과 노예, 시와 생활, 전쟁과 군인 등에 대해 쉴 새 없이 이야기를 나눈다. 그리고 그 이야기는 결론을 향해 가는 이야기가 아니라 그저 우연히 마주친 사람들의 우연한 대화일 따름이다. 그렇다면 왜 이들이 대화를 나누는 배경이 '지리산'인 것일까.

| 서정인의 「철쭉제」 앞표지(1995)

이병주의 『지리산』이 그러하듯 지리산은 한국 근현대사의 비극을 품고 있는 공간으로 역사적으로 의미화되는 경우가 많다. 서정인의 「철쭉제」에서는 직접적으로 지리산을 배경으로 하는 역사적인 반목과 갈등을 조명하여 대화의 주제

로 삼지는 않는다. 하지만 인물들의 대화와 그 속에 담긴 의미를 생각해 볼 때 「철쭉제」에서 지리산은 역사적 의미를 전제한 공간임을 알 수 있다. 그러나 다양한 가치가 숨어들고 충돌하는 혼란의 공간이었던 지리산은 서정인의 「철쭉제」에서 인물들의 말과 말하기 방식을 통해 다른 의미를 획득하게 된다.

그들은 등산도 생활로서 했겠지. 가령, 장삿길에 산을 넘는다든지. 옆엣사람이 말했다. 맞어. 장터목이 왜 장터목인지 알어? 아무도 대답하지 않았다. 옛날, 아마, 백제 사람들과 신라 사람들이 거기서 물물교환을 했을 거야. 물은 사람이 스스로 대답했다. 마한 사람들과 변한 사람들이었는지도 몰라. 누가 말했다. 그도 대강은 짐작을 하고 있었던 모양이었다. 이쪽에서는 쌀가마를 지고 오고, 저쪽에서는 소금가마를 지고 오고! 누가 또 말했다. 물물교환이라는 말에 상상력이 꿈틀거린 모양이었다. 얼마나 무거웠을까! 앞쪽에서 소리가 났다.(서정인, 「철쭉제」, 동아출판사, 1995, 317쪽)

역사와 일상은 별개의 영역인 것처럼 여겨지는 경우가 많았다. 역사라는 큰 흐름 속에서 개인의 소소한 일상은 중요한 것으로 다뤄지지 않는다. 위의 인용문은 지리산을 오르던 등산객들이 '장터목'을 지나면서 나누는 대화이다. 산을 오르던 사람들은 장터목이 장터목이 된 이유가 삼국시대 사람들이 물물교환을 하기 위해 모여들었기 때문이라고 상상한다. 그 옛날 사람들에게 산을 오르는 일은 어떤 거대한 의미를 가진 역사적 행위가 아니라 '생활'이었다는 것. 과거의 사실에 근거하여 '장터목'이라는 이름이 붙여졌을 장터목은 인물의 말을 통해 특정 시기의 일상적 경험으로 구체화되고, 무거운 짐을 져 나르는 삶의 고단함을 내포하는 공간으로 의미화된다. 이는 역사와 일상이 이분법적으로 구분되지 않는다는 것을 동시에 보여주는 것이기도 하다. 지리산의 장터목을 지났을 많은 사람들과 이들에 의해 벌어진 다양한 사건들은 사건 자체로서 다뤄지는 것이 아니라 이야기되는 과정에서 의미화되고 이름 붙여졌을 뿐이라는 것이다. 이런 인식은 또 다른 구절에서도 확인할 수 있다.

"정복으로 말하자며녀, 우리가 산을 정복한 것이 아니라, 산이 우리를 정복했겠지요. 산의 아름다움 앞에 우리들이 항복을 한 것이지, 산이 우리들 앞에 무릎을 꿇었어요? 우리들이 그 위에 올랐다고 산이 아파했어요? 우리들이 아파하고, 우리들이 괴로워했지요. 산이 우리들의 고통을 이기게 해주었어요. 산이 우리들의 고통을 이긴 거죠."

"우리들이 우리들의 고통을 이긴 것은 아닐까요?" 윤여사가 조심스럽게 현애에게 물었다.

"맞아요. 우리들이 우리들의 고통을 이겼겠지요. 산의 힘을 빌어서."

(…)

"산이 어떻게 생각하면 뭘 해, 우리가 어떻게 생각하느냐가 문제지?" 장씨가 말했다. "산이 생각을 하기나 해?"

"우리들이 어떻게 생각하느냐가 문제니까 우리들의 입장에서만 생각하면 안 되죠. 물론 우리들의 생각이 우리들의 입장을 벗어나기는 힘들겠죠. 바로 그것이 우리들의 입장을 벗어나야 하는 이유예요."(서정인, 「철쭉제」, 328쪽)

무심코 '정상을 정복했다'는 표현을 한 장씨에게 현애와 철순은 문제를 제기한다. 이들의 대화에서 '산'과 '우리'는 대립항을 이룬다. 이 대립항에서 어떤 항을 중심에 놓느냐에 따라 산에 대한 우리의 행위는 정복이 되기도, 항복이 되기도 한다. 그리고 이를 주제로 한 대화는 어떤 하나의 입장에서 벗어나는 것이 필요하다는 철순의 말에서 끝이 난다. 앞서 언급한 바와 같이 여러 가치와 논리들이 혼재해 있는 역사적 공간으로서의 지리산은 우리 역사에서 혼돈의 공간이기도 하다. 서정인이 작품집 「철쭉제」 후기에서 '혼돈의 정리'라는 표현을 사용한 것 역시 이와 관련이 있을 것이다. 그러나 서정인이 말한 '정리'는 무엇인가를 가르고 나눈다는 의미이기보다 역사의 여러 지점들을 일상의 영역으로 끌어내어 이야기하는 방식으로 다시금 정리될 수 있다는 가능성을 드러내는 것이라 할 수 있다. 요컨대 일상적인 말하기의 과정에서 역사는 또 다른 의미를 획득하게 되는 것이다. 그런 맥락에서 서정인의 「철쭉제」를 통해 살필 수 있는 것은 명확하게 구분짓는 이분법적 대립의 무의미함이며, 반복적이고 순환적으로 이어지는 인물들의 대화에서처럼 우리의 일상이 계속될 것이고 그러는 가운데 의미는 새로이 만들어지고 또 언제든 다른 의미를 가질 수도 있다는 가능성이다.

끝맺어지지 않는 「철쭉제」 속 인물의 대화처럼 이념의 대립으로 인한 혼란과 상처의 공간인 지리산도 정리와 회복, 화해의 공간이 될 수 있음을, 그 무한히 열린 가능성을 보여주고 있는 것이 서정인의 소설 「철쭉제」라고 할 수 있겠다.

고정희 『지리산의 봄』(1987): 생명을 품은 어머니로서의 산

시인 고정희(1948~1991)는 주로 종교적인 색채의 시와 여성주의에 입각한 시를 발표했다. 생전 10권의 시집을 세상에 내놓았던(유고 시집으로 『모든 사라지는 것들은 뒤에 여백을 남긴다』(1992)가 있다.) 시인의 여섯 번째 시집인 『지리산의 봄』은 자연과 인간의 삶을 나란히 놓고, 특히 어머니로서의 여성과 생명의 공간으로서 지리산의 의미를 담아낸다. 시집에서 지리산의 봄을 담은 10편의 연작시는 1편부터 각각 '뱀사골에서 쓴 편지', '반야봉 부근에서의 일박', '연하천 가는 길', '세석고원을 넘으며', '백제와 신라의 옛장터목에서', '천왕봉 연가', '온누리 봄을 위해 부르는 노래', '백무

| 고정희의 『지리산의 봄』 앞표지 (2000)

동 하산길', '물소리, 바람소리', '달궁 가는 길'이라는 부제가 붙어 있다. 이 구성은 뱀사골에서 천왕봉에 이르는 험난한 등반로를 오르고 또 내려오는 과정에 따른 것이다.

> 남원에서 섬진강 허리를 지나며
> 갈대밭에 엎드린 남서풍 너머로
> 번뜩이며 일어서는 빛을 보았습니다
> 그 빛 한 자락이 따라와
> 나의 갈비뼈 사이에 흐르는
> 축축한 외로움을 들추고
> 산목련 한 송이 터뜨려 놓습니다.
> 온몸을 싸고도는 이 서늘한 향기,
> 뱀사골 산정에 푸르게 걸린 뒤
> 오월의 찬란한 햇빛이
> 슬픈 깃털을 일으켜 세우며
> 신록 사이로 길게 내려와
> 그대에게 가는 길을 열어줍니다
> 아득한 능선에 서 계시는 그대여
> 우르르우르르 우레 소리로 골짜기를 넘어가는 그대여
> 앞서가는 그대 따라 협곡을 오르면
> 삼십 년 벗지 못한 끈끈한 어둠이
> 거대한 여울에 파랗게 씻겨내리고
> 육천 매듭 풀려나간 모세혈관에서
> 철철 샘물이 흐르고

더웁게 달궈진 살과 **뼈** 사이
   확 만개한 오랑캐꽃 웃음 소리
   아름다운 그대 되어 산을 넘어 갑니다
   구름처럼 바람처럼 승천합니다
   　　　　　－「지리산의 봄 1－뱀사골에서 쓴 편지－」부분

「지리산의 봄 1」은 연작시 전체를 통해 고정희가 부여한 지리산의 의미를 확연하게 잘 보여준다. 인용된 시에서 지리산을 오르며 마주한 '빛'은 상처의 회복과 새 생명의 탄생을 가능하게 한다. 또한 외로움을 "산목련"으로 피게 하고 "그대에게 가는 길"을 열어주고, "삼십 년 벗지 못한 끈끈한 어둠"을 씻겨내려 준다. "육천 매듭"으로 속박되어 있는 역사적 아픔을 풀어 "모세혈관에서 /철철 샘물이 흐"르게 하고 "오랑캐꽃"을 피게 하는 것이다. 산은 다양한 생명을 잉태하고 있는 공간으로 많은 것을 너른 품에 안고 있다는 의미에서 화합의 공간으로 의미화되는 경우가 많다. 「지리산의 봄 1」에서도 지리산은 인간으로서 개인이 가지는 외로움과 한 뿐만 아니라 물론 장대한 역사 속에서 켜켜이 쌓인 비극까지도 치유하고 새로운 생명을 탄생하게 하는 공간으로 그려진다.

   남녘 태백산맥에서 발원하는 봄기운과
   북녘 백두산맥에서 뻗어내린 봄기운이
   내려오다 올라가다 얼싸안은 곳에서

어여쁘구나 지리산이여

대명천지 어머니들 일어나

장엄한 젖줄을 쓸쓸한 땅에 물리니

그 한 줄기는 소백산으로 받아내고 그 한 줄기는 노령산맥으로 받아 내고 그 한 줄기는 백악산맥으로 받아 내고 그 한 줄기는 차령산맥으로 받아 내고 그 한 줄기는 광주산맥으로 받아 내는 곳에서 눈부시구나 지리산이여 별건곤 어머니들 일어나

둥글디둥근 수평선을 이루며

수려한 치마폭을 황량한 땅에 덮으니
　　－「지리산의 봄 7－온누리 봄을 위해 부르는 노래－」 부분

「지리산의 봄 7」에서 태백산맥과 백두산맥이 만나는 지리산의 봄은 '어여쁘고', 또 '어머니' 같기도 하다. 시에서 지리산은 보다 직접적으로 생명을 잉태하고 생명을 보살피는 어머니의 이미지로 나타난다. 지리산에서 다시 이어지는 산줄기는 어머니가 아이에게 물리는 젖줄로 표현되고 지리산 자락의 풍경은 어머니들의 "수려한 치마폭"으로 "황량한 땅"을 포근하게 뒤덮는다. 생명의 어머니가 뒤덮은 치마폭으로 인해 겨울 언 땅은 봄 기운을 받아 녹아내려 생명을 싹트게 하는 것이다.

　이렇듯 「지리산의 봄」 연작에서 지리산은 단순한 자연물로 그려지지 않는다. 생명이 움트는 계절인 봄과 지리산을 나

란히 놓고 신록이 우거지고 냇물이 흐르는 생명의 공간으로 지리산을 그려내며 이는 다시 생명을 품어내듯 인간의 슬픔과 아픔, 뼈아픈 역사를 품어 위로하는 공간으로서 의미화된다. 무엇보다 연작시 「지리산의 봄」을 통해 뱀사골 계곡, 반야봉의 달, 연하천의 진달래, 세석고원의 철쭉과 달궁의 산길, 숲을 가르는 물소리와 바람소리와 같은 지리산이 가진 아름다움과 지리산에 대한 시인의 애정, 무엇보다 역사의 비극과 암울한 1980년대의 현실을 극복해야 한다는 고정희의 의지를 확인할 수 있다.

| 지리산 뱀사골(한국관광공사)

그러나 "온 천지를 뒤흔드는 계곡물 소리와 흰 포말을 일으키는 폭포수의 청정한 울림, 그리고 푸른 하늘을 완전히 뒤덮어 버린 신록, 깨끗하고 정결한 잡목림의 곧은 줄기들, 흙 내음, 습기 내음, 이런 것들로 눈이 부실 지경"(「지리산 뱀

사골 산장에서」, http://www.gohjunghee.net, 1895.5.)이라고 뱀사골의 아름다움에 감탄했던 고정희는 1991년 비가 내리던 뱀사골에서 이르게 생을 마감한다.

이성부의 시집 『지리산』(2001): 상처의 치유와 회복의 공간

2001년에 발행된 이성부(1942~2012)의 일곱 번째 시집 『지리산』은 시인의 지리산 체험을 고스란히 녹여낸 시편으로 꾸려져 있다. 1942년 전라남도 광주에서 출생한 이성부는 1980년 5월 광주 민주화 운동에서 홀로 살아남았다는 죄책감에 오래도록 시달리며 한동안 시작 활동뿐만 아니라 일체의 문학 관련 활동을 하지 않은 것으로 알려져 있다. 대신 산에 오르며 내면의 상처를 치유하고 트라우마를 극복해 나갔다고 한다. 이성부는 시집 『지리산』 후기(시인의 말)에서 "어느날 나에게 산이 왔다."라고 밝힌 바 있다. 처음부터 어떤 목적을 가지고 산에 오른 것이 아니라 자연스럽게 산에 오르기 시작했고 그렇게 산행을 한 지 1년이 지난 어느날 "내가 꿈꾸는 세계가 온통 산으로 뒤덮여"진 경험들을 하게 되었다는 것이다. 그렇게 지리산을 오르며 시인이 경험한 지리산이 '내가 걷는 백두대간'이

| 이성부의 『지리산』 앞표지(2001)

라는 부제가 붙은 시집 『지리산』에 오롯이 담겨 있다. 81편의 시에는 지리산 구석구석의 능선과 계곡뿐 아니라 지리산 주변의 다양한 인물들(남명 조식, 최치원, 도선국사, 고정희 등)이 등장하며, 지리산이 품은 역사의 굴곡과 지리산을 터전으로 하는 삶의 모습이 그려진다.

> 참을성이 많은 봉우리다 있는 듯 없는 듯
> 넓게 펑퍼짐하게 저를 받들고 있다
> 아래로는 뼈다귀처럼 드러난 영혼들이
> 저마다 다른 목소리로 솟아올라
> 내 발걸음 자꾸 멈춰서 돌아보게 한다
> 덕을 쌓고 넓히고 베풀어
> 스스로를 즐겁게 하고
> 무엇 하나 미워하지 않음으로써
> 스스로 잠잠하여 마르기만 할 뿐이다
> 힘겨워하는 산 사람들 등을 밀어
> 위로 위로 올려보내고
> 구름과 바람은 장터목으로 내려보낸다
> 제 몸을 스쳐가는 것들
> 저를 때려도 그냥 그대로 앉아 있음이여
> ─「제석봉―내가 걷는 백두대간 17―」

지리산에서 세 번째로 높은 봉우리인 제석봉은 인간의 이기심이 자연에 가한 직접적인 위해와 그로 인해 생긴 깊은

| 제석봉 고사목(국립공원공단)

상처가 여전히 남아 있는 곳이다. 1950년대까지만 해도 거대한 침엽수림을 이루고 있던 제석봉은 1960년대에 일순 사라진다. 자유당 정권 말기에 농림부 장관이라는 권력을 등에 입은 그의 친척이 제석봉 아래에 제재소를 차려놓고 벌목을 시작한 것이다. 그것이 세간에 알려져 비판을 받게 되자 그들은 증거를 인멸할 목적으로 불을 질러 남아 있는 나무들까지 모조리 태워버린다. 그 결과 생명력을 잃고 하얗게 변해버린 나무의 기둥과 잔가지만 남은 나무는 더 이상 푸르던 예전의 모습으로 돌아갈 수 없게 되었다. 고사목은 여전히 제석봉 곳곳에 남아 있으며, 이성부 시인은 제석봉의 아픈 상처를 "뼈다귀처럼 드러난 영혼들이/저마다 다른 목소리로 솟아올라"라는 시구절을 통해 표현한다. 그러

나 이토록 이기적이고 잔인한 인간의 욕망 앞에서도 지리산은 앙상하게 죽어간 그 채로 "무엇 하나 미워하지 않음으로써/스스로 잠잠하여 마르기만 할 뿐" "저를 때려도 그냥 그대로 앉아 있"다. 이성부 시인에게 지리산은 인간의 이기심 때문에 생명을 빼앗겼음에도 미운 마음을 갖지 않는 너른 품을 가진 산인 것이다.

> 가까이 갈수록 자꾸 내빼버리는 산이어서
> 아예 서울 변두리 내 방과
> 내 마음속 깊은 고향에
> 지리산을 옮겨다 모셔놓았다
> 날마다 오르내리고 밤마다 취해서
> 꿈속에서도 눈구덩이에 묻혀 허위적거림이여
> 　　　　　　　　　－「지리산-내가 걷는 백두대간 21-」

이성부는 1980년대 중반부터 본격적으로 지리산에 올랐다고 한다. 산이 주는 신비로움에 가슴 뛰고, 자연 속에 묻힌 인간의 역사에 대해 의문을 가지고 그것을 탐구하기 위해 지리산에 올랐지만 '지리산'은 오르면 오를수록 알 수 없는 산("가까이 갈수록 자꾸 내빼버리는 산")이기도 했다. 그러나 지리산에 올라 그 속에 파묻혀 "새로운 활기"를 얻을 수 있었고 "자기성찰의 기회이자 감격"을 가지게 된다. 그런 시간이 쌓여 시인에게 지리산은 늘 그리운 장소인 "고향"이 된다. 시집 『지리산』에는 시인이 보고 듣고 느끼고 경험한 다양한 '지리산'의 면모가 세심하게 담겨 있다. 신비로움과 너그러움 속에 인간의 비극과 역사의 슬픔을 간직하고 있는 산, 그렇기에 꿈속에서라도 묻히고 싶은 '고향'이 된 지리산은 그 너른 폭만큼이나 깊고 넓은 인간의 삶 그대로를 품은 공간인 것이다.

 살펴본 것처럼 현대문학에서 지리산은 지리산을 배경으로 펼쳐진 역사적 비극과 함께 의미화되는 경우가 많다. 그것은 현실과 긴밀하게 이어진 문학의 속성 때문일 것이다. 그러나 지리산은 문학 작품 속에서 각각 다른 방식으로 말해진다. 때로는 역사를 정면에서 다루어 역사가 놓치고 있는 이면의 의미를 전달하고, 문학만의 방식-새롭고 낯선 시도-으로 화해의 가능성을 제시하기도 한다. 또 '산'이 가지고 있는 생명의 이미지를 바탕으로 역사적 비극으로 인한 상처를 치유하고 회복할 길을 찾기도 한다. 그러나 분명한 것은 지리산은 늘 거기에 있으며, 인간의 삶 또한 계속될 것이라는 점이다. 그렇기에, 문학 속에서 지리산은 또다른 의미와 방식으로 말해질 것이다.

〈참고문헌〉

고정희, 『지리산의 봄』, 문학과지성사, 1987.

서정인, 『서정인』(한국소설문학대계 46), 동아출판사, 1995.(『철쭉제』, 1983)

이병주, 『지리산』, 한길사, 2006.
이성부, 『지리산』, 창작과비평사, 2001.

김아람, 「여순사건 이후 지역의 피해와 재정착의 정치성」, 『한국근현대사연구』 84, 한국근현대사학회, 2018.
문한별, 「이분법적 사유의 해체를 통한 반근대주의의 자생적 가능성-서정인 소설 〈철쭉제〉를 중심으로-」, 『현대소설연구』 40, 한국현대소설학회, 2009.
백애송, 「이성부 시에 나타난 지리산의 공간 의식 연구」, 『한민족문화연구』 51, 한민족문화학회, 2015.
이동재, 「한국문학과 지리산의 이미지」, 『현대문학이론연구』 29, 현대문학이론학회 2006.
이병주, 『산을 생각한다』, 서당, 1988.
이병주·남재희 대담, 「회색군상의 논리」, 『세대』, 1974.5.
이상진, 「자유와 생명의 공간, 〈토지〉의 지리산」, 『현대소설연구』 37, 한국현대소설학회, 2008.
임형진, 「고정희 시에 나타난 에코페미니즘 고찰—시집 『지리산의 봄』을 중심으로」, 『한국문예창작』 51, 한국문예창작학회, 2021.
정미진, 「공산주의자, 반공주의자 혹은 휴머니스트: 이병주 사상 재론」, 『배달말』 63, 배달말학회, 2018.
조구호, 「현대소설에 나타난 '지리산'의 문학적 형상화와 그 의미-「지리산」, 「태백산맥」, 「피아골」을 중심으로」, 『어문론총』 47, 한국문학언어학회, 2007.
조동구, 「한국 현대시와 지리산」, 『배달말』 49, 배달말학회, 2011.

2. 사천 와룡산의 장수 전설 _ 한양하

1) 백두의 정기가 바다로 달려 엎드린 용이 되다

경남 사천시에는 높이 801.4m의 와룡산이 있다. 와룡산은 낙남정맥(洛南正脈)의 남쪽에 위치하는데, 낙남정맥은 백두대간이 끝나는 지리산의 영신봉(靈神峰)에서 두 갈래로 나뉜다. 한쪽은 동남쪽으로 흘러 남강의 진주와 하동·사천 사이로 이어지며, 다른 한쪽은 창원·김해로 연결되어 김해 분성산(盆城山, 360m)에서 끝난다. 그러니 와룡산은 백두산의 정기를 이어받아 낙남정맥의 동남쪽으로 연결된 마지막 지점에 위치하고 있는 것이다.

| 와룡산 전경(사천시청)

와룡(臥龍)은 꿈틀거리며 승천하는 용이 아니라 엎드려 누운 용이다. 와룡산의 지명은 곳곳에 있는데 서울 구로에도

있고, 대구 달서구에도 있다. 그중 사천의 와룡산은 남해를 내다보고 있어 빼어난 경관을 지니고 있다. 주능선이 암봉(巖峰)에 둘러싸여 있어 높이에 비해 산세가 웅장하며, 주봉은 새섬봉과 민재봉이다. 와룡산 아래에는 와룡마을이 있고, 그 앞에 와룡저수지가 있으며, 겹벚꽃으로 유명한 청룡사가 있다. 그 주변으로 와룡사, 백천사, 백룡사 등 용과 관련한 이름을 가진 사찰이 있다. 이렇게 보면 와룡산은 용신(龍神)들이 곳곳에 머물러 있는 산이라고 볼 수 있다.

우리나라에 전승하는 용의서사는 이무기가 여의주를 얻으면 승천한다는 것이다. 이무기는 인간에게 베푼 공덕이 있어야 여의주를 얻게 된다. 용이 여의주를 얻으면 다른 용에게 빼앗길 위험에 처하는데 이때 청룡, 황룡, 백룡의 싸움이 일어난다. 용들이 싸움에 이겨 승천하기 위해서는 애써 얻은 여의주에 대한 욕심을 버릴 수 있어야 한다. 즉 이무기는 인간 세상을 이롭게 하는 공덕을 쌓아야 하며, 여의주에 대한 욕망을 버려야 승천할 수 있다. 이런 공덕과 무욕은 바로 성인군자, 임금의 자질이며, 임금은 곧 용으로 상징된다. 서구의 용이 공주를 납치하고 왕자에게 물리쳐져야 할 대상이라면, 우리나라의 용은 훌륭한 인간이 지녀야 할 자질을 가진 존재로 비유된다.

와룡산에는 와룡산 지명과 관련한 고려 안종 욱에 대한 이야기가 전해오고 있다. 『한국지명유래집 경상편』에 실린 『신증동국여지승람』(사천)에 나오는 이야기에는 "고려 태조 왕건의 여덟째 아들 욱은 문장에도 밝았지만, 지리에도 정통하였다고 한다. 욱은 유배지 사수현에서 죽음을 맞이하기 전까지 와룡산 지기(地氣)의 영험함에 부합하고자 아들에게 당부하였다. 욱은 일찍이 현종에게 금 한 주머니를 몰래 주면서 "내가 죽거든 이 금을 지관에게 주고, 나를 고을 성황당 남쪽 귀룡동에 장사하여라. 그리고 반드시 엎어서 묻도록 하라."고 유언하였다. 그리하여 안종 욱 자신이 와룡산의 엎드린 용이 된 것이다. 그는 용두가 아니라 용꼬리에 묻혀서 용으로 승천하였던 것이다."라고 적혀 있다. 즉, 아버지 욱의 특이한 장사법이 아들을 현종으로 만들었으며, 유배형을 받았던 자신도 효목대왕으로 추존된 것이다.

풍수담에서 아버지의 특이한 장사법은 아버지의 권능이 아들에게로 이어져 가문을 일으켜 세우는 역할을 한다. 구비문학대계에 〈아버지 세워 묻어 부자 된 아들〉은 아버지 시신을 굴려 못자리를 잡고, 멀리 구경하라고 시신을 세워 매장하여 부자가 되었으며, 〈아버지를 물속에 장사 지낸 이야기〉는 아버지 송장이 개울에 빠져 그대로 장사를 지냈는데 십 년이 지나 자식이 부자가 되어 지관을 데리고 갔더니 혈자리에 머리가 들어가 잘살게 되었다는 이야기이다. 〈죽은 아버지 이야기 잘 들어 산 이야기〉는 부자 아버지가 아들 셋을 불러 자신이 죽거든 소(沼)에 묻어달라고 했다. 막내아들만 아버지 말을 듣고 양반집 사위가 되었으며, 아버지는 용왕이 되어 자식의 소원을 들어주었다는 이야기이다.

특히 바다와 관련한 매장 의례는 용신 사상과 연관성을 지니고 있으며, 삼국을 통일한 문무왕은 자신이 죽어 동해용이 되어 왜구의 침략을 막겠다고 하여 대왕암에 장사 지냈다. 고려 현종의 아버지 욱은 용의 모양으로 엎드려 장사 지내도록 하였으며, 용신으로 자식의 권능을 보장하였던 것이다.

사천 와룡산에는 고려 현종의 아버지 장례와 관련한 이야기를 제외하고 왕의 이야기나 역사적으로 유명한 인물과 관련하여 전승되는 이야기는 없다. 그러나 다른 지역 전설과 달리 아기장수와 마을 장사들이 등장하는 '장사·장군 전설'이 많다. 사천 와룡산을 배경으로 하여 아기장수 전설이 3편이나 채록되어 전하는데, 〈장사바우와 용소〉, 〈이장군과 용안 바위〉, 〈몽룡과 보검〉이 있다. 〈몽룡과 보검〉은 성공한 아기장수담이면서 역사적 인물 이야기이기도 하다. 또한 와룡산이 삼천포 쪽으로 이어지는 데는 마을 장사 전설 〈웃널돌다리와 김장사〉, 〈박대장과 호랑이〉가 전해오고 있다.

2) 와룡산의 아기장수들

사천은 진주 주변의 도시, 진주와 삼천포 사이의 중간 도시 정도로 여겨져 왔으나 1994년 사천읍과 삼천포시의 통합으로 사천시가 되었고, 현재 우주항공청이 들어서면서 주목받고 있다. 그런 탓에 한국구비문학대계 사업에서도 제외되어 구술 채록된 구비전승자료가 부족하다. 그나마 전승하는 전설이 면지와 읍지, 시지에 남아 있을 뿐이다. 와룡산과 관련하여 소개하는 장수 이야기는 『사천시사』(2003)에 실린 내용을 참고하여 문맥을 다듬어 정리하였다.

장사바우와 용소

〈장사바우와 용소〉 전설은 사천시 정동면 장산리 용소산에 전해오는 전설이다. 용소산은 용두산으로 와룡의 머리에 해당하며, 산등성이 벼랑

| 장사바우가 있는 정동면 장산리 (네이버 지도)

밑에는 깊은 용소가 있다. 용소 위에 장골 여남은 명이 앉아도 남을 만큼 펑퍼짐하게 생긴 바위가 있는데 이를 '장사바우'라고 한다. 〈장사바우와 용소〉 이야기는 다음과 같다.

임진왜란 막바지 왜적들이 물러갈 즈음 명나라 장수 이여백이 정병 수천 명을 거느리고 사천 성에 머물고 있었다. 사천에서 최후의 전쟁을 치르고 홀가분한 기분으로 군사 수십 명을 데리고 사냥길에 나섰다. 그때 용소산에 오르게 되었는데 펑퍼짐한 바위를 발견하고 쉬다가 그만 잠이 들었다. 꿈에 먹구름 속에 번개가 번쩍하며 천지를 뒤흔드는 천둥소리가 울리고 장대비가 쏟아졌다. 그 빗줄기 속에 용의 형상을 한 용마(龍馬)가 구슬피 울면서 먹구름 속으로 사라졌다. 이여백은 너무 놀랍고 희한한 꿈을 꾸었기에 깨어나서도 선명하게 꿈 기억이 났고 사방을 둘러보니 갑자기 온산에 서기(瑞氣)가 감돌고 있었다.

이여백은 풍수에도 밝았는데, 이 꿈이 천하를 주름잡을 장사가 태어날 꿈이라는 것을 알아차렸다. 이런 장수가 조선에서 태

어나서는 안 된다는 생각에 성으로 돌아와 술사에게 명하길, 산의 지맥을 끊도록 하였다. 바위 위에 숯을 태워 숯불로 달구어 큰 쇠못을 박아 넣어 바위의 기운을 누르도록 했다. 그러자 바위 틈에서 검붉은 선혈이 쏟아져 나왔는데 핏물이 낭떠러지로 흘러내려 한 줌 흙도 없는 자리에서 진흙 빛깔의 전죽(箭竹, 화살대)이 무성히 자라났다고 한다.

이 일이 있은 뒤 깊은 산자락 소(沼)에서 용의 형상을 한 말이 나타나 밤중만 되면 구성진 울음소리로 이레 동안 울었다고 한다. 그 울음소리가 장산리 골골에 메아리가 되어 울려 퍼졌다고 한다. 훗날 마을 사람들은 아기장수가 태어날 이 바위를 장사바우라 불렀으며, 천리준마가 될 뻔한 한이 서린 소(沼)를 용소(龍沼)라 불렀다. 지금도 장사바우에 가보면 그 옛날 쇠못을 박아 넣은 흔적이 세 곳에 뚜렷하며, 검붉은 피가 흘러내린 벼랑에는 예나 지금이나 변함없이 전죽이 자라고 있다고 한다.

용머리 혈자리를 알아본 이여백은 이여송의 동생으로 임진왜란 당시 명나라에서 파견된 장수이다. 조선에서 원군을 청하여 온 장수이지만 결국 조선을 돕는 것이 아니라 우리나라의 아기장수가 태어나지 못하도록 맥을 끊었다는 데서 원군을 바라보는 백성들의 시각을 알 수 있다.

아기장수 전설은 우리나라 전역에 전하는 광포전설로 그만큼 우리나라 백성들은 이야기에서라도 새로운 세상을 이끌어갈 장수를 기원하였다는 것을 알 수 있다. 그런 백성들의 바람을 조선의 임란을 도운 명나라 장수가 꺾어 놓았으니, 백성들은 이야기 속에서 원군의 실체를 바로 보는 눈이 있었던 것이다.

이 장군과 용안 바위

사천시 용현면 온정리 용정마을에 〈이 장군과 용안 바위〉 전설이 전해오고 있다. 용현면은 와룡산 백천사 골짜기 아래에 있는 마을이다. 이야기는 다음과 같다.

용정마을에 이 씨 부부가 살고 있었는데 늦도록 자식이 없자 구룡암에 가서 백일기도를 올리고 그 덕에 아기를 낳게 되었다. 아기는 태어난 지 일주일 만에 무럭무럭 자라났다. 부인이 기저귀를 빨고 방으로 돌아와보니 아기가 없었다. 깜짝 놀라 방안을 두리번거리다가 천장을 올려다보는데 아기가 천장에 등을 붙이고 아래를 내려다보고 있었다.

부부는 이 일을 비밀에 부치고 동네 사람들이 눈치채지 못하게 하였다. 그러나 아이가 클수록 남다른 능력은 더 이상 감추어지지 않았다. 대여섯 살이 되자 동네 아이들과 놀면서 언제나 대장 노릇을 하는데 돌팔매질을 하면 어른도 따라가지 못할 정도로 정확하고 멀리 던졌다. 아이가 여덟 살이 되자 성인과 맞먹을 정도로 힘이

| 이장군이 돌팔매하던 돌(『용현향토사』)

장사가 되어 동네 사람들을 놀라게 하였다.

 부부는 남다르게 기운이 장사인 아들을 더 이상 집에 둘 수 없어 구룡암으로 보내 공부를 시키기로 하였다. 구룡암의 주지 스님도 흔쾌히 승낙을 했다. 하루는 주지 스님이 소년이 밤에 잘 자고 있는지 방에 찾아갔다가 소년의 바짓가랑이가 젖어 있는 것을 보고 의심을 하였다. 스님은 다음 날 밤 소년을 미행하였다. 소년은 구룡산의 봉화봉으로 올라가 달리기를 하는데 얼마나 빠른지 달리는 것을 볼 수 없었다. 소년이 사라지고 난 뒤 발자국의 흔적을 살피니 첫 발자국이 와룡산 아래 봉우리에 있었고, 다음 발자국이 와룡산 제일봉에 있었다. 옷자락이 펄럭할 때마다 막대기를 꺾어 확인해 보니 삼백 개의 막대기가 쌓였다.

 소년은 수련을 한 뒤 와룡산 중턱으로 들어가 바위 위에 정좌를 한 도승 앞에 무릎을 꿇고 병술을 익히고 있었다. 와룡산 도승은 나라에 변란이 생길 것을 대비하여 인재를 길러내는 도사였다. 주지 스님은 이 사실을 소년의 부모에게 알렸고, 부모는 소년을 집으로 데려와 더 이상 바깥 출입을 못하도록 하였다. 부부는 행여 자식이 나라의 일에 휘말려 멸문지화를 당하지 않을까 두려워 자식을 죽이기로 결심했다. 아들이 잠든 뒤 부엌칼과 몽둥이를 들고 방으로 들어가서, 칼로 찌르고 몽둥이로 사정없이 두들겨 놓고 나왔다. 천하 없는 장사라도 살 수 없을 정도였다.

 이튿날 아침 소에게 여물을 끓여주려고 나왔던 아버지는 기절할 듯 놀랐다. 이미 쇠죽 솥에는 여물이 가득 삶겨 있었고, 마당은 깨끗하게 쓸려 있었다. 부인에게 물었더니 부인도 어찌된 영문인지 몰랐다. 아들의 방을 들여다보니 피의 흔적이나 시체도 없고 방은 깨끗하게 정리되어 있었다. 부부는 근심에 쌓여 아침을 먹고 있는데 밖에서 인기척이 났다. 방문을 열었더니 이 장군이 서 있는데 머리에는 김이 무럭무럭 오르고 있었다. 이 장군은 그새 체력 단련을 하고 온 것이었다.

소년은 마을에서 이미 '이 장군'으로 불렸으며, 20세가 되자 문무를 겸비한 장수가 되었다. 이 장군은 부모님께 자신은 나라를 구하기 위해 단련을 하는 것이지 역모의 마음은 없다고 했다. 자신이 역모를 일으켜 멸문지화를 당할 것이 두렵다면 자신이 죽어 가문을 더럽히지 않겠다고 했다. 그리고 부모님께 자신을 죽이려면 흉기로 죽일 수 없고 자기 겨드랑이에 세 개의 비늘이 붙어있는데 그것을 제거하고 삼대로 허벅지를 세 번 때리면 된다고 비밀을 알려주었다. 그리고 유언으로 자신이 죽으면 용현면 구월리 똥뫼터란 곳에 묻고 조 서 말, 참깨 서 말을 함께 묻어달라고 했다.

이 장군의 행적이 조정에 전해져 조정에서는 풍수지리에 밝은 사람을 보내 진상을 조사하도록 했다. 풍수는 구룡암 주지의 안내로 이 장군이 묻혀 있는 무덤과 주위의 지세를 살펴보고 묘 위에 대나무를 세 자 길이로 끊어 끝을 뾰족하게 다듬어 묘 중앙을 깊게 찔렀다. 그러자 대나무 속으로 선혈이 흘러나왔다. 급히 무덤을 파헤치자 서기가 하늘을 메우고 안개처럼 뽀얗게 휩싸이더니 백마를 탄 이 장군이 말에서 떨어졌다. 그리고 참깨와 조는 그 숫자대로 군사가 되어 어마어마한 병력이 집결하더니 이장군이 말에서 떨어지자 사라져 버렸다.

이 장군이 죽은 뒤 용현면 송지리 해변에 백마 한 필이 나타나서 해 지는 서녘 하늘을 보고 길게 울부짖고 서택 저수지에 못미쳐 바위에 머리를 부딪고 죽었다. 그때 바위에 구멍이 생겼는데 그 모양이 용안과 같다하여 용안 바위, 구멍 바위라고 한다. 지금은 세월의 풍파를 견디지 못해 구멍 부분이 반으로 갈라졌다.

이 장군은 "당신이 아니었다면 나의 기상을 한번 힘있게 펼

| 이장군이 탔던 말머리 모양의 바위(『용현향토사』)

쳐 곧 닥쳐올 난리를 막고 나라를 구했을 텐데, 당신같은 소인배 때문에 천추의 한을 남기고 간다."고 하고 사라졌다. 이것을 본 스님은 깊게 탄식하고 자취를 감추었다. 지금도 용현면 온정리에 가면 이 장군이 태어난 집터가 있고 말 형상의 바위가 있다. 또 이 장군이 돌팔매질을 하던 바위가 세 개 남아 있는데 장정 네 댓 사람이 겨우 들 수 있다고 한다.

〈이장군과 용안바위〉는 아기 장수 전설로 전국에 곳곳에 전해오는 대표적인 이야기이다. 아기 장수의 기본 서사는 첫째, 부부가 늦도록 자식이 없어 치성을 드려 자식을 낳았는데 어깨에 날개가 달려있어 아기가 시렁 위에 올라가 부모가 놀란다. 둘째, 부모는 아이의 비범함을 감추고 길렀으나 나라에서 소문을 듣고 찾아와 장수를 죽이게 된다. 셋째, 장수는 자신의 죽음을 예견하여 자신이 죽으면 조 서 말

과 참깨 서 말을 묻어달라고 한다. 넷째, 병사들이 들이닥쳐 장수의 무덤이 어딘지 알기 위해 부모를 위협하여 결국 실토하게 되고 무덤을 파헤친다. 다섯째, 아기 장수는 백마를 타고 군사를 이끌고 나타나려고 했으나 결국 실패하여 사라지고 만다. 아기장수담은 백성들을 피폐한 삶에서 구원해 줄 영웅을 바라는 염원이 담긴 서사이며, 힘든 현실을 수긍하고 살아갈 수밖에 없는 비극적 영웅 서사라고 할 수 있다.

〈이 장군과 용안 바위〉 전설에서 특이한 점은 아기 장수 무덤을 어머니가 아니라 주지스님이 발설한다는 점에서 서사의 변이가 일어났으며, 장수의 수련과정과 신이한 능력이 추가된 것이다. 이는 와룡산을 배경으로 하여 전개된 서사이기에 절이나 도사와의 관련성을 높인 서사로 변개되었다고 볼 수 있다. 와룡산은 바로 아기 장수가 무예를 닦고 훈련을 할 수 있었던 장소이며, 나라를 구할 도인이 은거하고 있는 곳이다. 이런 점에서 이야기의 전승자들은 와룡산에 깊은 애정을 느끼고 있음을 알 수 있다.

몽룡과 보검

사천시 정동면 몽대마을에는 〈몽룡과 보검〉이야기가 전해오고 있다. 이 이야기에 등장하는 주몽룡은 1583년(선조 16)에 무과에 급제하였고, 임진왜란에는 금산 군수로 제위되었으나 사임하고 의병장이 되어 강덕용, 정기룡 장군과 더불어 거창 우지현 싸움에서 왜군을 격파한 역사에 실재하는 장군이다. 이 이야기는 아기장수 모티프와 보검 획득 모티프, 임진왜란에 참가한 이야기로 구성되어 있다. 결국 아기장수담과 보검 획득이 장수의 권능을 입증하고 있다. 〈몽룡과 보검〉 이야기는 다음과 같다.

사천시 정동면 몽대마을 주씨 집안에 아이가 태어났다. 주씨는 맑은 하늘에 번개가 치고 사방에 천둥소리가 울린 뒤 청룡이 방 안으로 들어오는 꿈을 꾸고 아이를 낳아 몽룡이라고 이름 지었다. 아이가 태어날 때 마을 앞에 흐르던 장유수가 별안간 멈춰 마을 사람들이 괴이하게 여기고 이인 아이가 태어났다고 불안해했다. 이인이 태어나면 반역향(反逆鄕)이라 하여 푸대접했으며, 이런 인물이 태어났는데도 조정에 고하지 않은 지방 관장은 목숨을 내놓아야 했기 때문이었다.

그럼에도 불구하고 부모와 마을 사람들은 몽룡의 정체를 숨기고 아이를 잘 자라도록 했다. 몽룡은 어려서부터 총명하고 몸가짐이 신중하여 칭찬을 받았고, 주변 산을 다니며 호연지기를 길렀다. 어느날 몽룡이 뒷산 용바위에 이무기가 나타나 사람을 괴롭힌다는 소문을 듣고 찾아가게 된다. 눈에 언뜻 보이는 것이 이무기라고 생각하고 활을 쏘았더니 거기에 은빛의 보검이 있었다. 이후 몽룡은 스물한 살에 무과에 급제하여 선전관 자리에 올랐고, 임진왜란이 일어나자 왜적을 무찔러 공을 세웠다.

대부분의 아기장수담이 실패한 장군담인데 비해, 역사적 인물로서 주몽룡의 이야기는 성공한 장수담이다. 부모와 마을 사람 모두 아기 장수의 탄생과 장수의 비범함을 알았지만 발고하지 않았다. 아이가 태어날 때 마을 앞 하천이 흐르지 않아 괴이하게 여겼음에도 아이가 호연지기를 기르고 자랄 수 있도록 묵인하였다. 아기장수가 성장하여 영웅이 되기 위해서는 마음을 함께 하는 한 마을이 필요하였던 것이다.

일반적인 아기장수담에서는 관아에서 나오는 병사들이 어머니를 위협해 아기장수를 죽일 수 있는 방법을 알아내는데, 〈몽룡과 보검〉에서는 관군에 위협당하는 화소가 없다. 이는 성공한 아기장수담으로 실제하는 역사적 인물을 영웅화하는 이야기로 변이하였기 때문이다. 몽룡이 태어난 정동면 몽대마을은 와룡산의 머리에 해당하는 부분으로 청룡의 꿈은 장수가 태어날 예지몽이라고 할 수 있다. 청룡의 꿈을 얻어 태어난 아이가 보검을 얻었기에 임진왜란에서 큰 공을 세울 수 있었던 것이다.

사천시 정동면 장사리의 〈장사바우와 용소〉, 용현면 온정리의 〈이장군과 용머리〉, 정동면 몽대리의 〈몽룡과 보검〉은 아기장수담으로 나라를 구할 이인이 태어나기를 바라는 백성들의 마음이 담겨 있다. 도탄에 빠진 백성들을 구해 줄 영웅, 전쟁 없는 태평성대를 기원하는 마음이 담긴 이야기이다. 아기 장수들은 와룡산의 정기를 받아 태어나고, 와룡산에서 무예를 닦고 검을 얻었던 것이다.

3) 와룡산의 장사들

와룡산 인근의 마을에는 힘센 장사들이 많이 살았다. 와룡산에서 삼천포 바다로 향하는 각산마을 아래 〈웃널 돌다리와 김장사〉 전설이 있으며, 삼천포 시내를 지나는 통창고개에 〈박대장과 호랑이〉 전설이 전해오고 있다.

웃널 돌다리와 김장사

웃널은 현재 사천시 동서금동에 있는 하천으로 문선천(文善川)이라고 하는데 한국남동발전(주) 삼천포 화력본부 사원아파트 서남편에 위치하고 있다.

옛날 웃널은 나무다리로 놓여 있어 큰비가 오면 냇물에 떠내려가기 일쑤였다. 웃널이 있는 각산마을에는 김 장사가 살고 있었는데, 집안 사람들은 그가 장사라는 것을 숨겼다고 한다. 장사라는 것이 들통이 나면 터무니없는 박해를 받거나 잘못 걸리면 평생을 두고 부역을 하거나 죽임을 당했기 때문이다. 김 장사도 남이 알까 두려워하며 다른 사람들에게 힘자랑을 하지 않고 오히려 바보처럼 살아왔다.

그러던 어느 여름 마을에 홍수가 나서 웃널 다리가 떠내려가 버렸다. 마을 사람들이 오가도 못하게 되자 김 장사는 웃널에 돌다리를 놓으려고 이리저리 돌을 찾으러 다녔다. 마침 안성맞춤의 기다란 돌덩이를 찾아 등에 짊어지고 와서 웃널에 번듯하게 걸쳐 놓았다. 마을 사람들이 편히 지나다닐 수 있게 되었다고 생각하고 편한 마음으로 집으로 돌아왔다.

다음 날, 날이 밝아오자 이웃 문화마을에서는 개울에 돌이 없어졌다고 야단이 났다. 반면 각산마을에서는 웃널에 돌다리가 놓여 모두 기뻐하였다. 각산마을 사람들은 삼천진 병사들이 밤

새 고맙게도 돌다리를 놓아 준 것으로 알고 기뻐하였고, 문화마을에서는 도깨비짓으로 알고 돌다리를 잃어버렸으니 마을에 재앙이 들었다고 생각했다.

그러나 문화마을에 살고 있던 송 장사(宋壯士)는 이 일이 각산마을 김 장사의 소행인 것을 알고, 김 장사 몰래 돌다리를 가져올 궁리를 하였다. 며칠 뒤 웃널에 걸쳐져 있던 돌다리가 갑자기 없어지고, 대신 문화천에 돌다리가 떡하니 제자리에 놓였다. 문화마을 사람들은 기절초풍할 노릇이라며 필시 도깨비장난이라고 야단법석이었다.

각산마을 김 장사도 웃널 돌다리가 없어진 것을 보고 문화마을 송 장사의 소행인 것을 알았다. 김 장사는 그날 밤 당장 돌을 짊어지고 와서 다시 걸쳐 놓았다. 그렇게 돌다리가 놓였다가 사라졌다 하기를 몇 차례 하자 두 마을에서는 무당을 불러 굿을 하였다. 그러다가 송 장사가 몸져눕게 되자 돌다리는 다시 문화천으로 돌아가지 못하였다.

이 이야기는 각산마을 김 장사와 문화마을 송 장사의 힘겨루기담으로 자기 마을의 하천에 돌다리를 옮겨오는 내용이다. 다리가 홍수에 떠내려가면 마을 사람들은 오가도 못하게 된다. 두 장수는 마을 사람들이 알지 못하게 밤에 다릿돌을 옮겨놓는다. 마을 사람들은 도깨비가 한 일이라고 여기지만 두 장수는 서로의 힘을 알고 있었다. 서로의 능력이 마을 사람들에게 탄로나지 않게 조용히 선의의 힘겨루기를 한 것이다. 결국 몸져누운 송 장사가 일어나지 못해 각산마

웃널 돌다리가 되었지만, 마을 사람들을 위한 두 장사의 마음이 정겹다.

박대장과 호랑이

이 이야기는 삼천포 시내로 들어가는 통창(通倉)고개에서 일어난 일로 호랑이가 박대장을 지켜준 이야기이다.

박 대장은 벌리 박씨 가문 사람인데 몸이 장대하여 능히 장군감의 재목이었고, 신언서판 역시 그를 따를 자가 없었다. 사람들은 그를 박대장이라고 하였고, 호랑이의 벗이라고 하였다.

하루는 박 대장이 크게 취하여 통창고개를 지나다가 발을 옮겨놓을 수 없을 정도로 정신을 잃고 그 자리에 주저앉고 말았다. 집에 가야 한다는 생각은 들었지만 일어서려고 하면 주저앉고, 몸을 움직일 수 없이 쓰러져 잠이 들고 말았다. 잠결에 손길에 무언가 닿았는데 부드럽고 따뜻하기도 하여 끌어안아 보았다. 제법 큰 개같다고 생각하며 안고 있으니 한기도 가시고 기분도 좋았다. 취한 채로 개의 등에 올라 엎디었다.

잠시 후 깨어보니 자기 집 문 앞에 와 있었다. 정신이 들어 등에서 내리니 커다란 호랑이가 어슬렁어슬렁 가고 있었다. 술에 취해 길에서 쓰러져 있는 박 대장을 호랑이가 업어다 준 것이다. 박 대장을 업어다 주었다는 이 호랑이는 박대장이 죽으니 집 근처의 산에서 내려와 슬피 울었다고 하고 삼년상을 지내는 제삿날마다 집 근처를 배회하며 울었다고 한다.

마을에서 힘센 사람은 장사, 대장, 포수 등으로 불리며, 그의 능력은 호랑이와 관계에서 증명된다. 호랑이를 잡기도 하며, 호랑이를 꼼짝 못하게 하기도 하며, 호랑이를 아우로 맞이하기도 한다. 옛이야기에서 호랑이는 백성을 위협하는 존재이기도 하지만 사람과 교우하며 벗으로 지내기도 하고, 호랑이의 보은을 받기도 한다. 호랑이가 박대장을 등에 태워 집까지 안전하게 데려다주는 화소는 결국 박대장의 용맹함을 증명하고 있다. 이 이야기가 구술되어 전승되었다면 분명 앞부분에 박대장과 호랑이와 교우담이 선행했을 것으로 보인다.

| 통창고개가 있었던 공원 입구

 사천시 통창동길에는 통창공원이 있는데 이곳에 올라가면 삼천포항과 구시가지를 훤히 내려다 볼 수 있다. 이곳은 옛날 통창고개였는데 지금은 공원이 조성되어 있다. 와룡산이 길게 뻗어 바다로 향한 곳에 박대장의 기개가 이야기로 전승되고 있었던 것이다.

4) 나오며

 와룡산은 사천시의 와룡동에 위치한 진산으로 주봉은 와룡동, 사남면 계양리, 용현면 덕곡리에 걸쳐 있다. 용현면 덕곡리 쪽의 계곡인 백천은 곡구에 사천 선상지가 형성되어 있고, 와룡동 와룡골의 선내천(한내)도 곡구에 삼천포 선상지가 있다. 와룡산은 두 마리의 용, 좌청룡과 우백룡이 누워있는 산이라고 할 수 있다.

 〈절받는 바구〉라는 전설에 보면 용너미 마을 왼쪽 골짜기의 적시골로 가는 길에 웅장한 바위가 하늘을 향해 버티고 있었다. 한 노스님이 고개를 들어 바위를 보았는데 집채보다도 몇 배나 더 큰 바위가 두 개로 변하여 노스님이 걸음을 한발씩 옮길 때마다 연방 굴러떨어지는 것 같았다. 한 걸음 옮기면 굴러오는 것 같아 멈추고, 또 한 걸음 옮기면 굴러 내려오는 것 같아 그 자리에 서서 바위를 향하여 경건하게 합장하고 기도한 후 지나갔다. 이후 다른 사람들도 그 자리에서 바위를 향해 합장을 하고 지나갔다고 한다. 짧은 이야기지만 합장을 한 스님의 모습에서 인간이 자연을 대하는 자세가 이러해야 함을 알 수 있다.

 와룡산은 기이한 암석들이 주봉을 이루고 있어 등산객들에게 험산이기도 하지만 절경을 볼 수 있는 산으로 알려져 있다. 돌이 깔려 있는 너덜도 많고, 두 손을 모아 합장을 하고 지나가야 할 정도로 아찔한 곳도 있지만, 와룡의 등에 올라타 자연을 경외할 수 있는 곳이기도 하다.

〈참고문헌〉

『정동면지』, 정동면지편찬위원회, 1996.

『사천시사』하권, 사천시사편천위원회, 2003.

『와룡산의 정기』, 편찬위원회, 1987.

『용현향토사』, 용현향토사발간위원회, 1993.

안병국, 「龍馬 硏究」, 『온지논총』제30호, 온지학회, 2012.

박인구, 「아기장수 전설의 유형 연구」, 『숭실어문』Vol.7, 숭실어문학회, 1990.

천혜숙, 「아기장수 전설의 형성과 의미」, 『한국학논집』12, 계명대학교 한국학연구원, 1986.

함양 오도재에서 바라본 눈 내린 지리산

부록

경남의 주요 산과 국가유산

[부록] 경남의 주요 산과 국가유산
(*국가유산청 국가유산정보를 활용하였음)

1. 지리산 주변의 국가유산

함양 벽송사 삼층석탑	1968.12.19	보물	함양군 마천면 광점길 27-62, 벽송사(추성리)	조선시대

벽송사는 조선 중종 15년(1520)에 벽송(碧松)이 창건한 사찰이다. 석탑은 2단의 기단(基壇) 위에 3층의 탑신(塔身)을 세운 통일신라시대 양식을 보이고 있다. 벽송사의 창건연대가 1520년인 것으로 보아 조선시대에 만들어진 신라양식 탑이라는 점에서 매우 주목되는 작품이다. 이 석탑은 조형예술이 발달한 신라석탑의 기본양식을 충실히 이어받고 있으며 짜임새 또한 정돈되어 있는 작품이다.

함양 덕전리 마애여래입상	1963.01.21	보물	함양군 마천면 덕전길 103-104, 고담사(덕전리)	고려시대

커다란 바위의 한 면을 깎아 불상을 조각한 높이 5.8m의 거대한 마애불로 몸체와 대좌(臺座), 그리고 몸체 뒤의 광배(光背)를 모두 나타내고 있다. 광배에 나타나는 구슬을 꿴 모양의 연주문(連珠紋)과 불꽃무늬. 탑 기단부 모양의 대좌에 새겨진 기둥모양 등 또한 고려 초기 불상의 특징 가운데 하나이다.

산청 석남암사지 석조 비로자나불좌상	2016.01.07	국보	산청군 삼장면 대하내원로 256, 덕산사(대포리)	통일신라

비로자나불상은 불상의 중대석에서 발견된 납석사리호의 명문을 통해 766년(혜공왕 2)에 법승(法勝)과 법연(法緣) 두 승려가 받들어 돌아가신 두온애랑(豆溫哀郎)의 원을 위해 석조비로자나불상을 조성하여 무구정광대다라니와 함께 석남암수(石南巖藪) 관음암에 봉안하였다는 기록을 가진 중요한 불상이다. 이 불상은 우리나라 가장 오래된 연대를 가진 지권인(智拳印) 비로자나불상으로 중요하다. 편년자료가 부족한 고대조각사 연구에도 절대적인 자료로 평가된다. 더불어 지권인을 한 여래형(如來形)의 비로자나불 형식이 766년에 정립되었다는 사실은 새로운 불교 사상과 새로운 불교사의 흐름을 반영한 것으로서 주목되는 것이다.

산청 법계사 삼층석탑	1968.12.19	보물	산청군 시천면 지리산대로 320-292, 법계사(중산리)	고려시대

법계사는 지리산 천왕봉 동쪽 중턱에 자리잡고 있으며 신라 진흥왕 5년(544)에 연기조사가 세운 절이라 전한다. 한국전쟁 당시의 화재로 토굴만으로 명맥을 이어오다가 최근에 법당을 지으면서 사찰의 면모를 갖추게 되었다. 법당 왼쪽에 위치한 이 탑은 바위 위에 3층의 탑신(塔身)을 올린 모습이다.

산청 대원사 다층석탑	1992.01.15	보물	산청군 삼장면 대원사길 455, 대원사(유평리)	조선시대 전기

대원사는 손꼽히는 참선도량 중 하나로서 지리산의 절경과 잘 어우러진 사찰이다. 경내의 사리전 앞에 있는 이 탑은 2단의 기단(基壇) 위에 8층의 탑신(塔身)을 세운 모습으로, 꼭대기의 머리장식은 일부만 남아있다. 자장율사가 처음 세웠던 탑이 임진왜란 때 파괴되자 조선 정조 8년(1784)에 다시 세워 놓은 것으로, 드물게 남아있는 조선 전기의 석탑이다. 전체적인 체감비율이 뛰어나고 조각은 소박하다.

| 산청 덕산사 삼층석탑 | 1992.01.15 | 보물 | 산청군 삼장면 대하내원로 256, 덕산사 (대포리) | 통일신라시대 |

덕산사의 대웅전 앞에 서 있는 탑으로, 2단 기단(基壇)위에 3층의 탑신(塔身)을 쌓아 올린 모습이다. 지붕돌의 모습으로 보아 통일신라 후기에 세워진 작품임을 알 수 있으며, 당시의 석탑 양식을 살필 수 있는 좋은 자료이다.

| 산청 율곡사 대웅전 | 1963.01.21 | 보물 | 산청군 신등면 율곡사길 182, 율곡사 (율현리) | 조선 숙종 4년 (1679) |

율곡사는 신라 경순왕 4년(930)에 감악조사(感岳祖師)가 창건하였다고 전하는 절이다. 절과 관련된 고려·조선시대의 역사는 자세히 전하지 않지만 현재의 대웅전은 2003년 해체 과정에서 "강희십팔년기미월일상량기(康熙十八年己未月日上樑記)"의 묵서명 기록이 나와, 조선 숙종 4년(1679)에 대대적으로 중수(重修)되었음이 확인되었다.
규모는 앞면 3칸·옆면 3칸이며 지붕은 옆면에서 보았을 때 여덟 팔(八)자 모양을 한 팔작지붕이다. 지붕 무게를 받치기 위해 장식하여 짠 구조가 기둥 위 뿐만 아니라 기둥 사이에도 있는 다포 양식이다. 앞쪽 문의 문살은 여러 문양으로 복잡하게 꾸며 건물에 더욱 다양한 느낌을 주고 있다. 산 속에 있는 비교적 큰 규모의 조선 중기 건물로 간결하면서도 웅장한 멋을 갖추고 있는 건축문화유산이다.

| 율곡사 괘불탱 | 2001.08.03 | 보물 | 산청군 신등면 율곡사길 182, 율곡사 (율현리) | 조선 숙종 10년 (1684) |

율곡사 괘불탱은 화면 가득 보살형의 인물만을 단독으로 그린 그림으로, 가로 475cm, 세로 827cm 의 크기이다.
조선 숙종 10년(1684)에 그려진 이 그림은 화면 아랫 쪽에 화기(畵記)가 있어 이 그림을 그린 사람과 조선 영조 5년(1729) 중수된 기록까지 확실히 되고 있다. 한 가지 흥미로운 점은 인물의 두 발 사이에 왕과 왕비와 세자의 안녕을 기원하는 글이 있는데, 이는 다른 괘불탱에서는 그 예를 찾아보기 힘들다.
단정하고 세련된 필선과 우아하고 균형 잡힌 신체비례, 호화로우면서도 안정감 있고 조화로운 색채, 다양하고 섬세한 문양 표현 등이 매우 뛰어나 17세기 불화연구에 자료적 가치가 충분하다.

| 하동 쌍계사 진감선사탑비 | 1962.12.20 | 국보 | 하동군 화개면 쌍계사길 59, 쌍계사(운수리) | 통일신라시대 |

통일신라의 유명한 승려인 진감선사의 탑비이다. 진감선사(774~850)는 애장왕 5년(804)에 당나라에 유학하여 승려가 되었으며, 흥덕왕 5년(830)에 귀국하여 높은 도덕과 법력으로 당시 왕들의 우러름을 받다가 77세의 나이로 쌍계사에서 입적하였다.
진성여왕 원년(887)에 세워진 것으로, 진감선사가 도를 닦던 옥천사를 '쌍계사'로 이름을 고친 후에 이 비를 세웠다 한다. 당시의 대표적인 문인이었던 최치원이 비문을 짓고 글씨를 쓴 것으로 유명하다.

| 하동 쌍계사 승탑 | 1963.01.21 | 보물 | 하동군 화개면 목압길 103, 쌍계사(운수리) | 통일신라시대 |

쌍계사 북쪽 탑봉우리 능선에 위치한 이 탑은 진감선사(眞鑑禪師)의 승탑으로, 사리를 모시는 탑신부분인 탑신(塔身)을 중심으로 아래는 받침부분인 기단(基壇)이고 위는 머리장식부분이다.
기단은 엎어놓은 연꽃무늬가 새겨진 아래받침돌 위에 8각의 가운데받침돌을 올렸다. 모든 부재를 8각형으로 조성한 탑이며, 탑비와 함께 9세기 후반에 만들어진 것으로 추정된다.

쌍계사 팔상전 영산회상도	1987.07.16	보물	하동군 화개면 쌍계사길 59, 쌍계사(운수리)	조선 숙종 7년 (1681)

부처가 영취산에서 설법한 내용을 묘사한 영산회상도이다. 크기는 길이 410cm, 폭 273cm 이다. 석가불을 중심으로 사천왕상, 여러 보살, 제자 등의 무리가 석가불을 에워싸고 있는 모습이다. 조선 숙종 7년(1681)에 그려진 이 불화는 비교적 큰 편이지만 짜임새 있는 구도를 보여주고 공간의 처리방법과 회화기법 등 이 매우 뛰어나며 17세기 중반의 특징을 잘 보여주는 우수한 작품이다.

쌍계사 대웅전 삼세불탱	2003.02.03	보물	하동군 화개면 쌍계사길 59, 쌍계사(운수리)	조선 정조 5년 (1781)

쌍계사 대웅전에 보존되어 있으며, 중앙의 석가모니불도를 중심으로 왼쪽에는 약사불도, 오른쪽에는 아미타불도를 배치한 삼세불탱화이다.
이 삼세불도는 18세기 전반 전라도 지역에서 크게 활약했던 대표적 불화승 '의겸'으로부터 1780년대의 '승윤' '평삼'으로 이어지는 불화승의 계보를 파악하는데 중요한 자료이다. 완전한 형태를 갖춘 18세기 후반의 대형불화로서 비교적 정교한 필치와 화려하면서도 은은함을 보여주어 화풍파악에 있어서도 빼놓을 수 없는 뛰어난 작품으로 평가된다.

하동 쌍계사 목조석가여래삼불좌상 및 사보살입상	2003.08.21	보물	하동군 화개면 쌍계사길 59, 쌍계사(운수리)	조선 인조 17년 (1639)

하동 쌍계사 대웅전에 모셔져 있는 나무로 만든 삼세불좌상 중 아미타불을 제외한 석가모니불과 약사불, 그리고 일광·월광·관음·세지보살로 추정되는 네 보살입상이다.
불상 안에서 발견된 조성기에 의하면, 조선 인조 17년(1639)에 청헌(淸憲)비구를 비롯한 11명의 화승들에 의해 조성되었음을 알 수 있다. 쌍계사 목조삼세불좌상 및 사보살입상은 조선시대 17세기 전반 경의 불상 연구에 중요한 자료로 평가된다.

하동 쌍계사 괘불도	2010.12.21	보물	하동군 화개면 쌍계사길 59, 쌍계사(운수리)	조선시대 (18세기)

쌍계사 괘불도는 머리에 화려한 보관을 쓰고, 몸에는 화려한 영락장식을 착용한 보살형 여래만을 표현한 형식이다. 조성 당시의 화기는 남아 있지 않고, 1929년 괘불을 중수한 후 기록한 화기만이 남아 있다. 1929년 기록한 화기에 기재된 조성 당시의 내용은 가경4년(1799)이라는 조성년대만이 확인된다. 화면 총길이 1295.6cm, 화면 폭 589cm로 괘불도 중에서도 거대한 크기의 불화이다. 화면의 바탕천은 35~37cm 정도의 삼베 19포를 이어 제작하였다. 현재 쌍계사 성보박물관에 보관중이며, 오염도 적어 전체적으로 양호한 편이다.

하동 쌍계사 감로왕도	2010.12.21	보물	하동군 화개면 쌍계사길 59, 쌍계사(운수리)	조선 영조 4년 (1728)

감로왕도는 1728년 명정, 최우 등이 제작하였다. 화면 윗부분에 칠여래에 덧보태어 다수의 불·보살이 등장하는 감로왕도 도상의 선구적 위치에 있는 중요한 작품이다. 더욱이 이 그림은 화면 구성 뿐 만 아니라 채색이 안정된, 화질이 뛰어난 감로왕도이다.

하동 쌍계사 동종	2010.12.21	보물	하동군 화개면 쌍계사길 59, 쌍계사(운수리)	조선 인조 19년 (1641)

현재 쌍계사 성보박물관에 전시되어 있는 이 작품은 전체높이가 94cm이고, 입지름이 62cm로 조선후기에 제작된 동종 가운데 그 규모가 대형에 속한다. 종신 중간에 양각으로 제작연대와 봉안사찰을 기록하였는데, 동종은 '신사년(辛巳年)'에 현재의 쌍계사 대종으로 제작하였음을 알 수 있다. 이 범종은 임진과 병자의 양란을 겪고 난 후 새로운 조선 후기 범종의 양식적 특징을 잘 보여주는 매우 귀중한 자료이다. 보존 상태가 양호하면서도 그 크기가 큰 편이다. 특히 단정한 주조기술과 문양이 돋보이면서도 조선 후기 전통형 범종을 고수하고 있는 1641년이라는 비교적 이른 시기의 작품인 점과 17세기 승려 장인 사회를 연구하는데 기여하는 바가 크다.

하동 쌍계사 일주문	2023.11.02	보물	하동군 쌍계사길 59(화개면)	조선 인조 19년 (1641)

'영남하동 쌍계사 사적기문'에 따르면 인조 19년(1641)에 세워졌다. 일주문에는 2개의 편액이 걸려 있는데, 전면에는 '삼신산쌍계사(三神山雙磎寺)'와 배면에는 '선종대가람(禪宗大伽藍)'이 달렸다. 이는 근대 서화가로 이름을 떨친 해강 김규진(海岡 金圭鎭, 1868~1933)이 쓴 것이다.

일주문은 정면 1칸의 겹처마 팔작지붕 건물이다. 대웅전으로 이어지는 일직선 축선상에는 일주문을 비롯해 금강문, 사천왕문 등의 전각이 배치되어 있으며, 전형적인 산지가람 형식이 잘 보존되어 있다. 이 건물은 조선 후기 다포계 일주문 건축기법이 온전히 남아 있는 지리산권의 중요한 건축물로 평가된다.

하동 고소성	1966.09.06	사적	하동군 악양면 평사리 산31번지	삼국시대

신라 때 돌로 쌓은 산성으로 능선을 따라 5각형에 가까운 형태를 띠고 있다. 성의 내력에 대해서는 『하동군읍지』가 유일한 자료이다. 이 기록과 성의 위치 및 규모로 보아 신라가 군사적 목적으로 쌓은 것으로 보인다. 지리산의 험한 산줄기를 뒤에 두고 섬진강이 앞을 가로막는 천연의 요새로서 남해에서 호남지방으로 들어가는 중요한 길목이다. 이러한 지형을 이용하여 크고 견고하게 지은 산성이다.

산청 전 구형왕릉	1971.02.09	사적	산청군 금서면 화계리 산16번지	6세기

금관가야 마지막 임금인 구형왕의 무덤으로 전해지고 있는 돌무덤이다. 구형왕은 구해(仇亥) 또는 양왕(讓王)이라 하는데 김유신의 증조부이다. 521년 가야의 왕이 되어 532년 신라 법흥왕에게 영토를 넘겨줄 때까지 11년간 왕으로 있었다.

이 무덤을 둘러싸고 석탑이라는 설과 왕릉이라는 2가지 설이 있다. 이것을 탑으로 보는 이유는 이와 비슷한 것이 안동과 의성지방에 분포하고 있는데 근거를 두고 있다. 왕릉이라는 근거는 『동국여지승람』, 『산음현 산천조』에 '현의 40리 산중에 돌로 쌓은 구룡이 있는데 4면에 모두 층급이 있고 세속에는 왕릉이라 전한다'라는 기록이 있다. 이 무덤에 왕명을 붙인 기록은 조선시대 문인인 홍의영의 『왕산심릉기』에 처음 보이는데 무덤의 서쪽에 왕산사라는 절이 있어 절에 전해오는 『왕산사기』에 구형왕릉이라 기록되었다고 하였다.

2. 가야산 주변의 국가유산

합천 해인사 대장경판	1962.12.20	국보	합천군 가야면 해인사길 122, 해인사(치인리)	고려시대 (1237~1252년간)

대장경은 경(經)·율(律)·논(論)의 삼장(三藏)을 말하며, 불교경전의 총서를 가리킨다. 고려 고종 24~35년(1237~1248)에 걸쳐 간행되었다. 고려시대에 간행되었다고 해서 고려대장경이라고도 하고, 판수가 8만여 개에 달하고 8만 4천 번뇌에 해당하는 8만 4천 법문을 실었다고 하여 8만대장경이라고도 부른다.
고려 현종 때 새긴 초조대장경이 고종 19년(1232) 몽고의 침입으로 불타 없어지자 다시 대장경을 만들었으므로, 재조대장경이라고도 한다. 몽고군의 침입을 불교의 힘으로 막아보고자 하는 뜻으로 국가적인 차원에서 대장도감이라는 임시기구를 설치하여 새겼다. 새긴 곳은 경상남도 남해에 설치한 분사대장도감에서 담당하였다. 강화도 성 서문 밖의 대장경판당에 보관되었던 것을 선원사를 거쳐 태조 7년(1398) 5월에 해인사로 옮겨 오늘날까지 이어오고 있다. 현존 대장경 중에서도 가장 오랜 역사와 내용의 완벽하다. 2007년 세계기록유산에 등재되었다.

합천 해인사 장경판전	1962.12.20	국보	합천군 가야면 해인사길 122, 해인사(치인리)	조선 성종19년 (1488)

장경판전은 고려시대에 만들어진 8만여장의 대장경판을 보관하고 있는 건물로, 해인사에 남아있는 건물 중 가장 오래 되었다. 처음 지은 연대 알지 못하지만, 조선 세조 3년(1457)에 크게 다시 지었고, 성종 19년(1488)에 학조대사가 왕실의 후원으로 다시 지어 '보안당'이라고 했다는 기록이 있다. 산 속 깊은 곳에 자리잡고 있어 임진왜란에도 피해를 입지 않아 옛 모습을 유지하고 있으며, 광해군 14년(1622)과 인조 2년(1624)에 수리하였다.
앞면 15칸·옆면 2칸 크기의 두 건물을 나란히 배치하였는데, 남쪽 건물은 '수다라장'이라 하고 북쪽의 건물은 '법보전'이라 한다. 서쪽과 동쪽에는 앞면 2칸·옆면 1칸 규모의 작은 서고가 있어서, 전체적으로는 긴 네모형으로 배치되어 있다.
자연의 조건을 이용하여 설계한 합리적이고 과학적인 점 등으로 인해 대장경판을 지금까지 잘 보존할 수 있었다고 평가 받고 있다. 15세기 건축물로서 세계 유일의 대장경판 보관용 건물이며, 1995년 12월 유네스코 세계문화유산으로 등재되었다.

합천 해인사 고려목판	1982.05.22	국보	합천군 가야면 해인사길 122, 해인사(치인리)	고려시대

해인사에 소장되어 있는 고려시대의 불교경전, 고승의 저술, 시문집 등이 새겨진 목판이다. 이 목판은 국가기관인 대장도감(大藏都監)에서 새긴 합천 해인사 대장경판(국보)과는 달리, 지방관청이나 절에서 새긴 것이다. 현재 해인사 대장경판전 사이에 있는 동·서 사간판전(寺刊板殿)에 보관되어 있다. 고려시대 판화 및 판각기술은 물론이고, 한국 불교사상 및 문화사 연구에 중요한 자료로 평가된다.

합천 해인사 건칠희랑대사좌상	2020.10.21	국보	합천군 가야면 해인사길 122, 해인사(치인리)	고려시대

신라 말~고려 초에 활동한 승려인 희랑대사(希朗大師, 10세기)의 모습을 조각한 것이다. 현존하는 우리나라의 유일한 초상조각(祖師像:僧像)으로서, 고려 10세기 전반에 제작된 것으로 추정된다. 비슷한 시기 중국과 일본에서는 고승(高僧)의 모습을 조각한 조사상을 많이 제작했으나, 우리나라에는 유례가 없다. 이 작품이 실제 생존했던 고승의 모습을 재현한 유일한 조각품으로 남아 있다. 희랑대사는 화엄학(華嚴學)에 조예가 깊었던 학승(學僧)으로, 해인사의 희랑대(希朗臺)에 머물며 수도에 정진했다고 전한다. 태조 왕건(王建)의 스승이자 후삼국을 통일하는데 큰 도움을 준 인물로도 알려져 있다. 이 작품은 얼굴과 가슴, 손, 무릎 등 앞면은 건칠(乾漆)로, 등과 바닥은 나무를 조합해 만든 당시 제작기술이 잘 남아 있고 뛰어난 조형성을 지닌 작품으로 높이 평가받아 왔다. 고려 초 10세기 우리나라 초상조각의 실체를 알려주는 매우 귀중한 작품이다.

합천 해인사 법보전 목조비로자나불좌상 및 복장유물	2022.10.26	국보	합천군 해인사길 132-13, 해인사(치인리)	통일신라시대

주불전인 대적광전의 오른쪽에 위치한 대비로전(大毗盧殿)에 봉안된 불상과 그 복장유물이다. 불상의 제작 시기는 불상의 양식과 도상, 과학적 조사결과 통일신라 9세기 후반으로 추정된다. 이는 해인사가 애장왕 3년(802) 창건된 사실에 비추어 법보전 비로자나불상이 해인사 창건시기와 크게 멀지 않은 시점에 조성되었으며, 현존하는 가장 오래된 목조불상으로서 그 역사적·학술적 가치가 매우 높다는 점을 말해 준다. 법보전 목조비로자나불좌상은 우리나라에 남아 있는 가장 오래된 목조불상이라는 상징성과 더불어 작품의 완성도 측면에서도 매우 뛰어난 조각기법을 보여준다.

복장유물 또한 한국불교사, 미술사적 가치가 매우 높은 자료이다. 해인사는 1489~1490년 동안 조선왕실의 후원을 받은 당대 최고의 고승(高僧) 학조(學祖, 15세기)에 의해 중창되었으며, 복장유물에는 고려~조선 등 여러 시기 불상의 중수과정에서 추가로 납입된 귀한 전적과 직물들이 포함되어 있다. 특히 1490년 중수 복장유물은 조선 초기 왕실 발원 복장유물의 대표적인 사례로 평가받고 있다. 특히 복장에서 나온 후령통은 원래 형태가 완벽하게 보존된 것으로, 16세기『조상경(造像經)』의 시원이 된 복장 안립 물목의 종류와 안립절차에 대해 규명하게 된 결정적인 자료를 제공해 주었다는 점에서 학술적 가치가 매우 크다.

합천 해인사 대적광전 목조비로자나불좌상 및 복장유물	2022.10.26	국보	합천군 해인사길 132-13, 해인사(치인리)	통일신라시대

해인사의 주전각인 대적광전에 봉안되었으나 지금은 그 오른쪽에 위치한 대비로전(大毗盧殿)에 봉안된 비로자나불상과 그 복장유물 일괄이다. 대적광전 목조비로자나불좌상은 법보전 목조비로자나불좌상과 비교해 크기, 제작기법 등이 거의 유사하다는 점에서 같은 시기인 9세기말에 조성된 것이다. 현존하는 가장 오래된 목조불상으로서 그 역사적·학술적 가치가 매우 높다.

복장유물의 조성시기는 고려~조선 초기에 걸쳐 있다. 이는 해인사가 802년 창건된 사실에 비추어 대적광전 비로자나불상이 해인사 창건시기와 그리 오래되지 않은 시점에 조성되었으며, 여러 차례 개금 중수되어 왔음을 말해준다. 복장유물은 고려시대부터 조선 초기에 걸쳐 지속적으로 이루어진 왕실의 후원 아래 조성된 것으로, 귀한 전적과 직물들이 포함되어 있어 조선 초기 왕실 불사 복장유물의 대표적인 사례로 꼽힌다.

합천 해인사 영산회상도	2024.12.26	국보	합천군 가야면 해인사길 122, 해인사(치인리)	조선 영조 5년(1729)

화기로 보아 조선 영조 5년(1729)이라는 제작 연대와 의겸(義謙)을 비롯, 여성(汝性), 행종(幸宗), 민희(敏熙), 말인(抹仁), 만연(萬演), 지원(智元), 범안(梵眼), 도현(道玄) 등 제작 화승을 명확히 알 수 있는 불화이다.
화면 하단에 마련된 붉은 바탕의 화기란에 수화승 의겸을 편수나 양공, 화원이란 직함 대신 붓의 신선인 '호선(毫仙)'이라는 특별한 후칭으로 기록했던 것에 걸맞게 세밀한 표현이 돋보이는 불화이다.

합천 반야사지 원경왕사비	1963.01.21	보물	합천군 가야면 해인사길 73-4(치인리)	고려시대

원경왕사를 기리기 위해 세운 비(碑)로, 반야사의 옛터에 있었던 것을 1961년에 해인사 경내의 지금의 자리로 옮겼다. 비문에 의하면, 원경왕사는 대각국사를 따라 송나라에 갔다가 귀국하여 숙종 9년(1104)에 승통(僧統)이 되었다. 예종의 스승이 되기도 하였고 그 후 귀법사에 머물다 입적하자 왕은 '원경'이라는 시호를 내렸다. 비문은 김부일이 짓고 글씨는 이원부가 썼다. 고려 인종 3년(1125)에 만들어진 이 비는 조각기법이나 간단한 형태의 지붕돌 등에서 고려 중기 특징을 잘 나타내고 있다.

| 합천 치인리 마애여래입상 | 1963.01.21 | 보물 | 합천군 가야면 해인사길 85(치인리) | 통일신라시대 |

해인사를 뒤로 돌아 가야산(伽倻山) 정상으로 올라가는 길 옆의 바위에 돋을새김으로 높이 7.5m의 불상을 표현하였다. 민머리에는 상투 모양의 머리묶음이 크고 높직하다. 머리 뒤에는 단순한 원형의 머리광배가 있을 뿐인데, 이를 지탱하는 자연광배가 몸광배 구실을 겸하는 것 같다. 얼굴과 두 손은 정교하게 조각한 반면 신체는 마치 돌기둥에 새긴 듯 옷주름을 간략하게 처리하였다.
이 불상은 각 부분의 표현이 힘있고 당당하면서도 세부수법에서 세련된 면이 보여 9세기 무렵에 만들어진 마애불상으로 추정된다.

| 합천 해인사 석조여래입상 | 1963.01.21 | 보물 | 합천군 가야면 해인사길 85, 해인사(치인리) | 통일신라시대 |

해인사에 모셔져 있으며, 광배(光背)와 대좌(臺座)가 없어졌을 뿐 아니라, 목이 절단되고 어깨와 두 팔이 더 깨졌으며 발도 없어졌다. 민머리에는 작은 상투 모양의 머리(육계)가 있고, 얼굴은 긴 타원형으로 많이 닳고 손상되었다. 이 불상은 신체 비례의 불균형, 평면적이고 형식화된 옷주름 등에서 통일신라 후기의 불상양식을 보여주는 작품이다.

| 합천 해인사 원당암 다층석탑 및 석등 | 1970.06.24 | 보물 | 합천군 가야면 해인사길 141-22, 해인사(치인리) | 통일신라시대 |

해인사의 원당암 안에 있는 다층(多層) 석탑이다. 탑신(塔身)을 점판암으로 만든 청석탑(靑石塔)이다. 청석탑은 대체로 고려시대에 본격적으로 유행하게 되지만 이 석탑은 신라 말에 만들어져 청석탑의 선구라 할 수 있다. 석등은 탑의 옆에 있으며, 탑과 거의 동일한 시대의 작품이다. 땅과 맞닿는 6각형의 바닥돌 위에 아래받침돌과 중간받침돌, 지붕돌로 이루어졌는데, 아래받침돌과 지붕돌이 점판암으로 되어 있고 다른 부재는 화강암이다.

| 합천 해인사 고려목판 | 1982.05.12 | 보물 | 합천군 가야면 해인사길 122, 해인사(치인리) | 고려시대 |

해인사 고려목판(海印寺 高麗木板)은 경상남도 합천군 해인사에서 보관하고 있는 고려시대의 불교경전과 유명한 승려들의 저술, 시문집 등이 새겨진 목판이다. 해인사에 있는 목판은 모두 54종 2,835판인데 이 중 28종 2,725판이 국보로 지정되어 있고, 26종 110판이 보물로 지정되어 있다. 해인사 고려각판은 국가기관인 대장도감에서 새긴 해인사 대장경판과는 달리 사찰이나 지방관청에서 새긴 것이며, 현재 해인사 대장경판전 사이에 있는 동·서 사간판전(寺刊版殿)에 보관되어 있다.
해인사 고려각판은 자체가 우리나라가 목판인쇄술의 실증적 자료이며 그 시대의 문화를 상징하는 예술품으로 주목된다.

| 합천 해인사 길상탑 | 1996.05.29 | 보물 | 합천군 가야면 해인사길 85, 해인사(치인리) | 통일신라시대 |

해인사 일주문 가기 전 위치해 있고, 일반적인 사찰의 건물 배치와는 무관하게 길가에 세워져 있다. 2단의 기단(基壇) 위로 3층의 탑신(塔身)을 세운 구조로, 통일신라시대의 전형적인 석탑 양식을 갖추고 있다. 탑에 대한 기록인 탑지(塔誌)는 4장인데, 통일신라 후기 대문장가인 최치원이 지은 것으로 유명하다. 이 글에는 신라 진성여왕 8년(895) 통일신라 후기의 혼란 속에 절의 보물을 지키려다 희생된 스님들의 영혼을 달래기 위해서 탑을 건립했다는 내용이 담겨 있다. 전체적으로 단아하면서도 소박한 아름다움을 보여주는 통일신라 후기의 대표적인 소탑(小塔)으로, 탑지의 기록은 당시의 사회경제적 상황을 밝히는 데 중요한 단서를 제공하고 있다.

| 해인사 동종 | 1997.06.12 | 보물 | 합천군 가야면 해인사길 122, 해인사(치인리) | 조선 성종 22년 (1491년) |

해인사의 대적광전 안에 있는 높이 85cm, 입지름 58cm, 두께 6cm의 종이다. 연곽 아래 조선 성종 22년(1491)에 만들었다는 양각명문이 있다. 이 종은 조선시대 종의 변천과정 연구에 중요한 자료가 되고 있으며, 불교 공예품으로도 가치가 크다.

합천 해인사 홍제암	2000.09.28	보물	합천군 가야면 해인사길 154, 홍제암(치인리)	조선 후기

해인사에 속해 있는 암자이다. 임진왜란과 정유재란 때 승병장으로 큰 공을 세운 사명대사가 수도하다 세상을 떠난 곳이다. '홍제암'이라는 이름은 사명대사 입적 후 광해군이 내린 '자통홍제존자'라는 시호에서 따왔다.
광해군 6년(1614)에 혜구대사慧球大師가 사명대사의 초상을 모시기 위해 건립하였으며, 1979년 10월에 해체·보수공사를 실시하였다.
홍제암은 여러 기능의 공간이 하나의 건물 안에 모여있는 특이한 형태의 암자로, 각 공간의 위계와 기능에 따라 건물구조나 양식의 수법을 여러 형태로 표현하고 있어 역사적 의의 뿐만 아니라 건축적인 가치가 크다.

합천 해인사 홍제암 사명대사탑 및 석장비	2000.09.28	보물	합천군 가야면 해인사길 154, 홍제암(치인리)	조선 후기

해인사 홍제암에 있는 사명대사의 탑 및 비(碑)이다. 사명대사 석장비는 대사의 일대기를 기록한 비석으로, 광해군 4년(1612)에 세웠으며 『홍길동전』을 지은 허균이 비문을 지었다. 이 석장비는 현존하는 사명대사비 가운데 가장 먼저 건립되었으며, 문장이 매우 빼어날 뿐 아니라 비문에 대사의 행적이 비교적 소상하게 적혀 있어 역사적인 가치도 높다. 사명대사의 탑과 석장비는 본래 하나의 짝을 이루고 있던 것으로, 이러한 형식은 신라시대 이래의 전통이 계승되고 있다는 점에서 학문적인 의의가 있다.

합천 해인사 감로왕도	2010.12.21	보물	합천군 가야면 해인사길 122, 해인사(치인리)	조선시대

조선 경종 3년(1723) 심감(心鑑), 신오(信晤), 득총(得聰)이 조성한 해인사 감로왕도는 18세기 전반에 조성된 불화임에도 구성이나 존상 표현 등에서 조선 전기의 감로도 형식이 많이 남아 있는 작품이다. 감로도는 화면 구성이 유기성 있게 구성되어 있으며, 불보살을 비롯한 각 존상의 세부 묘사와 녹색, 홍색을 중심으로 분홍, 노랑, 청색 등이 조화가 뛰어나다. 또한 배경을 이루는 청록산수는 안견화풍으로 그려져 중앙화단과 불화간의 영향관계를 살피는데 좋은 자료가 되고 있다.

합천 해인사 법보전 목조비로자나불좌상 복장전적	2012.10.30	보물	합천군 해인사길 132-13, 해인사(치인리)	고려시대

1. 반야바라밀다심경(般若波羅蜜多心經): 이 경전은 당(唐) 현장법사(玄奘法師)가 번역한 『반야바라밀다심경』이 전체 4면의 절첩장 형식으로 되어 있다.
2. 대방광불화엄경 진본 권16~20(大方廣佛華嚴經 晋本 권16~20): 이 경전은 동진(東晋)의 불타발타라(佛馱跋陀羅)가 번역한 『대방광불화엄경』진본 60권 중 권16~20의 잔본 1책이며 호접장본(蝴蝶裝本)이다.
3. 추가지정(2022.10.26) : '합천 해인사 법보전 목조비로자나불좌상 복장전적' 중 기존 보물 지정 대상에 포함되지 않은 전적은 '불설아미타경(佛說阿彌陀經)'을 비롯해 총 8건 52점으로, 모두 12~13세기 고려시대의 출판·인쇄 역량 및 장정 형태와 함께 해인사·해진사·법수사의 불교 사상적 성격을 진단할 수 있고 해당 목판의 복원을 위한 원천 자료로서 귀중한 가치를 지닌 자료들이다.

합천 해인사 대적광전 목조비로자나불좌상 복장전적	2012.10.30	보물	합천군 해인사길 132-13, 해인사(치인리)	고려시대

1. 대방광불화엄경 진본 권51~57(大方廣佛華嚴經晋本卷51~57).
2. 대방광불화엄경 정원본 권1~권10(大方廣佛華嚴經貞元本卷1~卷10).
3. 금광명경 권3(金光明經卷3).
4. 반야바라밀다심경(般若波羅蜜多心經).
5. 약사유리광여래본원공덕경(藥師瑠璃光如來本願功德經).
6. 초조본 약사유리광여래본원공덕경(初雕本藥師琉璃光如來本願功德經).
7. 백지묵서사경(白紙墨書寫經).
8. 감지금니문수최상승무생계법
9. 추가지정(2022.10.26) : '대방광불화엄경 주본(大方廣佛華嚴經 周本)'을 비롯한 10건 213점

합천 해인사 지장시왕도	2013.04.29	보물	합천군 해인사길 132-13, 해인사(치인리)	조선시대

지장시왕도(地藏十王圖)'는 영조 15년(1739)에 대시주 처옥(處玉)의 발원에 의해 수화원 혜식(慧湜)을 비롯한 6명의 화승이 관음전 불화로 조성하였다. 구도에서는 지장삼존과 시왕, 판관, 지옥사자, 선악동녀, 옥졸 등 31명에 달하는 인물들을 밀도 높게 표현하되, 중앙의 본존에 비하여 권속들을 상대적으로 작게 묘사함으로써 많은 권속들을 효과적으로 배열하였다. 이 불화는 현존하는 명부전 지장보살도 가운데 비교적 이른 시기에 조성된 불화로, 18세기 전반 경상남북도 지역 불화 화풍을 잘 보여주고 있다.

합천 해인사 내전수함음소 권490 목판	2013.07.16	보물	합천군 가야면 치인리 10-0	고려시대

고려 고종 32년(1245)에 대장도감에서 판각하여 완성한 경판이다. 지금까지 대장경 목록에도 없이 인쇄본만 알려져 있었으므로 이 경판은 대장경 연구에 중요한 자료로 평가된다.

대방광불화엄경 주본 권72	2015.03.04	보물	합천군	고려시대

「대방광불화엄경」 주본 권72는 당의 실차난타(652~710)가 신역한 주본 80화엄경 가운데 제72권으로 현재 해인사 사간판의 모본으로 추정될 뿐 아니라 고려대장경을 간행할 때에 저본으로 사용되었던 수창 4년(1098) 판본의 국내 전래본으로 추정된다.
국내에서 보기 드문 희귀본이며, 불경과 불교학 및 서지학의 연구에는 물론 고려시대 목판인쇄문화의 연구에도 크게 활용될 수 있을 귀중한 자료이다

합천 해인사 원당암 목조아미타여래삼존상 및 복장유물	2020.08.27	보물	합천군 해인사길 122, 해인사(치인리)	조선시대

삼존상은 해인사 경내 부속 암자인 원당암(願堂庵)의 보광전(普光殿)에 봉안된 삼존불상으로, 이곳에서 8건 23점의 복장유물이 발견되었다. 삼존상은 설법인(說法印)의 수인(手印)을 한 아미타여래상과 화불(化佛)을 새긴 보관(寶冠)을 쓴 관음보살, 민머리의 지장보살로 구성된 불상으로, 아미타삼존 도상을 정확하게 구현한 작품이다. 남아있는 사례가 극히 드물어 희소성이 크다.
조성 시기에 대해서는 불상의 형식과 복장 발원문, 1490년 전후 왕실의 지원에 따른 해인사 중창(重創), 이후 1495년 원당암 중창이 이루어진 일련의 과정으로 볼 때, 조선 15세기 후반에 제작된 것으로 추정된다.
복장유물을 통해 해인사 법보전과 대적광전 목조비로자나불좌상 조성을 후원한 왕실인물들이 관여했을 가능성이 높다는 점이 확인된다.

합천 해인사 원당암 목조아미타여래삼존상 복장전적-대방광불화엄경 진본	2020.08.27	보물	합천군 해인사길 122, 해인사(치인리)	고려시대 조선시대

'대방광불화엄경 진본' 23권 23첩은 13세기 중엽 판각되고, 14세기 말~15세기 초 인축된 전적이다. 14~15세기 해인사의 사상적 경향과 함께 출판인쇄문화의 실체와 역량, 그리고 국보 합천 해인사 고려목판에 포함된 개별 경판의 보존장소 · 상태 등을 진단할 수 있는 원천정보를 담고 있는 등 역사 · 문화적인 가치를 지니고 있다.

합천 해인사 원당암 목조아미타여래삼존상 복장전적-대방광불화엄경 정원본	2020.08.27	보물	합천군 해인사길 122, 해인사(치인리)	고려시대 조선시대

'합천 해인사 원당암 목조아미타여래삼존상 복장전적-대방광불화엄경 정원본' 5첩은 13세기 중엽 판각되고, 14세기 말~ 15세기 초 인출되었다.
'합천 해인사 원당암 목조아미타여래삼존상 복장전적-대방광불화엄경 진본(보물)'과 함께 역사적 · 학술적 의의가 높다. 발견지가 뚜렷한 불상 복장물이라는 점, 오랜 기간 훼손되거나 누락되지 않은 채 대량으로 보존되었다는 점, 보물로 지정된 동종 문화유산이 희소하다는 점에서 보존가치가 뛰어나다.

| 합천 해인사 원당암 목조아미타여래삼존상 복장전적–제다라니 | 2020.08.27 | 보물 | 합천군 해인사길 122, 해인사(치인리) | 고려시대 조선시대 |

'합천 해인사 원당암 목조아미타여래삼존상 복장전적–제다라니(陜川 海印寺 願堂庵 木造阿彌陀如來三尊像 腹藏典籍—諸陀羅尼)'는 합천 해인사 원당암 목조아미타여래삼존상 복장전적 29권 29첩 가운데 포함된 '제다라니(諸陀羅尼)' 1권 1첩의 휴대용 수진본(袖珍本)이다. 고려 우왕 원년(1375) 조성된 목판을 바탕으로 14세기말~15세기초 간행한 불교 경전이다.
2017년 8월 원당암 목조아미타요래삼존상의 개금불사를 준비할 때 본존불의 목조아미타불좌상에서 발견되었다. 전체적으로는 개별 권의 장차가 모두 인출되어 있는 상태이며, 전체적인 보존 상태도 상당히 양호하다. 인출 시기는 변상도(變相圖)와 글자의 마모 상태 등으로 보아 15세기 경에 인출된 후쇄본일 가능성이 높다.
따라서 '제다라니' 1권 1첩은 15세기 해인사의 사상적 경향과 함께 출판인쇄문화의 실체와 역량, 고려 우왕 당시 고려사회의 불교 사상적 경향 등 기초자료로서 역사·문화적인 가치를 지닌다. 더욱이 이 '제다라니'는 현재까지 발견된 유일본으로서 희소성이 매우 높다.

| 합천 해인사 홍하문 | 2023.11.02 | 보물 | 합천군 해인사길 122, 해인사(치인리) | 조선시대 |

정확한 창건 연대를 알 수 없다. 세조 3년(1457) 중수 이래 지금까지 다섯 차례 중수하였다는 기록이 전해지고 있어 세조의 지원 아래 해인사가 확장하는 과정에서 건립된 것으로 보인다. 또한, 유척기(1691~1767)의 '유가야산기(遊伽倻山記)' 기록과 정선(1676~1759)이 부채에 그린「해인사도」와 김윤겸(1711~1775)의 「해인사도」 등을 보아 적어도 18세기에는 일주문인 홍하문, 그 다음에 봉황문, 해탈문이 차례로 있었음을 알 수 있다.
전면에는 '가야산해인사(伽倻山海印寺)' 현판과 내부 중앙에 '홍하문' 현판이 걸려있으며, 배면에는 '해동제일도량(海東第一道場)'이라는 현판이 걸려있다.

| 합천 해인사 | 2009.12.21 | 사적 | 합천군 가야면 해인사길 122 등, 해인사(치인리) | 통일신라시대 |

해인사를 두고 있는 가야산은 높이가 해발 1,430m이며, 우뚝하고 기이한 모습으로 우리나라 8경 가운데 하나로 꼽히는 신령스러운 산이다.
해인사는 가야산의 서남쪽 기슭에 있는 절로, 신라 애장왕 3년(802)에 당나라에서 유학하고 돌아온 순응과 이정, 두 대사가 세웠다고 한다. 조선 숙종 때부터 고종 때까지 2백여 년간 7차례나 불이 나서 건물 대부분이 타버렸고, 지금의 건물들은 대부분 조선시대 후기에 세운 것들이다. 뛰어난 가야산의 자연경관과 역사의 숨소리가 살아 있는 해인사 지역의 문화유산이 어우러져 있는 곳이다.

3. 영축산과 국가유산

양산 통도사 대웅전 및 금강계단	1997.01.01	국보	양산시 하북면 통도사로 108, 통도사(지산리)	조선시대

통도사는 우리 나라 3대 사찰 중 하나로 손꼽히는 큰 절로, 신라 선덕여왕 15년(646)에 자장율사가 세웠다.
대웅전은 원래 석가모니를 모시는 법당을 가리키지만, 이곳 통도사의 대웅전에는 불상을 따로 모시지 않고 건물 뒷면에 금강계단(金剛戒壇)을 설치하여 부처님의 진신사리를 모시고 있다. 그 때문에 통도사라는 절 이름도 금강계단을 통하여 도를 얻는다는 의미와 진리를 깨달아 중생을 극락으로 이끈다는 의미에서 통도(通度)라고 하였다 한다. 지금 건물은 신라 선덕여왕 때 처음 지었고, 임진왜란 때 불에 탄 것을 조선 인조 23년(1645)에 다시 지은 것이다.
불가에서 금강계단은 승려가 되는 과정 중 가장 중요한 수계의식이 이루어지는 곳으로, 부처님이 항상 그곳에 있다는 상징성을 지닌다. 지금 있는 금강계단은 고려 · 조선시대를 거쳐 여러 차례 수리한 것이다. 양식은 우리나라의 전통적인 금강계단 형태를 띠고 있는데, 가운데에 종 모양의 석조물을 설치하여 사리를 보관하고 있다. 1층 기단 안쪽 면에는 천인상을 조각하고 바깥쪽 면은 불법을 지키는 수호신인 제석의 모습을 조각하였다.
축조 연대를 확실하게 알 수 있는 조선 중기의 대표적 건축인 대웅전과 부처님의 진신사리를 담고 있는 금강계단은 각각 건축 구조와 건축사 연구, 계단(戒壇)이 가지고 있는 그 의미에서 중요한 문화유산으로 평가받고 있다.

사인비구 제작 동종 - 통도사 동종	2000.02.15	보물	양산시 하북면 통도사로 108, 통도사 성보박물관 (지산리)	조선시대

경기도와 경상도 지역에서 활동한 승려인 사인비구에 의해서 조선 숙종12년(1686)에 만들어진 조선시대 종이다.
사인비구는 18세기 뛰어난 승려이자 장인으로, 전통적인 신라 종의 제조기법에 독창성을 합친 종을 만들었다. 현재 그의 작품 8구가 서로 다른 특징을 보이며 전해지고 있다.
이 종은 유일하게 8괘(八卦) 문양을 새긴 것이 특징으로, 큰 종이지만, 형태미가 뛰어나다. 종 몸통에 있는 사각형의 연곽안에 9개의 돌기를 새기는 것이 일반적이나, 이 종은 중앙에 단 한 개의 돌기만 새겨 둔 점에서 사인비구의 독창성이 돋보이는 작품이다.

양산 통도사 국장생 석표	1963.01.21	보물	양산시 하북면 백록리 718-44번지	고려시대

통도사를 중심으로 사방 12곳에 세워놓은 장생표의 하나로 절의 경계를 나타내는 표시이며, 절의 동남쪽 약 4km지점에 서 있다. 국장생이라는 명칭은 나라의 명에 의해 건립된 장생이라는 의미로, 거친 자연석면에 글씨가 새겨져 있다.
장생은 수호신, 이정표, 경계표 등의 구실을 하고 있어 풍수지리설과 함께 민속신앙과도 깊은 관계를 맺고 있는데, 이 장생은 경계표와 보호의 구실을 한 것으로 보인다.

통도사 청동 은입사 향완	1963.01.21	보물	양산시 하북면 통도사로 108, 통도사 성보박물관 (지산리)	고려시대

절에서 의식을 행하거나 불단 위에 올려놓고 향을 피우는데 사용하는 공양구이다. 특히 밥그릇 모양의 몸체 아래 나팔형으로 벌어져 원반형의 받침을 지닌 것을 향완이라 하였다.
통도사 청동 은입사 향완은 높이 33cm, 입지름 30cm, 받침대 지름 24.7cm로서 전면에 굵고 가는 은 · 금실을 이용하여 연꽃무늬, 덩굴무늬, 봉황, 구름무늬로 가득차게 은입사하였다. 입 주위의 넓은 테인 전의 일부가 약간 휘어진 것이 흠이지만, 외형상 그 형태가 안정감있다. 전면의 무늬가 매우 복잡하고 도식적으로 변형된 양상으로 보아, 고려 후기의 제작으로 추정된다.

양산 통도사 봉발탑	1968.12.19	보물	양산시 하북면 통도사로 108, 통도사 (지산리)	고려시대

봉발탑은 통도사의 용화전 앞에 서 있는 것으로 무슨 용도인지는 알 수 없으나, 석가세존의 옷과 밥그릇을 미륵보살이 이어받을 것을 상징한 조형물로 여겨진다. 기본형태는 받침부분 위에 뚜껑있는 큰 밥그릇을 얹은 듯한 희귀한 모습이다. 받침부분의 돌은 아래·가운데·윗부분으로 구성되며 장고를 세워 놓은 듯한 모양이다. 받침돌 위에는 뚜껑과 높은 굽받침이 있는 그릇 모양의 석조물이 있다.
만들어진 연대는 연꽃조각과 받침부분의 기둥 양식으로 보아 고려시대로 추정되지만, 받침부분과 그릇 모양의 조각물과는 품격의 차이가 느껴지므로 동시대의 작품인지 의문을 갖게 된다.

통도사 영산전 팔상도	1990.09.20	보물	양산시 하북면 통도사로 108, 통도사성보박물관 (지산리)	조선시대

조선 영조 51년(1775) 부처가 태어나 도를 닦고 열반에 이르기까지의 일생을 8부분으로 나누어 그린 팔상도이다. 석가모니가 도솔천에서 코끼리를 타고 사바세계로 내려오는 장면인 '도솔래의상', 석가모니가 룸비니공원에서 마야부인의 옆구리를 통해 출생하는 모습을 그린 '비람강생상', 태자가 성문 밖의 중생들의 고통을 관찰하고 인생무상을 느끼는 장면의 '사문유관상', 부모의 반대를 무릅쓰고 출가하는 장면을 묘사한 '유성출가상', 설산(雪山)에서 신선들과 수행하는 모습을 그린 '설산수도상', 태자가 수행 중 온갖 유혹과 위협을 물리치는 '수하항마상', 부처가 녹야원에서 최초로 설법하는 모습을 나타낸 '녹원전법상', 부처가 쌍림수아래에서 죽음에 이르는 모습을 표현한 '쌍림열반상'으로 구성되어 있으며, 각 폭은 거의 빈공간을 남기지 않고 건물과 나무, 구름 등의 배경으로 적절하게 구도를 나누어 해당되는 장면을 잘 표현하였다. 또한 각 묘사된 장면의 내용을 구체적으로 설명하는 글을 써 놓아 이해를 돕고 있다. 산악이나 바위는 뛰어난 필치로 처리되었고 인물의 묘사도 생동감이 넘친다.

통도사 대광명전 삼신불도	1990.09.20	보물	양산시 하북면 통도사로 108, 통도사성보박물관 (지산리)	조선시대

조선 영조 35년(1759) 임한, 하윤 등이 비로자나불, 노사나불, 석가 등 삼신불을 그린 삼신불도이다. 가로 3.15m, 세로 4.6m의 비단에 채색하여 그린 이 삼신불도는 3폭으로 되어 있는데, 중앙에 비로자나불을 주존으로 하고 그 왼쪽에 노사나불을, 그 오른쪽에 석가를 배치하였다. 주존인 비로자나불은 양 어깨를 감싼 통견을 입고, 부처와 중생이 하나라는 의미의 손모양인 지권인을 하고 있다. 비로자나불처럼 통견을 입은 노사나불은 양손을 위로 한 설법하는 모습의 손모양을 하고 있으며, 머리에는 보관을 쓰고 있다.
조선시대에는 주로 석가, 아미타, 약사여래를 삼신불로 표현하였는데 비해 이 삼신불도에서는 비로자나불, 노사나불, 석가여래로 삼신불을 표현한 드문 예로서 미술사적으로나 불교사적으로 매우 중요한 작품이다.

통도사 석가여래 괘불탱	2002.10.19	보물	양산시 하북면 통도사로 108, 통도사 성보박물관 (지산리)	조선시대

괘불이란 절에서 큰 법회나 의식을 행하기 위해 법당 앞뜰에 걸어놓고 예배를 드리는 대형 불교그림을 말하는데 통도사석가여래괘불탱은 꽃가지를 든 석가여래의 모습이 단독으로 그려진 괘불이다. 이 괘불탱은 화면 좌우와 윗부분 바깥쪽을 범자(梵字) 원문대로 테두리 한 다음, 거대한 화면에 꽉 차게 정면을 향하여 서 있는 석가의 모습을 그렸다.
그림 맨 하단 좌우에 남아 있는 기록에 의하면, 이 괘불탱은 조선 영조 43년(1767)에 태활(兌活)이 화주(化主)하고, 두훈(枓薰)을 비롯한 14인의 화승들이 참여하여 조성되었음을 알 수 있다.
전반적으로 보존상태가 양호하며 단정하고 세련된 필선과 안정감 있고 균형잡힌 신체, 호화로우면서도 조화로운 색채, 다양하고 섬세한 문양의 표현 등이 뛰어나다. 특히 괘불탱의 이름이 '석가불'임을 알게 해 주는 현판을 구비하고 있어서 영·정조대 18세기 괘불화의 도상연구에 귀중한 자료로 평가된다.

297

통도사 괘불탱	2002.10.19	보물	양산시 하북면 통도사로 108, 통도사 성보박물관 (지산리)	조선시대

괘불탱은 머리에 보관을 쓰고 정면을 향하여 서 있는 보살형의 모습을 화면에 가득차게 그렸다. 몸광배와 머리광배가 있으며, 화면 윗부분에는 옅은 황색과 녹색 구름이 배치되어 있다. 보관에는 중앙부에 7구의 작은 부처가 있는데, 모두 두 손을 앞에 모으고 오른쪽으로 몸을 돌리고 서 있는 입상이다.
그림에 대한 내력을 적어 놓은 기록에 의하면, 이 괘불탱은 조선 정조 16년(1792)에 비구 지연(指演)을 비롯한 22명의 화승들이 참여하여 조성되었음을 알 수 있다.
괘불탱은 조성시기가 뒤지고 색채가 강하여 다소 경직된 면이 엿보이기는 하지만, 보존상태가 양호할 뿐만 아니라 장식성 돋보이는 화면에 필선이 유려하여 세련미가 엿보인다. 특히 둥글넓적한 얼굴과 뚱뚱해 보이는 체구, 설법인 모양을 한 손모양은 1644년 조성된 신원사노사나불괘불탱(국보)으로부터 1772년 조성된 개심사영산회괘불탱(보물)에 이르기까지의 괘불들과 관계지어 도상과 양식변화 파악에 있어 중요한 역할을 한다는 데 의의가 크다.

통도사 화엄탱	2002.10.19	보물	양산시 하북면 통도사로 108, 통도사 성보박물관 (지산리)	조선시대

흑칠 바탕에 금가루를 사용하여 그린 흑탱화이다. 「화엄경(華嚴經)」의 칠처구회(七處九會)의 내용을 그린 변상도로, 「80화엄경」의 복잡한 내용을 천상을 의미하는 상단과 지상을 의미하는 중·하단의 3단으로 나누어 간단하게 묘사하고 있다. 하단에는 새롭게 천수관음(千手觀音)과 준제관음(准提觀音) 및 업경대(業鏡臺)를 배치하여 도상의 변화를 보여주고 있다.
그림에 대한 내력을 적어 놓은 기록에 의하면, 조선 순조 11년(1811)에 승려화가인 천수(天守)·관보(琯甫)·승활(勝活)·지한(智閑)·성의(成宜) 등에 의하여 조성되었음을 알 수 있다.
19세기에 조성된 것으로 시기가 뒤떨어지긴 하나 예가 그리 많지 않은 것 중의 하나이며, 새로운 도상을 보여주는 자료로서 가치가 있다.

통도사 영산회상탱	2002.10.19	보물	양산시 하북면 통도사로 108, 통도사 성보박물관 (지산리)	조선시대

탱화란 액자나 족자형태로 만들어 법당에 걸 수 있게 만든 불교그림을 말하는데, 통도사 영산회상탱은 석가가 영취산에서 설법하는 장면을 묘사한 영산회상을 그렸다. 석가모니불을 중심으로 문수·보현보살, 10대 제자, 제석·범천, 사천왕, 팔부신중 등의 무리가 석가모니불을 에워싸고 있는 모습이다.
영산회상탱은 그림의 내력을 적어 놓은 기록에 의하면, 조선 영조 10년(1734)에 임한(任閑)의 지휘 아래 민휘(敏輝)·순백(舜白)·포근(抱根) 등이 참여하여 제작되었음을 알 수 있다. 묘선이 뛰어나고 선명한 색채의 사용과 잔잔한 무늬를 채용함으로써 명랑한 분위기와 함께 부드러움을 제공해 주는 불화로, 18세기 전반기 불화의 흐름, 특히 임한(任閑)이 주도한 불화의 경향파악에 중요한 자료로 평가된다.

통도사 청동 은입사 향완 (2002)	2002.10.19	보물	양산시 하북면 통도사로 108, 통도사 성보박물관 (지산리)	조선시대

국내에 전해져 오는 고려·조선시대 고배형 청동은입사향완(高杯形靑銅銀入絲香완) 가운데 가장 크다. 넓은 테두리(口緣部)가 둘러진 완형(盌形)의 몸체(身部)에 나팔모양의 다리(臺部)로 이루어진 전형적인 고배형의 향완이다. 향완의 뒷면에 음각된 명문에는 강희 13년 신애남(辛愛南)이 만들었음을 기록하고 있어. 조선 현종 15년(1674)이라는 조성 시기를 알 수 있다.
고려시대 고배형 청동은입사향완의 전형을 따르고 있는 향완으로서 현존 유례가 많지 않은 조선시대 고배형 향완 가운데, 조성시기와 주성장인·봉안사찰이 명확하게 밝혀진 명문이 남아있는 중요한 예이다. 또한, 유교가 득세했던 조선시대 후기의 조성임에도 불구하고 대형인 점과 은입사기법이 빼어나고 문양이 섬세하며 몸체와 다리부분은 별도로 주조하여 결합한 새로운 결구방식을 보여주고 있어 당시 공예사 연구에 좋은 자료이다.

양산 통도사 금동천문도	2003.04.14	보물	양산시 하북면 통도사로 108, 통도사성보박물관 (지산리)	조선시대

금동천문도의 전면에는 천구(天球)의 북극을 중심으로 둥글게 북극으로부터 적도 부근에 이르는 영역의 별자리들이 표시되어 있고, 항현권(恒顯圈, 주극성(週極星) 영역)이 직경 19㎝가 되는 둥근원으로 그려져 있다. 별자리의 형태나 위치는 조선 초기의 천상열차분야지도와 비교해 보아 대체로 일치하며, 동판 위에 표시된 별자리는 천상열차분야지도의 모든 별 가운데 중요하게 여겨지는 109개의 별자리(자미원과 28수)이며 별의 총 개수는 481개이다. 각 별자리는 별과 별 사이가 선으로 연결되어 있으며, 별 하나하나마다 구멍을 뚫어 진주를 박아 넣어 아름답게 조립했던 것으로 보인다. 현재는 24개의 진주만이 남아 있는데 별에 따라서 0.5㎝, 0.7㎝ 등 여러 가지 종류의 것들이 구멍에 박혀 있다.

후면에는 점각(點刻)으로 표현된 송악도(松岳圖)가 있는데 봉우리가 다섯 개인 오악(五嶽)과 두 그루의 소나무가 그려져 있고, 그 아래에 바다가 표현되어 있어 전통공예품으로서의 예술적인 가치는 물론 회화사 및 사상사적인 측면에서도 연구가치가 높다. 그림 우측 하단에「순치구년임진구월(順治九年壬辰九月) 삼각산문주암비구니(三角山文殊庵比丘尼) 선화자조성(仙化子造成)」이라는 명문이 점각되어 있어 조선 효종 3년(1652)에 비구니 선화자가 조성하였음을 알 수 있다.

양산 통도사 삼층석탑	2006.06.01	보물	양산시 하북면 통도사로 108, 통도사(지산리)	통일신라시대

2중 기단 위에 3층 탑신을 올린 통일신라시대의 일반형 석탑이다.
석탑의 높이는 3.9m 기단폭은 1.8m이며, 기단은 여러 매의 장대석을 사용해 지대석을 구축한 후 올려 놓았다. 탑신부는 탑신과 옥개석이 각각 1개의 부재로 조성되었다.
양식적 특징으로는 첫째, 하층기단의 각 면에 우주와 탱주를 생략하며 안상을 조각했다.
둘째, 옥개석의 양식은 전각의 경쾌한 반전과 낙수홈을 들 수 있다. 보편적인 신라석탑의 낙수면은 곧게 일직선으로 조성되어 전각의 반전이 날렵하게 조성되고 있다. 이같은 예를 남원 실상사 동·서 삼층석탑과 해남 대흥사 삼층석탑 등에서 볼 수 있는바, 이들 석탑이 모두 9세기 후반에 조성된 것으로 추정되고 있어, 이 석탑 역시 같은 시기에 조성된 것으로 볼 수 있다.

통도사 아미타여래설법도	2006.07.18	보물	양산시 하북면 통도사로 108, 통도사 성보박물관 (지산리)	조선시대

화면의 중앙에 본존인 아미타여래가 보단(寶壇)위에 결가부좌하고 그 좌우에 관음과 세지보살을 비롯한 8대보살과 사천왕이 배치되어 있다. 또한 화면 윗부분에는 10대 제자와 용왕·용녀 등이 배치된 전형적인 설법도 형식의 그림이다. 채색은 주, 군청 그리고 녹청을 주조색으로 하였으며 중간색은 억제되어 있어 비교적 선명하게 보인다.
본존을 상대적으로 크게 묘사하여 주제를 극대화시키려는 의도가 엿보이며, 법의의 옷주름 역시 비교적 굵고 활달하여 본존의 모습과 조화를 이룬다. 전체적으로 구도는 물론 색감도 안정되어 보이는 우수한 작품이다. 화기(畫記)에 의하면 임한(任閑)이란 화사가 건륭 5년(1740) 그린 것임을 알 수 있다. 전반적으로 필치가 섬세하고 유연함이 돋보이며 인물배치에 있어서도 독특함이 엿보임과 아울러 '임한'이 수화원을 맡아 조성한 이른 시기의 불화로서 이른바 '임한파' 화풍을 선도적으로 이끌고 있다는 점에서 자료적 가치가 크다.

| 양산 통도사 영산전 벽화 | 2011.04.29 | 보물 | 양산시 하북면 통도사로 108, 통도사(지산리) | 조선시대 |

영산전 벽화는 벽체와 포벽은 물론 내목도리 윗벽과 대량·창방 등 내·외부 전체에 고루 그려져 있으며, 그 내용 또한 매우 다양하게 구성되어 조선후기 사찰벽화의 백미라 할 수 있다. 외벽에는 총 17점의 벽화가 남아 있으나 현재 훼손이 심한 편해 윤곽이 뚜렷하게 드러나지는 않는다. 그러나 내부는 총 52면의 벽면에 벽화가 조성된 것을 알 수 있다. 하지만 서벽에 묘사된 『묘법연화경』, 『견보탑품』의 내용은 3면으로 분할되어 있으나 하나의 내용을 표현한 것이므로 한 장면으로 볼 경우 총 50장면의 벽화가 도상화되어 있다.

영산전 벽화는 화풍에서도 밝고 부드러운 중간 색조를 사용한 점이나 단아하고 세밀한 인물묘사, 끊김 없이 처리한 유려한 필선, 안정된 구도 등에서 17세기 초반의 불화들과 비교된다. 또한 영산전 내부벽화는 1716년에 쓰여진 『영산전천왕문양중창겸단확기문』이나 여타 중창관련 자료들을 통해서도, 1713년 화재로 영산전이 소실된 뒤 1714년부터 1716년에 걸쳐 이루어진 일련의 중창불사 과정에서 이 벽화도 그려졌을 것으로 보인다.

이 벽화는 분명한 소의경전과 예술적 작품성, 종교적 감수성, 시대성 등을 두루 갖춘 18세기 초 벽화의 기준자료이자 이 시기 벽화를 대표할 수 있는 작품이다.

| 양산 통도사 청동 은입사 향완 | 2011.12.23 | 보물 | 양산시 하북면 통도사로 108, 통도사(지산리) | 고려시대 |

향완의 대부는 크게 노부받침과 나팔형의 다리, 그리고 대부받침의 3부분으로 구성되었다. 우선 연당초문이 시문된 노부의 하단에는 연판문을 둥글게 돌아가며 시문하였고 그 아래 붙은 받침은 2단의 몰딩형 턱을 두어 위쪽에는 간략화 된 당초문을, 아래 단에는 구름 형태를 간략히 시문하였다.

향완은 기본적인 외형과 은입사, 세부 문양에서 고려 후기 향완의 전형적인 형태를 잘 보여주고 있다. 특히 바깥으로 벌어진 구연 전부의 밑부분에는 '시주가선대부호조정인언 자○○ 정광후 정방사 시납 통도사(施主嘉善大夫戶曹鄭仁彦 子○○ 鄭光厚 淨房寺 施納 通度寺)'라는 연점각의 명문이 새겨져 있어, 시주자 이름과 정방사, 그리고 시납 통도사 명문이 확인된다. 고려 후기 향완을 충실히 계승한 작품으로 새롭게 파악될 수 있으며 보존상태 또한 매우 양호하다.

| 양산 통도사 은제도금아미타여래삼존상 및 복장유물 | 2012.02.22 | 보물 | 양산시 하북면 통도사로 108, 통도사(지산리) | 조선시대 |

삼존상은 복장에서 발견된 발원문에 의하면 경태 원년(景泰 元年) 경오(庚午) 즉, 세종 32년(1450)에 조성되었다. 육각연화대좌 위에 항마촉지인을 짓고 결가부좌한 아미타불상을 중심으로 연화좌 위에 선 관음보살과 대세지보살상을 좌우 협시로 두었다. 본존상은 아미타불상으로는 드물게 항마촉지인을 결하고 있으며, 관음·대세지보살상 역시 이들 도상에서 볼 수 없는 경권(經卷)을 지물로 들고 있어 주목된다.

비록 규모는 작지만 당당하면서도 품격 높은 예술성, 그리고 종교적 이상성이 잘 어우러진 우수한 작품으로 평가된다. 더불어 여말선초 외래양식의 영향을 받은 작품 중에서 제작시기와 제작자를 분명히 알 수 있어 이 시기 불상 연구에 귀중한 자료로 평가된다.

| 양산 통도사 영산전 | 2014.06.05 | 보물 | 양산시 하북면 통도사로 108, 통도사(지산리) | 조선시대 |

영산전은 통도사 하로전(下爐殿)의 중심 건물로 남향하여 자리잡고 있다. 그 전면의 좌우에는 극락전과 약사전이 있다. 영산전의 창건시기는 확실치 않으나 통도사성보박물관에 남아있는 1716년 제작된 "영산전 천왕문 양중 창단확 기문(靈山殿天王門兩重創丹雘記文)"에는 숙종 39년(1713) 봄 어느 날 밤 화재로 영산전과 천왕문이 소실되었고, 이듬해 임간청인(任間淸仞), 송곡정안(松谷正眼), 풍암낭인(楓岩朗日), 선암치원(禪岩致源) 등 4인의 대선사가 모연(募捐)하고 33명의 목수와 천오(天悟), 최훈(最薰), 적조(寂照), 지순(智淳) 등 15명의 화승이 참여하여 중건하였음을 전하고 있다. 암막새 명문에 "康熙五十三年(강희오십삼년, 1714)"이라는 기록은 기문의 내용을 뒷받침하고 있다.

영산전은 전면 3칸, 측면 3칸의 다포계 맞배지붕 건물이다. 정면과 동측면의 기단은 지대석 위에 면석을 놓고 갑석을 덮어 마감한 형태이나 서측면과 배면의 기단은 근년에 수리하여 그 모습에 차이가 있으며 기단의 정면 중앙과 양 측면 앞쪽에는 계단이 놓여 있다.

영산전은 건축물 용도에 따른 불단 배치 및 벽화를 구성하기 위한 벽면구성, 반자의 구성 등에서 특징적이며, 상부가구와 공포형식 또한 18세기 초 불전의 특징을 잘 보여주고 있어 불교 건축사와 회화사 연구에 귀중한 학술적·역사적 가치를 지니고 있으므로 국가지정유산인 보물로 지정가치가 충분하다.

| 양산 통도사 대광명전 | 2014.06.05 | 보물 | 양산시 하북면 통도사로 108, 통도사(지산리) | 조선시대 |

대광명전은 통도사내 중로전(中爐殿)의 중심 불전으로 대웅전의 서북쪽에 있다. 사전(寺傳)에는 영조 원년(1725)에 축환대사가 대광명전을 중수하였다고 전하며, 1759년에 만든 「대광명전망성공필후현판(大光明殿三成功畢後懸板)」에는 1756년(丙子) 10월 21일 밤 자시에 화재가 발생하여 법당 4위, 승료 4, 고사 10칸이 회진(灰塵)되었다고 기록되어 있다. 이어 1758년(戊寅) 1월 37일 공사를 시작하여 3법당을 9월 26일 중건하고 내외 장식까지 마쳤으며, 이듬해 1759년(己卯) 4월초에 시작하여 6월 26일까지 대광명전 단청을 마치고, 비로불상, 영산전불상도금, 후불탱을 동시에 완성했다"고 적고 있다. 이에 따라 현재 대광명전은 1756년에 화재로 불탄 후 1758년에 중건되었음을 알 수 있으며, 이는 건륭 23년(1758)이라는 암막새 명문으로 보아 확실해 보인다.

대광명전은 정면 5칸, 측면 3칸의 다포식 팔작지붕 건물이다. 건물의 기단은 막돌 바른층으로 쌓은 위에 장대석으로 갑석을 만들어 조성했으며 정면 어칸 앞쪽에는 폭이 넓은 석계가 설치되어 있다.

대광명전은 부재의 치목 및 조각 수법이 우수한 불전으로 평면구성과 공포형식, 창호 등에서도 18세기 중반 시기의 다포계 불전의 건축적 특징을 잘 보여주고 있으며, 조선후기 불전 단청의 특색을 연구하는 자료로서의 가치도 있다.

| 양산 통도사 천왕문 | 2024.04.02 | 보물 | 양산시 하북면 통도사로 108, 통도사(지사리) | 조선시대 |

천왕문은 숙종 39년(1713)에 화재로 소실된 것을 그 다음해인 1714년에 중건하였다는 "영산전천왕문양중창겸단확기문(靈山殿天王門兩重創兼丹雘記文)"(1716년) 기록과 천왕문 내부에 봉안된 사천왕상이 숙종 44년(1718)에 제작되었다는 묵서(墨書)가 확인되어, 건립시기를 명확하게 규명할 수 있는 사찰 산문(山門)중 보기 드문 사례로 역사적, 학술적 가치가 높다.

구조로는 정면 3칸, 측면 2칸, 맞배지붕으로 좌·우 협칸에는 사천왕상 2구씩 봉안하였고, 어칸은 통로로 사용하고 있다.

4. 화왕산과 국가유산

| 창녕 신라 진흥왕 척경비 | 1962.12.20 | 국보 | 창녕군 창녕읍 교상리 28-1번지 | 삼국시대 |

진흥왕이 창녕지역을 순시하면서 기념으로 세운 비이다. 당시 창녕군은 신라가 서쪽으로 진출하는데 있어 마치 부채살의 꼭지와 같은 중요한 길목이었는데, 진흥왕 16년(555) 신라에 병합되었고, 565년에는 대야주(지금의 합천군)와 합쳐져 비사벌군(比斯伐郡) 또는 비자화군(比自火郡)으로 불리워지게 되었다.
비는 목마산성 기슭에 있던 것을 1924년 지금의 자리로 옮겨 비각안에 모셔 둔 것으로, 자연석의 앞면을 평평하게 다듬어 비문을 새기고, 그 둘레에 선으로 윤곽을 돌려놓은 모습이다. 다른 순수비와 달리 '순수관경(巡狩管境)'이라는 제목이 보이지 않아 척경비(영토편입을 기념하여 세운 비)라 일컫고 있으나, 임금을 수행한 신하들의 명단이 기록되어 있는 것으로 보아 순수비에 속한다 할 수 있다.
비문은 심하게 닳아 있어 판독하기가 힘든 상태이나, 후반부에 당시 왕을 수행하던 신하들의 명단이 직관, 직위, 소속의 순서대로 나열되어 있어 당시 지방행정조직, 신분제 및 사회조직을 파악하는데 많은 도움이 되고 있다.
비를 세운 시기는 대가야가 멸망하기 1년 전인 신라 진흥왕 22년(561)으로, 이 지역을 가야진출의 발판으로 삼고자 한 왕의 정치적인 의도가 엿보인다. 비문은 이 시대의 역사적 사실을 밝히고 이해하는데 크게 기여하고 있다.

| 창녕 송현동 마애여래좌상 | 1963.01.21 | 보물 | 창녕군 창녕읍 송현리 105-4번지 | 통일신라시대 |

큰 바위에 앞면을 돌출되게 조각한 마애불(磨崖佛)로 바위 자체를 몸 전체에서 나오는 빛을 형상화한 광배(光背)로 이용하고 있다.
대체로 이 석불은 얼굴이나 얇게 밀착된 옷 등에서 석굴암 본존불 계열의 양식을 이어받은 작품으로 보이지만, 석굴암 불상보다는 사실성이 줄어들고 힘이 빠져 통일신라 후기 불상의 양식을 보여준다.

| 창녕 관룡사 약사전 | 1963.01.21 | 보물 | 창녕군 창녕읍 화왕산관룡사길 171, 관룡사(옥천리) | 조선시대 |

약사전은 조선 전기의 건물로 추정하며, 건물 안에는 중생의 병을 고쳐 준다는 약사여래를 모시고 있다. 규모는 앞면 1칸·옆면 1칸으로 매우 작은 불당이다. 지붕은 옆면에서 볼 때 사람 인(人)자 모양을 한 맞배지붕으로, 지붕 처마를 받치기 위해 장식하여 짜은 간결한 형태는 기둥 위에만 있는 주심포 양식이다. 이와 비슷한 구성을 가진 영암 도갑사 해탈문(국보), 순천 송광사 국사전(국보)과 좋은 비교가 된다.
몇 안되는 조선 전기 건축 양식의 특징을 잘 보존하고 있는 건물로, 작은 규모에도 짜임새가 훌륭하여 건축사 연구에 중요한 자료로 평가받고 있다.

| 창녕 관룡사 대웅전 | 1963.01.21 | 보물 | 창녕군 창녕읍 화왕산관룡사길 171, 관룡사(옥천리) | 조선시대 |

관룡사 대웅전에는 특이하게 석가모니불상 만이 아니라 약사여래, 아미타여래 세 부처님을 모시고 있다. 1965년 8월 보수공사 때, 천장 부근에서 발견한 기록에 따르면 이 건물은 조선 태종 1년(1401)에 짓고, 임진왜란 때 불타버린 것을 광해군 9년(1617)에 고쳐 세워, 이듬해에 완성했음을 알 수 있다.
앞면과 옆면이 모두 3칸 크기이며, 지붕은 옆에서 볼 때 여덟 팔(八)자 모양을 한 팔작지붕이다. 지붕 처마를 받치는 장식 구조가 기둥 위는 물론, 기둥 사이에도 설치된 '다포 양식'이다. 건물 내부 천장은 우물 정(井)자 형태로 구성되었으며, 중앙 부분이 한층 높게 처리된 점이 특징적이다.

| 창녕 관룡사 용선대 석조여래좌상 | 1963.01.21 | 보물 | 창녕군 창녕읍 옥천리 산328번지(용선대) | 통일신라시대 |

관룡사 근처의 용선대에 있는 석불좌상이다. 산 꼭대기 높은 바위 위에 있으며 광배(光背)는 없어진 상태이다. 불상이 앉아 있는 대좌(臺座)는 상·중·하대로 구성되어 있다. 반구형(半球形)의 상대석은 연꽃을 새겼고, 8각 중대석은 각 모서리에 기둥 모양을 두었으며, 하대석은 4각의 받침 위에 겹으로 연꽃무늬를 새겨 넣었다.
양감이 줄어든 신체 표현, 도식적인 옷주름선, 8각 연꽃무늬 대좌의 형식 등으로 보아 통일신라 후기 9세기경에 만들어진 작품으로 추정된다.

| 창녕 관룡사 석조여래좌상 | 1970.06.24 | 보물 | 창녕군 창녕읍 화왕산관룡사길 171, 관룡사(옥천리) | 고려시대 |

신라시대 사찰인 관룡사의 약사전에 모셔져 있는 불상이다. 표현기법에 있어 절의 서쪽 계곡에 있는 통일신라시대의 창녕 관룡사 용선대 석조여래좌상을 본떠 만든 것으로 보인다.
머리에는 큼직하게 표현된 상투 모양의 머리(육계)가 있고 이마 위쪽으로 반달 모양이 표현되어 고려시대 불상의 머리 형식을 따르고 있다. 불상이 앉아 있는 대좌(臺座)는 상·중·하대를 모두 갖추고 있는데, 연속된 거북이 등모양으로 연꽃을 표현하고 있는 상대가 특이하다.
머리에 표현된 반달 모양과 형식화된 세부표현 기법 등에서 용선대 석조여래좌상을 고려시대에 이 지방의 장인이 본떠 만든 것으로 보인다.

| 창녕 관룡사 목조석가여래삼불좌상 및 대좌 | 2011.12.23 | 보물 | 창녕군 창녕읍 화왕산관룡사길 171, 관룡사(옥천리) | 조선시대 |

목조석가여래삼불좌상은 좌우에 약사여래와 아미타여래로 구성된 삼불상이다. 본존불의 대좌 밑쪽에 묵서를 통해 숭정(崇禎) 2년(1629) 기사(己巳) 10월에 불상조성을 시작해서 그 다음해(1630년) 5월에 완성되었음을 알 수 있다.
본존 석가여래불좌상은 높이가 150cm로 비교적 큰상에 속하며 양쪽의 불상들은 본존보다 크기가 작게 120cm정도의 크기이다. 불상들은 얼굴형이 네모나고 코가 유난히 높고 크며 입과 턱 사이의 간격이 좁은 편이어서 약간 어린아이와 같은 천진한 느낌을 준다.
17세기 전반에 조성된 이 불상은, 조각 양식과 조각승들의 사승 관계, 양식 계보를 잘 보여준다는 점은 물론, 세 불상이 지닌 종교적 무게감 면에서도 중요한 의미를 지닌 문화유산이다.

| 창녕 관룡사 목조지장보살삼존상 및 시왕상 일괄 | 2023.03.09 | 보물 | 창녕군 창녕읍 화왕산관룡사길 171, 관룡사(옥천리) | 조선시대 |

발원문에 의하면 조각승 응혜(應惠)를 비롯한 9명의 조각승들이 조선 효종 3년(1652) 3월 완성해 관룡사 명부전에 봉안한 17구의 불상이다. 봉안된 존상은 목조지장보살삼존상과 시왕상, 판관 1구, 귀왕(鬼王) 1구, 금강역사 2구 등이다. 발원문에 기록된 존상과 현존하는 존상 수가 일치하기 때문에 완전성도 갖추고 있다. 수조각승 응혜는 1634년부터 1674년까지 활동사항이 알려져 있는 17세기 중엽경의 대표적인 조각승 중 한 사람이다.
봉안된 전각의 변화 및 17세기 명부전 존상의 구성과 독자적 양식의 성립 과정에 있어 중요한 위치를 차지하고 있는 작품이다. 아울러 발원문 등 관련 기록을 잘 구비하고 있고, 작품의 완성도도 뛰어나며, 17세기 중반 전라도와 경상도 지역을 무대로 활동한 대표적인 조각승의 작품으로서 학술연구에도 중요하다.

창녕 화왕산성	1963.01.21	사적	창녕군 창녕읍 옥천리 산322번지	삼국시대

창녕 읍내의 동쪽 화왕산에 돌로 쌓은 산성이다. 처음 축성시기는 확실하지 않으나 삼국시대 이전으로 보이며 가야 산성일 가능성도 있다. 험준한 북쪽의 바위산을 등지고 남쪽 봉우리 사이의 넓은 부분을 둘러싼 산성으로 둘레가 2.6km이다. 현재 동문·서문·연못이 남아있다.
조선 세종 때 성으로서의 기능을 잃었으나, 임진왜란이 일어나자 다시 중요성이 인식되어 곽재우가 의병 근거지로 왜병의 진출을 막기도 하였다. 임진왜란 이후에도 한두 차례 수리가 되어 지금까지 비교적 잘 보존되어 있는 편이다.『세종실록지리지』에 의하면 창녕을 보호하는 진산으로 기록된 사실과 영산·현풍을 포용하는 성이라는 점에서 군사적인 의미가 매우 큰 요충지였다.

창녕 목마산성	1963.01.21	사적	창녕군 창녕읍 송현리 산5-2번지	삼국시대

창녕 동쪽에 있는 화왕산의 북쪽 봉우리로부터 서쪽으로 뻗은 야산의 골짜기를 에워싼 포곡식 산성이다. 축성시기는 확실히 알 수 없으나, 신라 진흥왕이 대가야를 완전히 정복하고 이곳에 하주(下州)를 두었는데 그 때 이미 축성된 것으로보고 있다.
임진왜란과도 관계가 깊은 산성으로 알려져 있다. 둘레 1.9km로 산성으로서는 규모가 매우 큰 편이고 비교적 석축의 상태가 잘 남아있는 편이다. 삼국시대에 흔히 볼 수 있는 산성의 형태이며, 성의 앞면이 계곡 입구를 향하여 있는 것으로 보아 수비를 위한 산성으로 보인다. 산성의 이름이 목마산성이기 때문에 혹시 후대에 말을 기르기 위한 목마장으로 사용되었을 가능성도 있다. 부근의 사적 '화왕산성'과는 규모 면에서는 거의 같으나 그 형식이 달라, 같은 지방에 있는 산성의 양식을 비교하기에 좋은 자료이다.

창녕 교동과 송현동 고분군	2011.07.28	사적	창녕군 창녕읍 교리 129 등	삼국시대(가야)

창녕지역은 가야시기 비화가야였다. 고분군은 창녕읍 교리 및 송현리 일대에 넓게 분포하고 있는 대형 고분군이다. 출토유물과 구조양상을 볼 때 5~6세기가 중심연대가 되는 고분군으로 파악되고 있다. 창녕교동고분군(사적)과 창녕송현동고분군(사적)이 창녕 교동과 송현동 고분군(사적)으로 2011년 7월 28일에 다시 지정되었다.